No hay vuelta atrás

No hay vuelta atrás

El poder de las mujeres para cambiar el mundo

MELINDA GATES

Traducción de Ana Guelbenzu

conecta

Los libros de Conecta están disponibles para promociones y compras
por parte de empresas, en condiciones especiales para grandes cantidades.
Existe también la posibilidad de crear ediciones especiales, incluidas ediciones con
cubierta personalizada y logotipos corporativos para determinadas ocasiones.

Para más información, póngase en contacto con:
sales_miami@penguinrandomhouse.com

Título original: *The Moment of Lift: How Empowering Women Changes the World*
Primera edición: junio de 2019

© 2019, Melinda Gates
Publicado por acuerdo con Flatiron Books en asociación con International Editors' Co.
Todos los derechos reservados
© 2019, Penguin Random House Grupo Editorial, S. A. U.
Travessera de Gràcia, 47-49. 08021 Barcelona
© 2019, de la presente edición en castellano:
Penguin Random House Grupo Editorial USA, LLC.
8950 SW 74th Court, Suite 2010
Miami, FL 33156
© 2019, Ana Guelbenzu de San Eustaquio, por la traducción

Diseño original de la cubierta: Keith Haye
Adaptación de la cubierta: Penguin Random House Grupo Editorial

www.megustaleerenespanol.com

ISBN: 978-1-644730-12-6

Impreso en Estados Unidos – *Printed in USA*

Penguin
Random House
Grupo Editorial

Para Jenn, Rory y Phoebe

Nuestro mayor miedo es que nuestro poder es incalculable.

MARIANNE WILLIAMSON

Índice

Introducción

De pequeña, los lanzamientos espaciales eran todo un aconteci-
miento en mi vida. Me crie en Dallas, Texas, en el seno de una familia católica con cuatro hijos, una madre ama de casa y un padre
ingeniero aeroespacial que trabajaba en el programa Apollo.

Cuando era día de lanzamiento, todos nos amontonábamos en
el coche, íbamos a casa de un amigo de mi padre —también ingeniero del programa Apollo— y contemplábamos el espectáculo juntos. Aún siento en el cuerpo el suspense de esas cuentas atrás. «Veinte segundos y contando, T menos quince segundos, la orientación
es interna, doce, once, diez, nueve, inicio de secuencia de encendido, seis, cinco, cuatro, tres, dos, uno, cero. Todos los motores funcionando. ¡Despegue! ¡Tenemos el despegue!»

Esos momentos siempre hacían que me estremeciera, sobre todo
el momento del despegue, cuando los motores se encienden, la
tierra tiembla y el cohete empieza a elevarse. Hace poco me topé
con el término «momento de despegue» en un libro de Mark Nepo,
uno de mis autores espirituales favoritos. Utiliza esta expresión para
referirse a un momento de gracia. Algo «despegó como una bufan-
da al viento», escribe, su pena quedó silenciada y él se sintió en
plenitud.

La metáfora de Mark del despegue transmite la sensación de maravillarse, que para mí tiene dos significados: puede significar sobrecogimiento, y puede significar curiosidad. Siento mucha admiración, pero también curiosidad en igual medida. ¡Quiero saber cómo se produce un despegue!

Todos en algún momento hemos estado sentados en un avión, al final de una larga carrera de arranque, esperando con inquietud el momento del despegue. Cuando los niños eran pequeños y estábamos en un avión, listos para despegar, les decía: «Ruedas, ruedas, ruedas», y en el momento en que el avión se elevaba del suelo decía: «¡Alas!». Cuando los niños ya eran algo mayores, lo decían conmigo y lo repetimos todos juntos durante años. No obstante, de vez en cuando decíamos: «Ruedas, ruedas, ruedas» más veces de las que esperábamos, y pensábamos: «¿Por qué tarda tanto en elevarse del suelo?».

¿Por qué a veces tarda tanto? ¿Y por qué otras pasa tan rápido? ¿Qué hace que rebasemos ese punto de inflexión en que las fuerzas que nos empujan hacia arriba superan a las que tiran de nosotros hacia abajo, nos elevamos del suelo y echamos a volar?

Durante los veinte años que llevo viajando por todo el mundo realizando la labor de la fundación que creamos junto con mi marido, Bill, me he estado preguntando: «¿Cómo podemos generar un momento de despegue para los seres humanos, y en concreto para las mujeres?». Porque cuando logras que las mujeres despeguen, la humanidad despega.

¿Y cómo podemos crear un momento de despegue en los corazones humanos para que todos queramos ayudar a despegar a las mujeres? A veces lo único que se necesita para que las mujeres despeguen es dejar de tirar de ellas hacia abajo.

En mis viajes he sabido de cientos de millones de mujeres que desean decidir por sí mismas si quieren tener hijos o no, y cuándo, pero no pueden. No tienen acceso a los anticonceptivos. Y hay muchos otros derechos y privilegios que se niega a mujeres y niñas: el derecho a decidir si quieren casarse o no, además de cuándo y con quién. El derecho a ir al colegio. A ganar un sueldo. A trabajar fuera de casa. A salir de casa. A gastar su propio dinero. A organizar su presupuesto. A poner en marcha un negocio. Pedir un préstamo. Ser propietaria. Divorciarse del marido. Consultar a un médico. Presentarse a un puesto de trabajo. Montar en bicicleta. Conducir un coche. Ir a la universidad. Estudiar informática. Buscar inversores. Todos esos derechos se niegan a las mujeres en algunos lugares del mundo. En ocasiones les son denegados por ley pero, aunque legalmente puedan hacerlo, a menudo se les sigue prohibiendo debido a los prejuicios culturales contra las mujeres.

Mi recorrido como defensora de los intereses públicos empezó con la planificación familiar. Más adelante empecé a alzar la voz también sobre otros temas. Sin embargo, al poco tiempo me di cuenta —porque me lo dijeron enseguida— de que no bastaba con defender la planificación familiar, ni siquiera con defender todos y cada uno de los temas que acabo de mencionar. Tenía que romper una lanza por las mujeres. Pronto vi que, si lo que pretendemos es ocupar nuestro lugar como iguales en relación con los hombres, no lo conseguiremos conquistando nuestros derechos uno a uno o paso a paso; conquistaremos nuestros derechos en oleadas cuando logremos estar empoderadas.

Todas son lecciones que he aprendido de personas extraordinarias que quiero que conozcáis. Algunas os romperán el corazón. Otras harán que el corazón se os dispare. Estos héroes han construido escuelas, salvado vidas, puesto fin a guerras, empoderado a niñas y cambiado culturas. Creo que os servirán de inspiración. A mí me han inspirado.

Me han enseñado el cambio que provoca el despegue de las mujeres, y quiero que todo el mundo lo vea. Me han descubierto lo que la gente puede hacer para incidir en algo, y quiero que todo el mundo lo sepa. Por eso escribí este libro: para compartir historias de personas que me han ayudado a centrarme y a priorizar. Me gustaría que encontráramos la forma de ayudar a las mujeres de todo el mundo. Los motores se están encendiendo, la tierra tiembla, nos estamos elevando. Más que en ningún otro momento, contamos con el conocimiento, la energía y la moral para romper los patrones de la historia. Necesitamos la ayuda de todos los partidarios de la causa, hombres y mujeres. Nadie debería quedar descartado. Hay que incluir a todo el mundo. Hacemos un llamamiento para ayudar a que las mujeres despeguen y, cuando nos unimos por esta causa, nosotros somos el despegue.

1

El despegue de una gran idea

Empezaré por algunos antecedentes. Asistí a la Ursuline Academy, un centro católico de secundaria solo para chicas de Dallas. En el último curso participé en una ruta por el campus de la Universidad de Duke y me maravilló el departamento de informática. Eso decidió por mí. Me matriculé en Duke y me licencié cinco años después en informática, además de cursar un máster en empresariales. Luego recibí una oferta de IBM, donde había trabajado durante varios veranos, pero la rechacé por un puesto en una empresa de programación más bien pequeña llamada Microsoft. Pasé nueve años allí en varios puestos, para acabar siendo directora general de productos de información. Hoy en día trabajo en la filantropía, invierto la mayor parte de mi tiempo en buscar maneras de mejorar la vida de la gente, y con frecuencia en preocuparme por la gente a la que estaré fallando si no lo consigo. También soy la esposa de Bill Gates. Nos casamos el día de Año Nuevo de 1994. Tenemos tres hijos.

Ese es el contexto. Ahora os contaré una historia más larga: la de mi camino hasta llegar al empoderamiento de las mujeres y cómo, mientras trabajaba para empoderar a los demás, otros me han empoderado a mí.

En otoño de 1995, cuando Bill y yo llevábamos casados casi dos años y estábamos a punto de irnos de viaje a China, descubrí que estaba embarazada. El viaje a China era muy importante para nosotros. Bill rara vez se tomaba tiempo libre en Microsoft, y además íbamos con otras parejas. Yo no quería estropear el viaje, así que me planteé no decirle a Bill que estaba embarazada hasta que volviéramos. Durante un día y medio pensé: «Me guardaré la noticia». Luego caí en la cuenta y pensé: «No, tengo que decírselo, porque ¿y si algo va mal?». Después llegué a lo más básico: «Tengo que decírselo porque también es su hijo».

Cuando senté a Bill para tener la charla del bebé una mañana antes de ir a trabajar, tuvo dos reacciones. Se entusiasmó con el niño, y luego me dijo: «¿Te planteaste no decírmelo? ¿En serio?».

No había tardado mucho en tener mi primera mala idea como madre.

Nos fuimos a China y fue un viaje fantástico. Mi embarazo no afectó a la situación, salvo por un momento en que estábamos en un viejo museo en la China occidental y el comisario abrió el ataúd antiguo de una momia. El olor me hizo salir corriendo para evitar una avalancha de náuseas matutinas, ¡que no sabía que podían surgir en cualquier instante del día! Una de mis amigas me vio salir disparada y pensó: «Melinda está embarazada».

En el viaje de regreso de China, Bill y yo nos separamos del grupo para pasar un tiempo solos. Durante una de esas charlas, sorprendí a Bill cuando le dije: «Mira, no voy a seguir trabajando cuando tenga el niño. No voy a volver». Se quedó de piedra. «¿Qué quieres decir con que no vas a volver?» Y le dije: «Tenemos la suerte de no necesitar mi sueldo, así que se trata de cómo queremos formar una familia. Tú no vas a bajar el ritmo en la empresa, y no veo la manera de invertir las horas que necesito para rendir al máximo en el trabajo y formar una familia a la vez».

Os presento un relato sincero de esta conversación con Bill para dejar claro desde el principio algo importante: la primera vez que me enfrenté a las preguntas y los retos de ser mujer trabajadora y madre, aún tenía que madurar. Por aquel entonces mi modelo personal —y no creo que fuera un modelo muy consciente— era que, cuando las parejas tenían hijos, los hombres trabajaban y las mujeres se quedaban en casa. Con franqueza, creo que es fantástico si las mujeres se quieren quedar en casa, pero debería ser una elección, no algo que hacemos porque pensamos que no tenemos más opción. No me arrepiento de mi decisión. Volvería a hacerlo. Sin embargo, en aquel momento simplemente di por hecho que eso era lo que las mujeres hacían.

De hecho, la primera vez que me preguntaron si era feminista no supe qué decir porque no me consideraba feminista. No creo que entonces supiera qué era ser feminista. En aquel momento nuestra hija Jenn tenía poco menos de un año.

Veintidós años después, soy una feminista apasionada. Para mí es muy sencillo: ser feminista significa creer que todas las mujeres deberían hacer uso de su voz y desarrollar su potencial, y que mujeres y hombres deberían colaborar para derribar las barreras y acabar con las diferenciaciones que aún son un lastre para las mujeres.

Hace diez años ni siquiera podría haber dicho algo así con total convicción. Llegué a esa conclusión tras muchos años escuchando a mujeres que a menudo vivían en dificultades extremas, y cuyas historias me enseñaron qué conduce a la desigualdad y cómo prosperan los seres humanos.

No obstante, ese conocimiento llegó más tarde. En 1996 lo veía todo desde el prisma de los roles de género que conocía, y le dije a Bill: «No voy a volver».

Bill se quedó perplejo. El hecho de que yo estuviera en Microsoft constituía una parte muy importante de nuestra vida en común. Bill cofundó la empresa en 1975. Yo entré en Microsoft en 1987, era la única mujer de la primera clase de máster en administración de empresas. Nos conocimos poco después, en un acto de la empresa. Yo estaba de viaje en Nueva York para Microsoft, y mi compañera de habitación (por aquel entonces compartíamos habitación para ahorrar dinero) me dijo que fuera a una cena de la que yo no tenía noticia. Me presenté tarde, y todas las mesas estaban llenas excepto una, donde aún había dos sillas vacías juntas. Me senté en una. Al cabo de unos minutos, Bill llegó y se sentó en la otra.

Aquella noche estuvimos hablando durante la cena, y noté interés por su parte, pero no supe nada de él durante una temporada. No obstante, un sábado por la tarde nos encontramos en el aparcamiento de la empresa. Él inició una conversación y me pidió para salir el viernes al cabo de dos semanas. Me eché a reír y le dije: «Necesito más espontaneidad. Pídeme para salir cuando estemos más cerca de la fecha», y le di mi número. Dos horas después me llamó a casa y me invitó a salir esa noche. «¿Es lo bastante espontáneo para ti?», me preguntó.

Descubrimos que teníamos mucho en común. A los dos nos encantaban los rompecabezas, y competir. Así que organizamos concursos de rompecabezas y compartimos juegos matemáticos. Creo que empezó a sentir cierta intriga cuando le gané en un juego matemático y la primera vez que jugamos al Cluedo, el juego de mesa en el que hay que averiguar quién cometió el asesinato, en qué habitación y con qué arma. Me instó a leer *El gran Gatsby*, su novela favorita, que yo ya había leído dos veces. Tal vez fue entonces cuando supo que había dado en el blanco. Su blanco «romántico», decía él. Supe que había acertado al ver su colección de música: mucho Frank Sinatra y Dionne Warwick. Cuando nos prometimos, alguien le preguntó a Bill: «¿Cómo hace que te sientas Melinda?», y contestó: «Sorprendentemente, hace que me sienta con ganas de casarme».

Bill y yo también compartíamos la fe en el poder y la importancia de la programación. Sabíamos que crear programas para ordenadores personales daría a los individuos el poder informático que tenían las instituciones, y que la democratización de la informática cambiaría el mundo. Por eso nos entusiasmaba hasta tal punto estar en Microsoft todos los días, ir a doscientos por hora en la creación de programas.

Con todo, nuestras conversaciones sobre el bebé dejaron claro que la época en que los dos trabajábamos en Microsoft había llegado a su fin porque, incluso cuando los niños fueran mayores, probablemente yo jamás volvería. Había batallado con esa idea antes de quedarme embarazada, hablé con amigas y colegas sobre el tema, pero cuando Jenn estaba en camino ya había tomado una decisión. Bill no intentó disuadirme. No paraba de preguntar: «¿De verdad?».

A medida que se acercaba el nacimiento de Jenn, Bill empezó a preguntarme: «Entonces ¿qué vas a hacer?». Me gustaba tanto trabajar que Bill no me imaginaba renunciando a esa parte de mi vida. Esperaba que yo empezara algo nuevo en cuanto tuviéramos a Jenn.

No se equivocaba. No tardé en buscar la salida creativa adecuada, y la causa que más me apasionaba cuando dejé Microsoft era cómo conseguir que las chicas y las mujeres se implicaran en la tecnología, porque la tecnología me había dado mucho en el instituto, la universidad y más allá.

Mis profesores de Ursuline nos enseñaron los valores de la justicia social y nos exigían mucho académicamente, pero el colegio no había superado los prejuicios de género que dominaban entonces y destacan hoy en día. Para que os hagáis una idea: había un colegio católico masculino cerca, los Jesuitas de Dallas, y se nos consideraba colegios hermanos. Las chicas íbamos a los Jesuitas a las clases de cálculo y física, y los chicos venían a Ursuline para aprender mecanografía.

Antes de empezar mi último curso, mi profesora de matemáticas, la señora Bauer, vio los ordenadores Apple II+ en un congreso de matemáticas de Austin, volvió a nuestro colegio y dijo: «Tenemos que conseguirlos para las chicas». La directora, la hermana Rachel, preguntó: «¿Qué vamos a hacer con ellos si nadie sabe usarlos?». La señora Bauer contestó: «Si los compra, yo aprenderé cómo enseñar a usarlos». Así que el colegio le dio un buen mordisco al presupuesto y llevó a cabo la primera compra de ordenadores personales, cinco para todo el colegio de seiscientas chicas, y una impresora térmica.

La señora Bauer invirtió tiempo y dinero en conducir hasta la Universidad Estatal del Norte de Texas para estudiar informática de noche y poder enseñarnos por la mañana. Consiguió un máster, y para nosotras fue impresionante. Creábamos programas para solucionar problemas matemáticos, convertíamos números a diferentes bases y creábamos gráficos animados rudimentarios. En un proyecto programé una cara sonriente cuadrada que se movía por la pantalla al ritmo de la canción de Disney «Qué pequeño es el mundo». Era muy rudimentario —los ordenadores no podían hacer mucho con los gráficos por aquel entonces—, pero yo no sabía que era rudimentario. ¡Estaba orgullosa!

Así supe que me encantaban los ordenadores, por azar y gracias a la dedicación de una profesora fantástica que dijo: «Tenemos que conseguirlos para las chicas». Fue la primera defensora de las mujeres en la tecnología que conocí, y con los años aprendería cuántas más necesitamos. La universidad para mí fue codificar con chicos. Mi clase inicial del máster en administración de empresas en Microsoft estaba formada solo por chicos. Cuando fui a Microsoft a hacer entrevistas, todos los jefes salvo una eran hombres. No me parecía bien.

Quería que las mujeres tuvieran su cuota de esas oportunidades y, poco después de nacer Jenn, eso se convirtió en el centro de la primera labor filantrópica en la que me impliqué. Pensé que la manera más obvia de que las chicas estuvieran expuestas a ordenadores era trabajar con personas del distrito educativo local para ayudar a introducirlos en los colegios públicos. Me impliqué mucho en informatizar varios colegios. Sin embargo, cuanto más lo intentaba más claro quedaba que el precio de tratar de ampliar el acceso a los ordenadores cableando todas las escuelas del país era desorbitado.

Bill cree firmemente que la tecnología debe ser para todo el mundo, y en aquella época Microsoft trabajaba en un proyecto a pequeña escala donando ordenadores a las bibliotecas con el fin de que la gente accediera a internet. Cuando Microsoft terminó el proyecto, se programó una reunión para presentar los resultados a Bill, quien me dijo: «Eh, tienes que venir a informarte de esto. A lo mejor nos interesa a los dos». Después de oír las cifras, Bill y yo nos dijimos: «Vaya, tal vez deberíamos hacerlo en todo el país. ¿Qué te parece?».

Entonces nuestra fundación era solo una pequeña donación y una idea. Creíamos que todas las vidas tenían el mismo valor, pero veíamos que el mundo no actuaba en consecuencia, que la pobreza y la enfermedad afectaban mucho más a unos lugares que a otros. Queríamos crear una fundación para combatir esas desigualdades, pero no teníamos a nadie que la dirigiera. Yo no podía hacerlo porque no iba a volver a una jornada completa mientras tuviera niños pequeños. No obstante, en ese momento Patty Stonesifer, la ejecutiva de mayor rango de Microsoft y alguien a quien tanto Bill como yo respetábamos y admirábamos, dejaba el trabajo, y cometimos la osadía de acercarnos a ella en su fiesta de despedida y preguntarle si dirigiría el proyecto. Dijo que sí y se convirtió en la primera empleada de la fundación, que trabajaba gratis en un despacho minúsculo encima de una pizzería.

Así empezamos en la filantropía. Yo disponía de tiempo para implicarme cuando aún estaba en casa con Jenn porque no tuvimos a nuestro hijo Rory hasta que Jenn tuvo tres años.

Visto desde ahora, me doy cuenta de que durante aquellos primeros años me enfrenté a una pregunta transcendental: «¿Quieres hacer carrera o ser madre y ama de casa?». Y mi respuesta fue: «¡Sí!». Primero la carrera, luego madre y ama de casa, luego una mezcla de las dos, luego de nuevo la carrera. Tuve la oportunidad de tener dos carreras y la familia de mis sueños, porque estábamos en la posición privilegiada de no necesitar mi sueldo. También había otro motivo cuyo significado no comprendí del todo durante años: contaba con el beneficio de una pastillita que me permitía programar y espaciar mis embarazos.

Resulta irónico que, cuando más tarde Bill y yo empezamos a buscar maneras de cambiar las cosas, nunca establecí una relación clara entre nuestros esfuerzos para ayudar a los más pobres en el mundo y los anticonceptivos que utilizaba para aprovechar al máximo nuestra vida familiar. La planificación familiar formaba parte de nuestra primera generosidad, pero teníamos una visión limitada de su valor, y yo no imaginaba que fuera la causa que me haría saltar a la palestra.

Sin embargo, es evidente que entendía el valor que tenían los anticonceptivos para mi familia. No fue un accidente que no me quedara embarazada hasta que llevaba casi una década trabajando en Microsoft y Bill y yo estábamos preparados para tener hijos. No es casualidad que Rory naciera tres años después de Jenn, y nuestra hija Phoebe tres años después de Rory. Bill y yo decidimos hacerlo así. Por supuesto, también intervino el azar. Tuve la suerte de quedarme embarazada cuando quise, pero también tenía la capacidad de evitar el embarazo. Y eso nos permitió tener la vida y la familia que deseábamos.

En busca de la gran idea olvidada

Bill y yo creamos formalmente la Bill & Melinda Gates Foundation en el año 2000. Fue una fusión de la Gates Learning Foundation y la William H. Gates Foundation. Le pusimos a la fundación el nombre de los dos porque yo desempeñaría un papel importante en la dirección, más que Bill en ese momento porque aún trabajaba a jornada completa en Microsoft y así seguiría durante los ocho años siguientes. Por aquel entonces teníamos dos hijos —Jenn, de cuatro años, había empezado la educación infantil, y Rory, de solo un año—, pero me hacía ilusión asumir más trabajo. Aun así, dejé claro que quería hacerlo entre bastidores. Deseaba estudiar los problemas, hacer viajes de aprendizaje y comentar la estrategia, pero durante mucho tiempo decidí no desempeñar un papel público en la fundación. Veía lo que le suponía a Bill estar expuesto en el mundo y ser conocido, y no me atraía. Con todo, lo más importante era que no quería pasar más tiempo sin los niños, y mi intención era darles una educación lo más normal posible. Eso era de vital importancia para mí, y sabía que, si renunciaba a mi intimidad, sería más difícil proteger la intimidad de los niños. (Cuando empezaron en el colegio, los matriculamos con mi apellido, French, para que gozaran de cierto anonimato.) Por último, quería mantenerme alejada del trabajo en público porque soy una perfeccionista. Siempre he sentido que necesito una respuesta para todas las preguntas, y en aquel momento no tenía la sensación de saber lo suficiente para ser una voz pública de la fundación. Así que dejé claro que yo no pronunciaría discursos ni concedería entrevistas. Eso era tarea de Bill, por lo menos al principio.

Desde el inicio buscábamos problemas que los gobiernos y mercados no atendieran o soluciones que no probaran. Queríamos descubrir las grandes ideas olvidadas que permitieran que una pequeña inversión causara una mejora enorme. Nuestra formación empezó durante un viaje a África en 1993, un año antes de casarnos. Por entonces no habíamos creado una fundación, y desconocíamos cómo invertir el dinero en mejorar la vida de la gente.

Sin embargo, vimos escenas que se nos quedaron grabadas. Recuerdo salir en coche de una de las ciudades y ver a una madre con un bebé en la barriga, otro en la espalda y un montón de palos en la cabeza. Era evidente que había recorrido a pie una distancia larga sin zapatos, mientras que los hombres que veía llevaban chanclas y fumaban cigarrillos sin palos en la cabeza ni niños en el costado. A medida que avanzábamos, vi más mujeres con cargas pesadas, y quise saber más sobre sus vidas.

Cuando regresamos de África, Bill y yo organizamos una pequeña cena en casa para Nan Keohane, entonces presidenta de la Universidad de Duke. Por aquel entonces yo casi nunca organizaba actos de ese tipo, pero me alegré de haberlo hecho. Un investigador que asistió a la cena nos habló de la enorme cantidad de niños de países pobres que morían a causa de la diarrea y de cómo el suero oral podría salvarles la vida. Poco después, un colega nos recomendó leer el Informe de Desarrollo Mundial de 1993. Anunciaba que una gran cantidad de muertes se evitarían con intervenciones de bajo coste, que no llegaban a la gente. Nadie sentía que fuera tarea suya. Luego Bill y yo leímos un artículo desgarrador de Nicholas Kristof en *The New York Times* sobre la diarrea, que causaba millones de muertes infantiles en los países en vías de desarrollo. Todo lo que oíamos y leíamos respondía al mismo tema: los niños de los países pobres estaban muriendo a causa de enfermedades por las que ningún niño moría en Estados Unidos.

A veces los nuevos hechos y datos no quedan registrados hasta que los oyes de varias fuentes, y luego todo empieza a encajar. Mientras seguíamos leyendo sobre niños que morían cuyas vidas era posible salvar, Bill y yo pensamos: «A lo mejor podemos hacer algo».

Para nosotros, lo más desconcertante era la poca atención que se le prestaba al tema. En sus discursos, Bill utilizaba el ejemplo de un accidente de avión. Si un avión sufre un accidente, mueren trescientas personas, es una tragedia para la familia y aparece un artículo en todos los periódicos. Sin embargo, ese mismo día mueren treinta mil niños, es una tragedia para las familias y no aparece ningún artículo en ningún periódico. No sabíamos nada de las muertes de esos niños porque ocurrían en países pobres, y en los países ricos no se presta mucha atención a lo que pasa en los países pobres. Ese fue el mayor golpe para mi conciencia: millones de niños morían porque eran pobres, y no sabíamos nada porque eran pobres. Ahí empezamos el trabajo en salud global. Comenzamos a estudiar cómo podíamos incidir en ello.

Salvar vidas de niños fue el objetivo que impulsó nuestra labor global, y nuestra primera gran inversión fue en vacunas. Nos horrorizó saber que las vacunas desarrolladas en Estados Unidos tardarían entre quince y veinte años en llegar a los niños pobres de los países en vías de desarrollo, y por aquel entonces las enfermedades que mataban a criaturas en esos países no entraban en la agenda de los investigadores de vacunas. Fue la primera vez que vimos con claridad qué ocurre cuando no existe un incentivo de mercado que beneficie a los niños pobres. Mueren millones de ellos.

Fue una lección crucial para nosotros, así que unimos a gobiernos y otros organismos para crear la Alianza Mundial para Vacunas e Inmunización (GAVI, por sus siglas en inglés), y usar los mecanismos del mercado para ayudar a que las vacunas llegaran a todos los niños del mundo. Otra lección que no dejábamos de aprender es que los problemas de la pobreza y la enfermedad siempre van de la mano. No existen los problemas aislados.

En uno de mis primeros viajes para la fundación fui a Malaui y me conmovió profundamente ver a tantas madres de pie formando largas colas con aquel calor con el fin de conseguir dosis para sus niños. Cuando hablé con las mujeres, me comentaron que recorrían largas distancias a pie. Muchas habían caminado quince o veinticinco kilómetros. Se llevaban la comida del día. Además de llevar al niño que iban a vacunar, tenían que ir con sus otros hijos. Era un día duro para unas mujeres cuyas vidas ya eran difíciles de por sí. Con todo, intentábamos que el viaje fuera más fácil y breve, y cada vez recomendábamos hacerlo a más madres.

Recuerdo que vi a una madre joven con niños pequeños y le pregunté: «¿Vas a llevar a estos preciosos niños a que reciban su dosis?». Ella me contestó: «¿Y qué pasa con mi dosis? ¿Por qué tengo que caminar veinte kilómetros con este calor para conseguir mi dosis?». No hablaba de una vacuna, sino del Depo-Provera, una inyección de control natal de efecto prolongado que podía impedir que se quedara embarazada.

Ya tenía más niños de los que podía alimentar. Temía tener más, pero la perspectiva de caminar durante un día con sus hijos hasta una clínica remota donde tal vez no quedaran existencias de la inyección le resultaba muy frustrante. Era solo una de las muchas madres que conocí durante mis primeros viajes que cambiaban el tema de conversación de las vacunas infantiles a la planificación familiar.

Recuerdo viajar a un pueblo de Níger y visitar a una madre llamada Sadi Seyni cuyos seis hijos competían por su atención mientras hablábamos. Dijo lo mismo que oí a tantas otras madres: «No sería justo tener otro hijo. ¡No puedo alimentar a los que ya tengo!».

En un barrio muy grande y pobre de Nairobi llamado Korogocho conocí a Mary, una joven madre que vendía mochilas hechas con retazos de tela tejana azul. Me invitó a entrar en su casa, donde cosía y vigilaba a sus dos niños pequeños. Usaba anticonceptivos porque, según sus propias palabras, «la vida es dura». Le pregunté si su marido la apoyaba en su decisión. «Él también sabe que la vida es dura», me dijo.

En mis viajes, fuera cual fuese el propósito, cada vez oía y veía más la necesidad de los anticonceptivos. Visité comunidades donde todas las madres habían perdido a un hijo, y todo el mundo conocía a una madre que había fallecido en el parto. Conocí a más madres que estaban desesperadas por no quedarse embarazadas porque no podían cuidar de los niños que ya tenían. Empecé a entender por qué, pese a que no estaba allí para hablar de anticonceptivos, las mujeres no dejaban de sacar a colación el tema.

Las mujeres estaban experimentando en sus vidas lo que yo leía en los datos.

En 2012, en los 69 países más pobres del mundo 260 millones de mujeres utilizaban anticonceptivos. Más de 200 millones más de mujeres de esos países querían usar anticonceptivos, y no podían conseguirlos. Eso significaba que millones de mujeres del mundo en vías de desarrollo se quedaban embarazadas demasiado pronto, demasiado tarde y con demasiada frecuencia para que sus cuerpos lo pudieran gestionar. Cuando las mujeres de los países en vías de desarrollo dejan un espacio de como mínimo tres años entre los partos, cada bebé tiene casi el doble de posibilidades de sobrevivir durante el primer año, un 35 por ciento más de posibilidades de llegar a su quinto cumpleaños. Es una justificación suficiente para extender el acceso a los anticonceptivos, pero la supervivencia infantil es solo uno de los motivos.

Uno de los estudios sobre salud pública de mayor duración se remonta a la década de 1970, cuando en una serie de pueblos de

Bangladesh dieron anticonceptivos a la mitad de las familias y a la otra mitad no. Veinte años después, las madres que habían tomado anticonceptivos gozaban de mejor salud. Los niños estaban mejor nutridos. Las familias contaban con una mayor riqueza. Las mujeres tenían salarios más altos. Los hijos y las hijas tenían más estudios.

Los motivos son sencillos: cuando las mujeres podían programar y espaciar sus embarazos, tenían más opciones de progresar en su formación, ganar un sueldo, criar a niños sanos, y disponían del tiempo y el dinero para dar a cada uno de ellos la comida, la atención y los estudios necesarios para prosperar. Cuando los niños alcancen su potencial, no acabarán siendo pobres. Así es como las familias y los países salen de la pobreza. De hecho, durante los últimos cincuenta años ningún país ha salido de la pobreza sin ampliar el acceso a los anticonceptivos.

Hicimos que la anticoncepción formara parte de las primeras donaciones de nuestra fundación, pero nuestra inversión no era proporcional a los beneficios. Tardamos años en aprender que los anticonceptivos eran la mayor innovación jamás creada para salvar vidas, acabar con la pobreza y empoderar a las mujeres. Cuando comprendimos el poder de la planificación familiar, supimos que los anticonceptivos tenían que ser una prioridad para nosotros.

Tampoco era cuestión de firmar cheques más abultados. Necesitábamos financiar nuevos anticonceptivos que tuvieran menos efectos secundarios, duraran más y costaran menos, y que una mujer pudiera conseguirlos en su pueblo o tomárselos sola en su casa. Necesitábamos una iniciativa global que incluyera a gobiernos, organismos internacionales y farmacéuticas en colaboración con socios locales para ofrecer planificación familiar a las mujeres en los lugares donde vivían. Necesitábamos muchas más voces que defendieran a las mujeres que no estaban siendo escuchadas. A esas alturas ya había conocido a muchas personas admirables que llevaban décadas trabajando en el movimiento de la planificación familiar.

Hablé con todas las que pude y les pregunté cómo podía ayudar nuestra fundación, qué podía hacer para ejercer de altavoz.

Toda la gente a la que me acercaba terminaba con un silencio incómodo, como si la respuesta fuera evidente y yo no lo viera. Finalmente, unas cuantas personas me dijeron: «La mejor manera de apoyar a los defensores públicos de la causa es convertirte tú misma en defensora. Tienes que unirte a nosotros».

No era la respuesta que buscaba.

Soy una persona reservada, en cierto sentido un poco tímida. Yo era la niña del colegio que levantaba la mano para hablar en clase mientras las demás vociferaban sus respuestas desde la última fila. Me gusta trabajar entre bastidores. Quiero estudiar los datos, ir a ver el trabajo, desarrollar una estrategia y solucionar problemas. En aquel momento ya estaba acostumbrada a dar discursos y conceder entrevistas, pero de pronto amigos, colegas y activistas me presionaban para que me convirtiera en defensora pública de la planificación familiar, y eso me asustó.

«Vaya, ¿voy a entrar públicamente en algo tan político como la planificación familiar, con mi iglesia y muchos conservadores tan en contra?», pensé. Cuando Patty Stonesifer era la directora de nuestra fundación, me advirtió: «Melinda, si en algún momento la fundación se mete en este espacio con contundencia, te encontrarás en el centro de la polémica porque eres católica. Todas las preguntas irán dirigidas a ti».

Sabía que supondría un cambio enorme para mí, pero era evidente que el mundo tenía que hacer mucho más con la planificación familiar. Pese a las décadas de esfuerzos por parte de defensores apasionados, los avances estaban estancados en gran medida. La planificación familiar había dejado de ser una prioridad de la salud mundial. En parte se debía a que en Estados Unidos se había politizado mucho, además de que la epidemia de sida y las campañas de vacunación habían desviado la atención y los fondos de los anticonceptivos en el ámbito global. (Si bien es cierto que la epidemia de sida generó amplios esfuerzos en la distribución de preservativos, por motivos que explicaré más adelante los preservativos no eran un método anticonceptivo eficaz para muchas mujeres.)

Sabía que al convertirme en defensora de la planificación familiar me exponía a unas críticas a las que no estaba acostumbrada, y me quitaría tiempo y energía para realizar otras actividades de la fundación. No obstante, empecé a sentir que por eso sí valía la pena pagar ese precio. Era una sensación visceral, personal. La planificación familiar fue indispensable para nuestra capacidad de formar una familia. Me permitió trabajar y tener tiempo para cuidar de cada niño. Era sencillo, barato, seguro y poderoso: no conocía a ninguna mujer que no utilizara un método anticonceptivo, pero cientos de millones de mujeres de todo el mundo querían usarlo y no podían acceder a ello. Este acceso desigual era simplemente injusto. No podía mirar hacia otro lado mientras hubiera mujeres y niños que se morían por no haber tenido a su alcance una herramienta que podría haberles salvado la vida.

También me planteé mi deber con mis hijos. Tenía la oportunidad de alzar la voz por las mujeres que no la tenían. Si la rechazaba, ¿qué valores estaba transmitiendo a mis hijos? ¿Querría que ellos rechazaran tareas difíciles en el futuro y luego me dijeran que seguían mi ejemplo?

Mi propia madre ejerció una gran influencia en mi decisión, tal vez sin saberlo. A medida que me hacía mayor, siempre me decía: «Si tú no marcas tu propia agenda, lo hará otro». Si no llenaba mi horario con cuestiones que consideraba importantes, otros lo llenarían con lo que ellos consideraban importantes.

Por último, siempre he tenido en mente las imágenes de las mujeres que he conocido, y guardo fotografías de las que más me han conmovido. ¿Qué sentido tenía que me abrieran su corazón y me contaran su vida si no iba a ayudarlas cuando tenía la oportunidad?

Aquello fue decisivo. Escogí afrontar mis miedos y defender en público la planificación familiar.

Acepté una invitación del gobierno de Reino Unido para copatrocinar una cumbre sobre planificación familiar en Londres con todos los jefes de Estado, expertos y activistas que pudiéramos atraer. Decidimos doblar el compromiso de nuestra fundación con la planificación familiar y lo convertimos en una prioridad. Queríamos reactivar el compromiso global que facilitara el acceso a los anticonceptivos a todas las mujeres del mundo, para decidir si queríamos tener niños y cuándo.

Sin embargo, aún tenía que definir cuál sería mi papel y qué debía hacer la fundación. No bastaba con convocar una cumbre global, hablar sobre anticonceptivos, firmar una declaración y luego irnos a casa. Necesitábamos fijar objetivos y elaborar una estrategia.

Nos unimos al gobierno de Reino Unido en la carrera para celebrar una cumbre en su capital en julio de 2012, dos semanas antes de que la atención mundial se centrara en la inauguración de los Juegos Olímpicos de Londres a finales de mes.

El enfoque de la cumbre desencadenó una oleada de reportajes en los medios de comunicación que destacaban el valor de salvavidas de la planificación familiar. La revista médica británica *The Lancet* publicó un estudio financiado por el gobierno de Reino Unido y nuestra fundación que demostraba que el acceso a los anticonceptivos reduciría en una tercera parte el número de madres fallecidas en el parto. Un informe de Save the Children apuntaba que todos los años un millón de muchachas adolescentes mueren o quedan lesionadas a causa del parto, lo que convierte el embarazo en la primera causa de muerte de las adolescentes. Estas conclusiones, entre otras, ayudaron a fijar el tono de urgencia para el congreso.

A la cumbre asistió mucha gente, incluidos numerosos jefes de Estado. Las intervenciones fueron bien, y yo estaba encantada. No obstante, sabía que la prueba del éxito sería quién daría un paso adelante y cuánto dinero recaudaríamos. ¿Y si los dirigentes nacionales no apoyaban la iniciativa? ¿Y si los gobiernos no incrementaban su inversión? Esas inquietudes me habían provocado una mala sensación durante meses, no muy distinta al temor de organizar una fiesta y que no acuda nadie, solo que en este caso los medios de comunicación sí se presentarían para informar del fracaso.

No diré que no tenía de qué preocuparme. Mis inquietudes hacen que me esfuerce más. Aun así, la financiación y el apoyo recibidos superaron con creces mis mejores expectativas. Reino Unido dobló su compromiso con la planificación familiar. Los presidentes de Tanzania, Ruanda, Uganda y Burkina Faso, así como el vicepresidente de Malaui, asistieron al congreso y desempeñaron un papel esencial en la recaudación de los 2.000 millones de dólares comprometidos por los países en vías de desarrollo. Eso incluía Senegal, que dobló su compromiso, y Kenia, que aumentó en una tercera parte su propuesta nacional para la planificación familiar. Juntos nos comprometimos a dar acceso a los anticonceptivos a 120 millones más de mujeres a finales de la década en un movimiento que llamamos FP 2020. Era sin duda la mayor suma de dinero jamás comprometida para apoyar el acceso a los anticonceptivos.

Solo el principio

Después del congreso, mi mejor amiga del instituto, Mary Lehman, que había viajado conmigo a Londres, me acompañó a una cena con algunas mujeres influyentes que también habían asistido al mismo. Estábamos tomando una copa de vino y disfrutando de la sensación de satisfacción, y personalmente me sentía aliviada por haber acabado. Tras muchos meses de planificación y preocupaciones, tenía la impresión de que por fin podía relajarme.

Entonces esas mujeres me dijeron: «Melinda, ¿es que no lo ves? ¡La planificación familiar es solo el primer paso para las mujeres! ¡Tenemos que pasar a una agenda mucho más ambiciosa!».

Fui la única de la mesa lo bastante ingenua para sorprenderme, además de sentirme abrumada. No quería oírlo. Después de la cena, mientras hablaba con Mary en el coche repetía una y otra vez: «Mary, tiene que ser una broma». Estaba al borde de las lágrimas, no paraba de pensar: «De ninguna manera. Ya estoy aportando mi parte y es más de lo que puedo afrontar, hay toneladas de trabajo por hacer en planificación familiar solo para cumplir los objetivos que acabamos de fijar, por no hablar de una agenda más amplia para las mujeres».

El llamamiento a «hacer más» resultaba especialmente duro de oír después de una emotiva visita que había realizado unos días antes en Senegal. Estaba sentada en una pequeña cabaña con un grupo de mujeres hablando de la ablación genital femenina. Todas la habían sufrido. Muchas habían sujetado a sus hijas cuando les practicaban la ablación. Mientras me lo contaban, mi colega Molly Melching, que lleva décadas trabajando en Senegal y ese día ejercía de intérprete para mí, dijo: «Melinda, no voy a traducirte parte de lo que dicen porque no creo que lo puedas asimilar». (En algún momento tendré que hacer de tripas corazón y preguntarle qué me ocultó.)

Esas mujeres me contaron que todas se habían vuelto en contra de dicha práctica. Cuando eran más jóvenes, temían que si no realizaban la ablación a sus hijas las niñas nunca se casarían. Al morir sus hijas de una hemorragia, creían que era por culpa de los malos espíritus. Sin embargo, al final vieron que esas explicaciones eran falsas y prohibieron la ablación en su pueblo.

Creían que me estaban contando una historia de progreso, y así era. No obstante, para entender en qué sentido suponía un avance había que entender lo cruel que era esa práctica y lo extendida que aún estaba. Me contaban lo lejos que habían llegado, y al mismo tiempo me daban a conocer la terrible situación que las niñas vivían todavía en su país. Aquella historia me horrorizó, y me cerré en banda. Veía que el esfuerzo era inútil e infinito, que superaba mi aguante y mis recursos, y me dije: «Lo dejo».

Sospecho que, en un momento u otro, la mayoría de las personas decimos «Lo dejo». Y a menudo descubrimos que «dejarlo» es solo un doloroso paso en el camino hacia un compromiso más profundo. Con todo, yo seguía estancada en mi «lo dejo» personal de Senegal cuando las mujeres de la mesa de Londres me contaron todo lo que quedaba por hacer. Así que fue mi segundo «lo dejo» en una semana. Me asomé al abismo que existía entre lo que había que hacer y lo que yo era capaz de hacer y dije: «¡No!».

Pese a que solo me lo decía a mí misma, iba en serio. Sin embargo, más tarde, cuando empecé a bajar la guardia, me di cuenta de que mi negativa era solo un momento de rebelión antes de rendirme. Debía aceptar que estaba muy lejos de poder curar las heridas de esas chicas del Senegal y aliviar las necesidades de las mujeres de todo el mundo. Necesitaba aceptar que mi trabajo consiste en contribuir con mi parte, dejar que se me rompa el corazón por todas las mujeres a las que no podemos ayudar y mantener el optimismo.

Con el tiempo acabé diciendo que sí, y eso me permitió ver lo que las mujeres de Londres me decían. La planificación familiar era un primer paso, pero con él no solo se conseguía el acceso a los anticonceptivos, sino que se daba un paso hacia el empoderamiento. La planificación familiar significa más que conquistar el derecho a decidir si una quiere tener hijos y cuándo: es la clave para romper las barreras que han puesto dificultades a las mujeres durante tanto tiempo.

Mi gran idea perdida: invertir en las mujeres

Hace unos años, en la India, visité grupos de autoayuda de mujeres y me percaté de que estaba viendo a mujeres que se empoderaban unas a otras, que se ayudaban a despegar. Y vi que todo comenzaba cuando las mujeres empiezan a hablar entre ellas.

A lo largo de los años, la fundación ha financiado a grupos de autoayuda de mujeres con distintos fines: evitar la propagación del VIH, ayudar a las campesinas a comprar semillas mejores, ayudar a las mujeres a conseguir préstamos. Los grupos se forman por motivos de lo más variopintos. No obstante, sea cual sea el punto de partida original, cuando las mujeres obtenemos información, herramientas, financiación y conciencia de nuestro poder, despegamos y llevamos al grupo a donde queremos que vaya.

En la India me reuní con campesinas en un grupo de autoayuda que había comprado nuevas semillas, gracias a las cuales plantaban más cosechas y conseguían mejores producciones en sus granjas, y me lo contaron de la manera más personal. «Melinda, yo vivía en una habitación separada de la casa. Ni siquiera me permitían estar en la casa con mi suegra. Ocupaba una habitación en la parte trasera, y no tenía jabón, así que me lavaba con cenizas. Ahora tengo dinero y puedo comprar jabón. Mi sari está limpio, y mi suegra me respeta más. De modo que me deja entrar en la casa. Ahora tengo más dinero, y le he comprado una bicicleta a mi hijo».

¿Quieres que tu suegra te respete? Cómprale una bicicleta a tu hijo.

¿Por qué eso infunde respeto? No es una costumbre local, es universal. La suegra respeta a la nuera porque sus ingresos han mejorado la vida de la familia. Cuando las mujeres podemos usar nuestro talento y energía, empezamos a hablar con voz propia para defender nuestros valores, y eso mejora la vida de todo el mundo.

Cuando las mujeres conquistamos derechos, las familias prosperan, además de las sociedades. Esa relación se basa en un hecho sencillo: al incluir a un grupo que ha sido excluido, todo el mundo sale beneficiado. Y al trabajar globalmente para incluir a las mujeres y las niñas, que constituyen la mitad de todas las poblaciones, trabajas para beneficiar a todos los miembros de las comunidades. La igualdad de género ayuda a despegar a todo el mundo.

Desde las altas tasas de estudios, empleo y crecimiento económico hasta las bajas tasas de embarazos adolescentes, violencia doméstica y delincuencia, la inclusión y elevación de las mujeres se relacionan con los signos propios de una sociedad sana. Los derechos de las mujeres y la salud y riqueza de la sociedad crecen juntos. Los países dominados por hombres sufren no solo por no aprovechar el talento de sus mujeres, sino porque están dirigidos por hombres con necesidad de excluir. Esos países no prosperarán hasta que cambien su liderazgo o la visión de sus dirigentes.

Es crucial que la humanidad entienda este vínculo entre el empoderamiento de las mujeres y la riqueza y la salud de las sociedades. Por mucho conocimiento que hayamos obtenido gracias a nuestra labor durante los últimos veinte años, esta era nuestra gran idea olvidada. Mi gran idea olvidada. Si quieres que la humanidad avance, empodera a las mujeres. Es la inversión más completa, generalizada y de mayor rendimiento que se puede hacer en seres humanos.

Me encantaría explicaros el momento en que lo entendí. No puedo. Fue como un lento amanecer, lo fui comprendiendo paulatinamente, como parte de un despertar compartido y acelerado por otras personas, donde todos llegamos a la misma conclusión y creamos el empuje para el cambio en el mundo.

Una de mis mejores amigas, Killian Noe, ha fundado una organización llamada Recovery Café que ofrece ayuda a personas que han caído en la mendicidad, la adicción o sufren por problemas de salud mental, y las ayuda a construir una vida que les haga ilusión vivir. Killian me inspira para explorar las cuestiones de un modo más profundo, y tiene una pregunta que se ha hecho famosa entre sus amigos: «¿Qué sabes ahora de un modo más profundo que antes?». Me encanta esa pregunta porque refleja la manera en que aprendemos y crecemos. La sabiduría no consiste en acumular más datos, sino en comprender grandes verdades de un modo más profundo. Año tras año, gracias al apoyo y los conocimientos de amigos y socios y de gente que ha actuado antes que yo, veo con mayor claridad que las principales causas de la pobreza y la enfermedad son las restricciones culturales, económicas y legales que bloquean lo que las mujeres pueden hacer —y creen que pueden hacer— por ellas mismas y sus hijos.

Así es como las mujeres y las niñas se convirtieron en un punto de partida y un lugar donde intervenir en toda la variedad de barreras que hacen que la gente siga siendo pobre. Los temas que conforman los capítulos de este libro tienen un enfoque de género: la salud materna y neonatal, la planificación familiar, la educación de mujeres y niñas, el trabajo no remunerado, el matrimonio infantil, las mujeres en la agricultura, las mujeres en el lugar de trabajo. Cada uno de estos temas está definido por las barreras que bloquean el progreso de las mujeres. Cuando esas barreras se rompen y se amplían las posibilidades, no solo sacan a las mujeres de la pobreza, sino que también pueden elevarlas hasta la igualdad con los hombres en todas las culturas y en todos los niveles de la sociedad. Ningún otro cambio puede aportar más a la mejora de la situación en el mundo.

La correlación es casi tan perfecta como cualquiera que se pueda encontrar en el mundo de los datos. Si buscas pobreza, encontrarás a mujeres que no tienen poder. Si investigas la prosperidad, encontrarás a mujeres que tienen poder y lo utilizan.

Cuando las mujeres podemos decidir si queremos tener hijos o no y cuándo; cuando podemos decidir si queremos casarnos y con quién; cuando tenemos acceso a la sanidad, cargamos solo con la parte justa de trabajo no remunerado, conseguimos los estudios que queremos, tomamos las decisiones económicas que necesitamos, somos tratadas con respeto en el trabajo, gozamos de los mismos derechos que los hombres y ascendemos con la ayuda de otras mujeres y hombres que nos forman en el liderazgo y nos proponen para altos cargos, entonces las mujeres prosperamos… y nuestras familias y comunidades prosperan con nosotras.

Podemos ver cada uno de estos temas como un muro o una puerta. Creo que ya sé cómo lo vemos. En el corazón y la mente de las mujeres empoderadas hoy en día, «todos los muros son una puerta».

Derribemos los muros y atravesemos las puertas juntas.

2

El empoderamiento de las madres
La salud materna y neonatal

En 2016, durante un viaje a Europa, hice una visita especial a Suecia para despedirme de uno de mis héroes.

Hans Rosling, fallecido en 2017, era un innovador profesor universitario de salud global que se hizo famoso por enseñar a expertos hechos que ya deberían conocer. Acabó siendo célebre por sus inolvidables TED Talks (más de 25 millones de reproducciones y subiendo); por su libro *Factfulness*, escrito con su hijo y su nuera, que nos enseña que el mundo es mejor de lo que creemos; y por su Gapminder Foundation, cuya original labor con datos y gráficos ha ayudado a la gente a ver el mundo como es. Personalmente, Hans fue para mí un sabio mentor cuyas historias me sirvieron para ver la pobreza a través de los ojos de los pobres.

Quiero contaros una historia que Hans compartió conmigo y me ayudó a entender las consecuencias de la pobreza extrema, y cómo el empoderamiento de las mujeres puede ser la clave para acabar con ella.

No obstante, primero deberíais saber que Hans Rosling estaba menos fascinado conmigo que yo con él, por lo menos al principio. En 2007, antes de conocernos, acudió a un acto en el que yo iba a hablar. Más tarde me contó que estaba escéptico. «¡Esos multimillonarios norteamericanos dando dinero lo van a estropear todo!», pensaba. (Estaba preocupado, y con razón. Entraremos en detalles más adelante.)

Según él, me gané su respeto porque en mis comentarios no hablé de quedarme sentada en Seattle leyendo datos y elaborando teorías. Yo intentaba compartir lo que había aprendido de las comadronas, enfermeras y madres que había conocido en mis viajes a África y el sur asiático. Contaba historias de campesinas que dejaban sus campos para recorrer kilómetros a pie hasta una clínica y aguantaban una larga y calurosa espera en una cola para que luego les dijeran que se habían acabado las existencias de anticonceptivos. Hablaba de matronas que decían que su sueldo era bajo, su formación escasa y que no tenían ambulancias. Procuraba no ir a esas visitas con ideas preconcebidas, sino con curiosidad y ganas de aprender. Resultó que hacía lo mismo que Hans, solo que él empezó mucho antes que yo y con mayor intensidad.

Cuando Hans era un joven médico, él y su esposa, Agneta —una destacada profesional sanitaria por mérito propio—, se mudaron a Mozambique, donde Hans practicó la medicina en una región pobre lejos de la capital. Era uno de los dos médicos que atendían a 300.000 personas. A su juicio, todas eran sus pacientes, aunque no las hubiera visto nunca, que era lo más habitual. En su distrito había 15.000 nacimientos al año y más de 3.000 muertes infantiles. Todos los días morían diez niños en su distrito. Hans trataba diarreas, malaria, cólera, neumonía y partos problemáticos. Cuando hay dos médicos para 300.000 personas, lo tratan todo.

Esa experiencia lo moldeó como persona y definió lo que me enseñó. Después de conocernos, Hans y yo nunca asistimos al mismo acto sin pasar un tiempo juntos, aunque solo fueran unos minutos en el pasillo entre las sesiones. En nuestras visitas —unas más largas que otras— se convirtió en mi profesor. Además de ayudarme a aprender sobre la pobreza extrema, Hans me ayudó a mirar hacia atrás y entender mejor lo que ya había visto. «La pobreza extrema produce enfermedades —me dijo—. Las fuerzas del mal se ocultan en ella. Es donde empieza el ébola. Donde Boko Haram esconde a las niñas.» Tardé mucho en aprender lo que él ya sabía, pese a contar con la ventaja de aprenderlo de él.

Hoy en día, casi 750 millones de personas viven en la pobreza extrema, en comparación con los 1.850 millones de 1990. Según los legisladores, se considera que quienes viven con el equivalente a 1,90 dólares al día están bajo el umbral de la pobreza. No obstante, esas cifras no reflejan la desesperación de sus vidas. Lo que realmente significa la pobreza extrema es que, por mucho que trabajes, estás atrapado. No puedes escapar. Tus esfuerzos apenas cuentan. Los que podrían darte un empujón te han abandonado. Eso es lo que Hans me ayudó a entender.

A lo largo de nuestra amistad siempre me decía: «Melinda, tienes que atender a la gente que se encuentra en los márgenes». Así que juntos intentamos ver la vida a través de los ojos de las personas a las que esperábamos ayudar. Le conté mi primer viaje con la fundación y que me fui sintiendo mucho respeto hacia la gente que había visto porque sabía que su realidad cotidiana acabaría conmigo.

Había visitado el suburbio de una gran ciudad, y lo que me impresionó no fueron los niños pequeños que se acercaban al coche a pedir. Eso me lo esperaba. Vi a niños pequeños arreglándoselas solos. No debería haberme sorprendido: es la consecuencia evidente de que a las madres pobres no les quede más remedio que irse a trabajar. Es una cuestión de supervivencia en la ciudad. Pero ¿con quién dejan al niño? Vi a niños deambulando con bebés. Vi a un niño de cinco años correteando con sus amigos en la calle, cargando con un bebé que aún no sostenía bien la cabeza. Vi a niños jugando al lado de cables eléctricos en una azotea y corriendo cerca de aguas residuales que bajaban por el borde de la calle. Vi a niños jugar cerca de ollas llenas de agua hirviendo donde los comerciantes preparaban la comida que vendían. El peligro formaba parte del día a día de los niños y de su realidad. Eso no lo cambiaba que una madre tomara una decisión más acertada: las madres no tenían una opción mejor que escoger. Necesitaban trabajar, y hacían todo lo posible en esa situación para cuidar de sus hijos. Sentí un gran respeto hacia ellas, por su capacidad de seguir haciendo lo que debían para alimentar a sus hijos. Hablé en numerosas ocasiones con Hans de lo que veía, y creo que le di pie a que me contara lo que veía él. La historia que Hans compartió conmigo unos meses antes de morir era la que, según él, mejor reflejaba la esencia de la pobreza.

Cuando Hans era médico en Mozambique a principios de la década de 1980, había una epidemia de cólera en el distrito donde él trabajaba. Todos los días salía con su pequeño equipo en el todoterreno de servicios sanitarios en busca de las personas que tenían cólera en vez de esperar a que acudieran a él.

Un día al atardecer entraron en una aldea remota. Había unas cincuenta casas, todas construidas a base de bloques de adobe. La gente disponía de campos de mandioca y algunos árboles del anacardo, pero no tenían burros, vacas ni caballos, como tampoco medio de transporte para llevar su producción al mercado.

Cuando llegó el equipo de Hans, una multitud miró dentro del todoterreno y empezó a decir: «Doutor Comprido, doutor Comprido», que en portugués significa: «Doctor Alto, doctor Alto». Así era conocido Hans, nunca como «doctor Rosling» o «doctor Hans», solo «doctor Alto». La mayoría de los vecinos de la aldea no lo habían visto nunca, pero habían oído hablar de él. Aquel día el doctor Alto visitaba su aldea y, en cuanto bajó del coche, preguntó a los cabecillas del pueblo: «Fala português?» («¿Habla portugués?»). Y le respondieron: «Poco, poco» («Un poco»). «Bem vindo, doutor Comprido» («Bienvenido, doctor Alto»).

Así que Hans preguntó:

—¿Cómo me conocen?

—Ah, usted es muy conocido en esta aldea.

—Pero nunca había estado aquí.

—No, nunca había estado aquí. Por eso estamos tan contentos de que haya venido. Estamos muy felices. —Se unieron más voces—: Es bienvenido, es bienvenido, doctor Alto.

Cada vez se fue congregando más gente, que se unía a la multitud con sigilo. Pronto tenía cincuenta personas alrededor, sonriendo y mirando al doctor Alto.

—Pero muy poca gente de esta aldea viene a mi hospital —dijo Hans.

—No, vamos muy poco al hospital.

—Entonces ¿cómo me conocéis?

—Ah, usted es respetado. Muy respetado.

—¿Soy respetado? Pero si nunca había estado aquí.

—No, nunca había estado aquí. Y sí, muy pocos van a su hospital, pero una mujer fue a su hospital, y usted la trató. Así que es usted muy respetado.

—¡Ah! ¿Una mujer de este pueblo?

—Sí, una de nuestras mujeres.

—¿Por qué fue?

—Problemas en el parto.

—Entonces ¿fue para que la tratáramos?

—Sí, y usted es muy respetado porque la trató.

Hans empezaba a sentir cierto orgullo, y preguntó:

—¿Puedo verla?

—No —respondieron todos al unísono—. No, no puede verla.

—¿Por qué? ¿Dónde está?

—Está muerta.

—Vaya, lo siento. ¿Murió?

—Sí, murió cuando usted la trató.

—¿No ha dicho que esa mujer tuvo un problema durante el parto?

—Sí.

—¿Y quién la llevó al hospital?

—Sus hermanos.

—¿Y llegó al hospital?

—Sí.

—¿Y yo la traté?

—Sí.

—¿Y luego se murió?

—Sí, murió en la mesa donde usted la trató.

Hans empezó a ponerse nervioso. ¿Pensaban que había metido la pata? ¿Estaban a punto de desahogar su pena con él? Lanzó una mirada en dirección al coche a fin de averiguar si su conductor estaba en él, para poder huir. Vio que era imposible correr, así que se puso a hablar despacio y con suavidad.

—Entonces ¿qué enfermedad tenía la mujer? No la recuerdo.

—Tiene que recordarla, tiene que recordarla porque salió el brazo del niño. La comadrona intentó sacar al niño por el brazo, pero fue imposible.

(Hans me explicó que se llama presentación de brazo. Anula la posibilidad de sacar al bebé debido a la posición de su cabeza.)

En ese momento Hans lo recordó todo. El niño estaba muerto cuando llegaron. Tenía que sacarlo para salvar la vida de la madre. La cesárea no era una opción. El ambiente del lugar no era el adecuado para practicar una cesárea, así que intentó una fetotomía (sacar al bebé por partes). El útero se rompió y la madre murió desangrada en la mesa de operaciones. Hans no pudo impedirlo.

—Sí, fue muy triste —dijo Hans—. Muy triste. Intenté salvarla cortando el brazo del niño.

—Sí, le cortó el brazo.

—Sí, le corté el brazo. Intenté sacar el cuerpo por partes.

—Sí, intentó sacarlo por partes. Eso les contó a sus hermanos.

—Siento mucho que muriera.

—Sí, nosotros también. Lo sentimos mucho, era una buena mujer —dijeron.

Hans intercambió algunas frases de cortesía con ellos y, cuando ya no quedaba mucho que decir, preguntó, porque es curioso y valiente:

—Pero ¿cómo puedo ser respetado si no le salvé la vida a esa mujer?

—Sabíamos que era difícil. Sabíamos que la mayoría de las mujeres a las que les salía un brazo morían. Sabíamos que era difícil.

—Pero ¿por qué me respetan?

—Por lo que hizo después.

—¿Qué?

—Salió de la sala al patio. No dejó que el coche de vacunas se fuera. Corrió para alcanzarlo, hizo volver al coche, sacó unas cajas, hizo que la mujer de nuestro pueblo fuera envuelta en una sábana blanca. La sábana la dio usted, incluso les dio una pequeña para las partes del bebé. Luego hizo que subieran el cuerpo de la mujer a ese todoterreno, y que uno de sus empleados saliera para que los hermanos tuvieran espacio para ir con ella. Así, después de la tragedia, regresó a casa ese mismo día cuando aún brillaba el sol. Celebramos el funeral esa tarde, y toda su familia, todo el mundo estaba allí. Jamás esperamos que nadie demostrara tal respeto por nosotros, unos pobres granjeros del bosque. Sentimos un profundo respeto hacia usted por lo que hace. Muchas gracias. Siempre estará en nuestro recuerdo.

Hans hizo una pausa en la historia y me dijo:

—No fui yo quien hizo eso. Fue Mama Rosa.

Mama Rosa era una monja católica que trabajaba con Hans. Le había dicho: «Antes de hacer una fetotomía, pida permiso a la familia. No corte a un bebé sin tener su permiso. Después, solo le pedirán una cosa: reunir las partes del niño. Y usted dirá: "Sí, tendrán las partes y les daremos la sábana para el niño". Se hace así. No quieren que nadie tenga partes de su bebé. Quieren verlas todas».

Hans me explicó: «Cuando murió aquella mujer me eché a llorar, y Mama Rosa me puso un brazo encima y me dijo: "Esta mujer era de una aldea muy remota. Tenemos que llevarla a casa. De lo contrario, nadie de esa aldea vendrá al hospital durante la siguiente década". "Pero ¿cómo podemos llevarla?" "Salga corriendo y pare el coche de vacunas —me dijo Mama Rosa—. Salga corriendo y pare el coche de vacunas"».

Y Hans lo hizo. «Mama Rosa sabía cuál era la realidad de la gente. Yo jamás habría sabido que debía hacer eso. A menudo, en la vida, los hombres mayores se llevan el mérito del trabajo que hacen los jóvenes y las mujeres. No está bien, pero así es como funciona.»

Ese fue el testimonio más profundo de Hans de la pobreza extrema. No era el hecho de vivir con un dólar al día. Era tardar días en llegar al hospital cuando te estás muriendo. Era respetar a un médico no por salvar una vida sino por devolver un cadáver a la aldea.

Si esa madre hubiera vivido en una comunidad próspera y no en los márgenes, entre campesinos, en un bosque apartado de Mozambique, jamás habría perdido el niño. Nunca habría perdido la vida.

Ese es el significado de la pobreza que he visto en mi trabajo, y también lo veo en la historia de Hans: pobreza es no poder proteger a tu familia. Pobreza es no poder salvar a tus hijos cuando otras madres con más dinero podrían. Dado que el mayor instinto de una madre es proteger a sus hijos, la pobreza es la fuerza del planeta que más desempodera.

Por tanto, si quieres atacar la pobreza y empoderar a las mujeres, puedes hacerlo con una idea en mente: ayudar a las madres a proteger a sus hijos. Así es como Bill y yo iniciamos nuestra labor filantrópica. No lo expresamos con esas palabras en ese momento. Simplemente, el hecho de que murieran niños porque sus padres son pobres nos pareció lo más injusto del mundo.

A finales de 1999, en nuestra primera iniciativa global, nos aliamos con países y organismos que salvaban las vidas de niños menores de cinco años. Una parte muy importante de la campaña consistía en ampliar la cobertura internacional de un paquete básico de vacunas, que habían contribuido a reducir a la mitad el número de muertes infantiles desde 1990: de 12 millones al año a 6 millones.

Por desgracia, la tasa de supervivencia de recién nacidos —niños durante sus primeros veintiocho días de vida— no ha mejorado al mismo ritmo. De todas las muertes de niños menores de cinco años, casi la mitad se producen durante el primer mes. Y de todas las muertes acaecidas durante el primer mes, la mayor parte se produce el primer día. Esos niños nacen en las familias más pobres de entre los pobres, muchos en zonas que quedan muy lejos de los hospitales. ¿Cómo se pueden salvar millones de bebés cuando sus familias están esparcidas por zonas remotas y siguen tradiciones seculares en lo que respecta al parto?

No lo sabíamos, pero si queríamos hacer el mayor bien posible, teníamos que ir allí donde había más afectados, así que estudiamos maneras de salvar las vidas de las madres y los recién nacidos. El factor más común en la mortalidad materna e infantil es la falta de profesionales formados. Cuarenta millones de mujeres al año dan a luz sin asistencia. Descubrimos que la mejor respuesta —por lo menos la mejor respuesta que podemos dar ahora mismo con los conocimientos de que disponemos— es formar y desplegar a más profesionales sanitarios con formación para que estén presentes con las madres en el momento del parto y durante las horas y los días posteriores.

En 2003 financiamos el trabajo de Vishwajeet Kumar, un médico con formación superior de la Johns Hopkins que estaba poniendo en marcha un programa salvavidas en un pueblo llamado Shivgarh, en Uttar Pradesh, uno de los estados más pobres de la India.

En pleno proyecto, Vishwajeet se casó con una mujer llamada Aarti Singh. Aarti era experta en bioinformática, y empezó a aplicar su experiencia en diseñar y evaluar programas en madres y recién nacidos. Se convirtió en un miembro indispensable de la organización, que la gente en el pueblo llamaba Saksham, o «empoderamiento».

Vishwajeet y el equipo de Saksham habían estudiado los partos en las zonas rurales pobres de la India y habían visto que muchas de las prácticas habituales entrañaban un gran riesgo para el niño. Creían que muchas muertes neonatales podían evitarse con prácticas que costaban muy poco o nada y que era posible hacer en la comunidad: amamantar de inmediato, mantener al niño caliente, cortar el cordón umbilical con instrumentos esterilizados. Solo era cuestión de cambiar de proceder. Con subvenciones de la Agencia de Estados Unidos para el Desarrollo Internacional, Save the Children y nuestra fundación, además de enseñar prácticas seguras con los neonatos a los profesionales sanitarios de la comunidad, Saksham redujo a la mitad la mortalidad infantil en dieciocho meses.

Cuando visité Shivgarh en 2010, aún se producían 3 millones de muertes de recién nacidos al año en el mundo. Casi el 10 por ciento de ellas ocurrían en Uttar Pradesh, considerada el epicentro global de las muertes neonatales y maternas. Si queríamos reducir la cantidad de muertes neonatales, Uttar Pradesh era un lugar importante en el que trabajar.

En mi primer día de viaje me reuní con unas cien personas del pueblo para hablar del cuidado neonatal. Era una multitud, había madres sentadas en primera fila y hombres hacia el fondo. Con todo, la sensación era de intimidad. Estábamos sentados en alfombras dispuestas bajo la sombra de un gran árbol, muy juntos para que nadie quedara a merced del sol abrasador. Una vez finalizada la reunión, nos saludó una familia con un niño de unos seis años. Segundos después, Gary Darmstadt, que entonces era el jefe en nuestra fundación de salud materna y neonatal, me susurró: «Era él, ¡era ese bebé!». Miré atrás, vi al niño de seis años y dije: «¿Qué bebé? Eso no es un bebé». «El que salvó Ruchi», dijo. «¡Dios mío! —exclamé—. ¿Ese es el bebé del que me hablaste?»

Ese niño de seis años se había convertido en un símbolo. Nació durante el primer mes del programa Saksham, cuando los profesionales sanitarios de la comunidad habían acabado la formación, el escepticismo en la comunidad era elevado y todo el mundo los observaba. El bebé, al que acababa de ver como un niño sano de seis años, nació en plena noche. La madre, primeriza, estaba agotada y se desmayó durante el parto.

En cuanto salió el sol, la profesional sanitaria de la comunidad, recién formada, tuvo noticia del parto y acudió de inmediato. Se llamaba Ruchi. Tenía unos veinte años y procedía de una familia india de casta alta. Cuando llegó, encontró a la madre aún inconsciente y al bebé frío. Ruchi preguntó qué ocurría, y ninguno de los parientes que había en la habitación dijo una palabra. Estaban aterrorizados.

Ruchi atizó el fuego para calentar la habitación, luego fue a buscar mantas y envolvió al bebé. Le tomó la temperatura, porque gracias a la formación sabía que la hipotermia puede matar a los niños o ser una señal de infección. La criatura estaba muy fría, a unos 34 °C. Así que Ruchi probó con los procedimientos convencionales, y nada funcionó. El bebé se estaba poniendo azul. Estaba apático, y Ruchi se percató de que moriría si no hacía algo enseguida.

Una de las prácticas salvavidas que Ruchi había aprendido era el contacto piel con piel: colocar al bebé contra la piel de la madre para que esta transfiriese el calor de su cuerpo al recién nacido. Esta técnica evita la hipotermia, favorece la lactancia materna y protege de la infección. Es una de las intervenciones más potentes que conocemos para salvar bebés.

Ruchi pidió a la tía del pequeño que le ofreciera la terapia piel con piel al niño, pero ella se negó. Le daba miedo que el mal espíritu que según ella se estaba apoderando del bebé la asaltara a ella también.

Entonces Ruchi tuvo que tomar una decisión: ¿debería dar ella misma al bebé el contacto piel con piel? La decisión no era fácil: hacer algo tan íntimo con un niño de baja casta podría dejar en ridículo a sus propios padres. Además, era una práctica poco común en la comunidad. Si no iba bien, la familia la culparía de la muerte del pequeño.

Sin embargo, al ver que el niño cada vez cogía más frío, se abrió el sari y se colocó al recién nacido contra la piel desnuda, con la cabeza del bebé entre los pechos y un trapo cubriendo la cabeza tanto de este como la suya por pudor y para dar calor. Ruchi estuvo así unos minutos con el pequeño. El color de la piel del bebé iba tornándose rosada. Sacó el termómetro y le tomó la temperatura. Un poco mejor. Estuvo así con el niño unos minutos más y volvió a tomarle la temperatura. Un poco más alta. Las mujeres presentes se inclinaron para ver cómo subía la temperatura de la criatura. Pasados unos minutos, el bebé empezó a moverse. Luego cobró vida. A continuación rompió a llorar. El niño estaba bien. No estaba infectado. Solo era un bebé sano que necesitaba calor y un abrazo.

Cuando la madre recobró la conciencia, Ruchi le contó lo ocurrido y la guio en el contacto piel con piel, luego la ayudó a iniciar la lactancia. Ruchi se quedó una hora más observando a la madre y al niño en posición piel con piel, y luego se fue de la casa.

La historia corrió como la pólvora entre los pueblos cercanos. De la noche a la mañana, las mujeres pasaron de decir «No estamos seguras de esta práctica» a «Quiero hacerlo con mi bebé». Fue un punto de inflexión en el proyecto. No se logra un cambio de comportamiento a menos que una nueva práctica sea transparente, funcione bien y haga hablar a la gente, y la recuperación que consiguió Ruchi con ese bebé de un día era la comidilla de todos. Era una práctica que todas las mujeres podían llevar a cabo. Las madres pasaron a ser vistas como salvavidas. Era algo inmensamente empoderador y transformador.

Su taza no está vacía

Aprendí mucho en mi viaje a Shivgarh, y la lección más impresionante que obtuve —y lo que lo diferenciaba de gran parte de nuestro trabajo anterior— es que no se trataba de avances tecnológicos. En la fundación siempre habíamos hecho hincapié en la investigación científica para desarrollar avances que salvaran vidas, como las vacunas. Lo llamamos «desarrollo de producto», y aún es nuestra mayor aportación. No obstante, el programa de Vishwajeet y Aarti para madres y recién nacidos me enseñó lo que se puede conseguir al compartir prácticas sencillas que todo el mundo conoce. Me enseñó de una manera profunda que tienes que entender las necesidades humanas para ofrecer servicios y soluciones a la gente de una forma eficaz. Los sistemas de aplicación son importantes.

¿A qué me refiero con «sistemas de aplicación»? A ofrecer herramientas a las personas que las necesitan de manera que se animen a usarlas. Es crucial, y a menudo complicado. Hay que superar barreras de pobreza, distancia, ignorancia, duda, estigma, religión y género. Significa escuchar a la gente, enterarse de lo que quiere, qué está haciendo, en qué cree y a qué barreras se enfrenta. Implica prestar atención a cómo las personas salvan sus vidas. Es lo que hay que hacer si quieres ofrecer a la gente una herramienta o técnica determinada para salvar vidas.

Antes de poner en marcha el programa, Saksham contrató a un equipo local de estudiantes excelentes que trabajaron seis meses con la comunidad para entender sus prácticas y creencias relativas al parto. Vishwajeet me comentó: «Su taza no está vacía; no puedes verter tus ideas en ella sin más. Su taza ya está llena, así que tienes que entender qué hay en su taza». Si no comprendes el significado y las creencias que hay detrás de las prácticas de una comunidad, no presentarás tu idea en el contexto de sus valores e inquietudes, y la gente no te escuchará.

Históricamente, las madres de la comunidad iban al brahmán, un miembro de casta sacerdotal, y le preguntaban cuándo iniciar la lactancia, y él decía: «No puedes secretar leche durante tres días, así que deberías empezar al cabo de tres días». La información falsa desempodera. Las madres acataban el consejo del brahmán, y durante los primeros tres días de vida del recién nacido le daban agua, a menudo contaminada. El equipo de Vishwajeet y Aarti se había preparado para ese momento. Ponían en duda con delicadeza las prácticas tradicionales destacando patrones de la naturaleza que formaban parte del estilo de vida de los vecinos del pueblo. Citaban el ejemplo de un ternero y su madre. «Cuando intentamos ordeñar una vaca y no saca leche, hacemos que el ternero la succione para que secrete leche, ¿por qué no hacéis lo mismo y mantenéis al niño en el pecho para secretar leche?»

Aun así, los lugareños seguían diciendo: «No, no va a funcionar». De modo que el equipo local acudió a unas cuantas personas de la comunidad que consideraban audaces e influyentes e intentó convencerlas. En el equipo sabían que, si eran capaces de crear una cultura del apoyo en torno a una madre joven, esta tendría muchas más posibilidades de probar la nueva práctica. Cuando unas cuantas madres lo probaban y podían dar el pecho enseguida, decían: «¡Vaya, no sabíamos que podíamos hacerlo!». Entonces todo se aceleraba y la comunidad empezaba a probar también las demás prácticas sanitarias.

Promover un cambio en una cultura tradicional es una tarea delicada. Se debe hacer con el máximo cuidado y respeto. La transparencia es crucial. Hay que escuchar las quejas. Reconocer los fracasos. Los lugareños deben impulsarlo. Hay que hacer hincapié en los objetivos compartidos. Los mensajes deben apelar a la experiencia de la gente. La práctica tiene que funcionar de manera clara y rápida, y es importante poner énfasis en la ciencia. Si para salvar una vida bastara con el amor, ninguna madre tendría que enterrar jamás a su hijo; necesitamos la ciencia. No obstante, la manera de transmitir la ciencia es tan importante como la ciencia en sí.

Comadronas en todos los pueblos

Cuando regresé a la fundación tras mi viaje a Shivgarh, hablé con la plantilla sobre la aplicación de los servicios y la conciencia cultural, y de lo esenciales que eran para salvar vidas. Dije que teníamos que seguir trabajando en innovación de productos, en ciencia y tecnología, pero también trabajar con la misma pasión en innovación en los sistemas de aplicación. Ambos son indispensables.

Permitidme que lo ilustre con un ejemplo personal que no he compartido nunca. Se trata de la hermana mayor de mi madre, Myra.

Le tengo mucho cariño a mi tía Myra. De pequeña la llamaba «mi otra madre». Cuando nos visitaba, pasaba tiempo pintando y jugando a juegos de mesa con mi hermana, Susan, y conmigo. También íbamos mucho de compras. Tenía tanta energía y era tan optimista que en la imagen que yo tenía de la tía Myra nunca aparecía el hecho de que no pudiera usar las piernas.

A finales de la década de 1940, cuando mi madre y Myra eran pequeñas estaban jugando en casa de su tío abuelo, y después él le dijo a mi abuela: «Myra estaba muy perezosa hoy. Quería que la llevara en brazos a casa».

Aquella noche, Myra se despertó gritando de dolor. Mis abuelos la llevaron al hospital, y un equipo de médicos descubrió que tenía la polio. Le envolvieron las piernas con gasas, agua hirviendo, y le pusieron encima bolsas calientes. Los médicos pensaron que el calor ayudaría, pero no se notaba la diferencia. Al cabo de tres o cuatro días, tenía las piernas paralizadas. Estuvo dieciséis meses en el hospital, y mis abuelos solo podían visitarla los domingos. Entretanto, ninguno de los niños del barrio jugaba con mi madre. Todo el mundo estaba aterrorizado con el virus de la polio.

A finales de la década de 1940, el gran desafío de la polio se hallaba en el desarrollo de producto, es decir, encontrar una vacuna. La aplicación no importaba. No había nada que aplicar. No era cuestión de privilegios o pobreza. Aún no se había producido la innovación científica. No había protección para nadie contra la polio.

En cuanto Jonas Salk desarrolló su vacuna contra la polio en 1953, el apasionado esfuerzo por proteger a la gente de la polio cambió del desarrollo de producto a la aplicación y, en este caso, la pobreza sí era importante. Los habitantes de los países ricos recibieron la vacuna enseguida. A finales de la década de 1970, la polio había sido erradicada de Estados Unidos, pero seguía asolando gran parte del mundo, incluida la India, donde los vastos paisajes y las grandes poblaciones hacían que fuera especialmente difícil luchar con tra la polio. En 2011, desafiando la mayoría de las predicciones de los expertos, la India estaba libre de polio. Fue uno de los mayores logros en salud global, y la India lo hizo con un ejército de más de 2 millones de vacunadores que recorrieron el país para encontrar y vacunar a todos los niños.

En marzo de 2011, Bill y yo conocimos a una joven madre y su familia en un pueblecito de Bihar, uno de los estados más rurales de la India. Eran trabajadores migrantes, desesperadamente pobres, y trabajaban en un horno de ladrillos. Le preguntamos a ella si sus hijos habían sido vacunados contra la polio, y la mujer entró en la cabaña y regresó con una tarjeta de inmunización con los nombres de sus hijos y las fechas en que recibieron la vacuna. Al no encontrarlos en una ocasión, los vacunadores habían ido a buscar a sus hijos varias veces. Nos quedamos anonadados. Así es como la India se libró de la polio: gracias a una aplicación masiva, heroica, original e ingeniosa.

Conocer a gente que ofrece a los demás una asistencia que salva vidas es uno de los puntos fuertes de mi trabajo. Hace unos años, en un viaje a Indonesia, conocí a una mujer llamada Ati Pujiastuti. De joven, Ati había participado en un programa gubernamental llamado Una Matrona en Cada Pueblo que formó a 60.000 comadronas. Terminó el programa cuando solo tenía diecinueve años y la destinaron a trabajar en un pueblo rural de montaña.

Al llegar al pueblo, no fue bienvenida. La gente se mostraba hostil y desconfiada ante los forasteros, sobre todo ante mujeres jóvenes con ideas para mejorar las cosas. De algún modo, esa joven mujer poseía la sabiduría de una anciana de pueblo. Fue de puerta en puerta a presentarse a los lugareños. Asistió a todos los acontecimientos de la comunidad. Compraba el periódico local y lo leía en voz alta a las personas que no supieran leer. Cuando la electricidad llegó al pueblo, ahorró dinero y compró un minúsculo televisor e invitó a todo el mundo a ver la televisión con ella.

Sin embargo, nadie quiso sus servicios hasta que, por pura casualidad, una mujer embarazada de Yakarta que estaba de visita en el pueblo se puso de parto y le pidió a Ati que la asistiera. El parto fue bien, los lugareños empezaron a confiar en Ati y al poco tiempo todas las familias requerían su presencia cuando las madres iban a dar a luz. Ella se aseguraba de estar allí siempre, incluso arriesgando su propia vida. Una vez perdió el equilibrio al cruzar un río y tuvo que agarrarse a una roca hasta que llegó la ayuda. En otra ocasión resbaló en un sendero escarpado y fangoso junto al borde de un precipicio. Muchas veces cayó de la motocicleta al circular por caminos sin asfaltar. Aun así, insistía y seguía asistiendo partos. Sabía que estaba salvando vidas.

Igual que necesitamos mujeres sobre el terreno ofreciendo estos servicios, también necesitamos mujeres en altos cargos con visión y poder. Una de ellas es la doctora Agnes Binagwaho, la exministra de Salud de Ruanda.

En 2014, Agnes y yo redactamos juntas un artículo para *The Lancet*. Llamamos la atención sobre las vidas de recién nacidos que se podían salvar si el mundo era capaz de poner remedio a una dura realidad: la mayoría de las mujeres de los países de bajos ingresos dan a luz en casa sin un asistente con formación.

Uno de los grandes objetivos de Agnes ha sido que haya un asistente de parto con formación junto a todas las madres que vayan a dar a luz.

Hace veinticinco años, nadie habría vaticinado esta causa. En 1994, Agnes trabajaba de pediatra en Francia cuando empezó a oír noticias aterradoras de su país. Los miembros de la mayoría étnica, los hutus, habían empezado a matar a la minoría de los tutsis. Siguió el horror desde lejos mientras casi un millón de personas eran asesinadas en cien días. La mitad de la familia de su marido fue aniquilada.

Agnes no vivía en Ruanda desde que tenía tres años, cuando su padre se mudó con su familia a Francia para asistir a la facultad de Medicina. Sin embargo, tras el genocidio ella y su marido decidieron regresar a su país para ayudar a reconstruirlo.

El retorno a Ruanda fue impactante, sobre todo para un médico que trabajaba en Europa. Ya antes del genocidio, Ruanda era uno de los peores lugares del mundo para dar a luz, y el conflicto empeoró mucho la situación. Casi todos los profesionales sanitarios del país habían huido o habían sido asesinados, y los países ricos no proporcionaban ayuda sanitaria. Una semana después de llegar, Agnes estuvo a punto de irse. No obstante, se le rompía el corazón al pensar en los que no podían irse, así que se quedó y se convirtió en la ministra de Salud más duradera de la historia de su país; de hecho, pasó las dos décadas siguientes ayudando a crear un nuevo sistema de salud para Ruanda.

Con Agnes, el Ministerio de Salud inició un programa en el que todos los pueblos ruandeses (con entre 300 y 450 habitantes) elegían tres profesionales sanitarios de la comunidad, uno de ellos dedicado en exclusiva a la salud materna.

Estos y otros cambios tuvieron un éxito enorme. Desde el genocidio, Ruanda ha sido el país del mundo que más ha avanzado en lograr que el parto sea más seguro. La mortalidad neonatal ha bajado en un 64 por ciento y la mortalidad materna ha disminuido en un 77 por ciento. Una generación después de que Ruanda fuera considerada un caso perdido, su sistema de salud se estudia como modelo. En la actualidad, Agnes trabaja con el doctor Paul Farmer, uno de mis héroes por hacer llegar la sanidad a los pobres, primero en Haití y luego en todo el mundo. La organización Partners in Health, de la que Paul es cofundador, ha puesto en marcha una nueva universidad de ciencias de la salud en Ruanda, la Universidad de Equidad en Salud Global. Agnes es vicerrectora de la universidad y promueve la investigación actual sobre qué hace que el parto funcione.

Lo que más me inspira del trabajo de Agnes en Ruanda, el de Ati en Indonesia y el de Vishwajeet y Aarti en la India es que todos demuestran que hacer hincapié con pasión en la aplicación de los servicios puede paliar los efectos de la pobreza. Refuerza el valor de las historias de Hans Rosling sobre la pobreza: cuando empiezas a entender la vida cotidiana de los pobres, además de provocarte el deseo de ayudar, a menudo ves cómo hacerlo.

Cuando hay personas que no tienen acceso a la sanidad de la que disfruta la mayoría de los demás, el problema es por definición de aplicación. La medicina, los servicios y la asistencia especializada no les llegan. Eso significa ser pobre. Se encuentran en los márgenes. No se benefician de lo que los seres humanos saben hacer los unos por los otros, así que tenemos que crear una manera de que les llegue. Eso es lo que significa combatir los efectos de la pobreza. Carece de encanto desde un punto de vista tecnológico, pero genera una profunda satisfacción en el aspecto humano: la innovación impulsada por la creencia de que la ciencia debería servir a todo el mundo. Nadie debería quedar excluido.

Es una lección que guardo en lo más profundo de mi corazón: la pobreza se crea con barreras; tenemos que sortear o derribar esas barreras para ofrecer soluciones. Sin embargo, no basta con eso. Cuanto más veía nuestra labor sobre el terreno, más me percataba de que la aplicación debe dar forma a la estrategia. El desafío de la aplicación revela las causas de la pobreza. Aprendes por qué la gente es pobre. No hace falta deducir cuáles son las barreras. En cuanto intentas ofrecer ayuda, te topas con ellas.

Cuando una madre no puede conseguir lo que necesita para proteger a sus hijos, no significa solo que sea pobre. Es algo más preciso. No tiene acceso a un asistente de parto especializado que cuente con los conocimientos más actualizados y las herramientas sanitarias imprescindibles. ¿Por qué? Podría haber muchos motivos. No tiene información. No tiene dinero. Vive lejos de la ciudad. Su marido se opone. Su suegra duda. No cree que pueda pedirlo. Su cultura no lo ve con buenos ojos. Cuando sabes por qué una madre no consigue lo que necesita, puedes averiguar qué hacer.

Si la barrera es la distancia, el dinero, el conocimiento o el estigma, tenemos que ofrecer herramientas e información más cercanas, baratas y menos estigmatizadas. Para combatir la pobreza necesitamos ver y estudiar las barreras y descubrir si son culturales, sociales o económicas, o geográficas, o políticas, y luego sortearlas o atravesarlas, de manera que los pobres no se queden al margen de los beneficios que otros disfrutan.

En cuanto empezamos a invertir más tiempo en entender cómo vive su vida la gente, vimos que muchas de las barreras al progreso —y muchas de las causas del aislamiento— se deben a los límites impuestos en las vidas de las mujeres.

En las sociedades donde reina la pobreza profunda, las mujeres son empujadas hacia los márgenes. Son forasteras. No es una coincidencia. Cuando una comunidad empuja a un grupo hacia fuera, sobre todo a sus mujeres, crea una crisis que solo se puede invertir volviendo a incluir a los expulsados. Es el remedio central para la pobreza y casi cualquier enfermedad social: incluir a los excluidos, ir a los márgenes de la sociedad y volver a incluir a todo el mundo.

Cuando iba a la escuela de primaria, había dos chicas que se sentaban en el fondo de la clase, chicas listas pero calladas y un poco torpes socialmente. Había dos chicas más, socialmente seguras y populares, que se sentaban en la parte delantera de la clase. Las chicas populares de delante se metían con las chicas del fondo. No hablo de una vez por semana. Era constante.

Tenían cuidado de hacerlo cuando el profesor no las veía ni las oía, así que nadie hacía nada para detenerlas. Las chicas tímidas se callaban cada vez más. Les daba miedo alzar la vista y establecer contacto visual porque eso provocaría más abusos. Su sufrimiento era terrible, y el dolor nunca desapareció, ni siquiera cuando el acoso cesó. Décadas después, en una reunión de clase, una de las chicas populares se disculpó, y una de las chicas que fue acosada contestó: «Ya era hora de que dijeras algo».

Todos hemos visto algo parecido y fuimos partícipes de alguna manera. O éramos los acosadores, o las víctimas, o vimos el acoso y no lo paramos. Yo era del último grupo. Vi todo lo que acabo de explicar. Y no lo paré porque me daba miedo que si decía algo, las acosadoras se volvieran también contra mí. Ojalá hubiera sabido encontrar mi voz y ayudar a las otras chicas a encontrar la suya.

A medida que fui madurando, pensé que ese tipo de abusos se producirían cada vez menos. Me equivocaba. Los adultos también intentan crear marginados. De hecho, somos mejores en eso. La mayoría de las personas pertenecen a uno de estos tres grupos: las que intentan crear marginados, las que hacen que se sientan como marginados y las que presencian la marginación y no hacen nada.

A cualquiera le pueden hacer sentir que es un marginado. Depende de la gente que tenga el poder de excluir. A menudo se basan en la raza. Según los miedos y prejuicios de una cultura, los judíos pueden ser tratados como marginados. Los musulmanes pueden ser tratados como marginados. Los cristianos pueden ser tratados como marginados. Los pobres siempre son marginados. Los enfermos con frecuencia son marginados. Las personas con discapacidades pueden ser tratadas como marginadas. Los miembros de la comunidad LGBTQ pueden ser tratados como marginados. Los inmigrantes casi siempre son marginados. Y, en casi todas las sociedades, las mujeres pueden sentirse marginadas, incluso en su propia casa.

Superar la necesidad de crear marginados es nuestro mayor desafío como seres humanos. Es la clave para poner fin a la profunda desigualdad. Estigmatizamos y enviamos a los márgenes a quienes provocan en nosotros los sentimientos que queremos evitar. Por eso hay tanta gente mayor, débil, enferma y pobre en los márgenes de la sociedad. Tendemos a expulsar a las personas que poseen las cualidades que más tememos encontrar en nosotros mismos; a veces atribuimos falsamente rasgos de los que renegamos a determinados grupos, luego los expulsamos como una manera de negar esos rasgos en nosotros. Eso es lo que lleva a los grupos dominantes a empujar a diferentes grupos raciales y religiosos hacia los márgenes.

Además, con frecuencia no somos sinceros con lo que ocurre. Si estamos en el interior y vemos a alguien en el exterior, solemos pensar: «No estoy en esa situación porque yo soy diferente». Sin embargo, es el orgullo el que habla. Es muy fácil ser esa persona. Todo está en nuestro interior, simplemente no nos gusta confesar lo que tenemos en común con los marginados porque nos pone los pies en la tierra. Insinúa que tal vez el éxito y el fracaso no son del todo justos. Y si sabes que tú conseguiste un mejor trato, luego tienes que ser humilde, y duele renunciar a esa sensación de superioridad y decir: «No soy mejor que los demás». Así, nos dedicamos a inventar excusas para nuestra necesidad de excluir. Decimos que se trata de mérito o tradición cuando en realidad solo consiste en proteger nuestros privilegios y nuestro orgullo.

En la historia de Hans, la madre del bosque perdió la vida por ser una marginada. Perdió el bebé por ser una marginada. Y su familia tenía un recuerdo agradable del médico que devolvió sus cuerpos al pueblo porque eran marginados. No estaban acostumbrados a ser tratados con respeto. Por eso sufrían tantas muertes.

Se empieza a salvar vidas incluyendo a todo el mundo. Nuestras sociedades serán más sanas cuando no tengan marginados. Deberíamos luchar por eso. Tenemos que seguir trabajando para reducir la pobreza y la enfermedad. Debemos ayudar a los marginados a resistir el poder de la gente que quiere que sigan fuera. Sin embargo, también tenemos que hacer nuestro trabajo interior: debemos ser conscientes de las maneras que tenemos de excluir. Necesitamos abrir los brazos y los corazones a quienes hemos empujado hacia los márgenes. No basta con ayudar a los marginados a entrar, el auténtico triunfo llegará cuando ya no expulsemos a nadie.

3

Todo lo bueno
Planificación familiar

Unos días después de mi visita al programa de Vishwajeet y Aarti, que formaba a trabajadores sanitarios de la comunidad para asistir partos en casa, visité un programa de salud materna y neonatal llamado Sure Start, que anima a las madres a dar a luz en clínicas con asistentes de parto formados y equipamiento médico.

Cuando llegué a la sede del proyecto, me invitaron a observar a un grupo de veinticinco mujeres embarazadas que jugaban a un concurso de preguntas sobre principios de la buena salud y respondían cuestiones acerca de la lactancia materna temprana y el cuidado neonatal durante la primera hora. Luego me reuní con un grupo de mujeres centrado en las embarazadas y los miembros de su familia, sobre todo suegras y cuñadas. Pregunté a las embarazadas si encontraban resistencia en la familia por participar en el programa. Luego pregunté a las suegras qué cambios habían observado desde que ellas estuvieron embarazadas de sus hijos. Una mujer mayor me contó que había dado a luz ocho hijos en casa, pero seis habían muerto al cabo de una semana del parto. Su nuera estaba embarazada por primera vez, y quería que recibiera el mejor cuidado posible.

Por la tarde visité la casa de una madre llamada Meena que había dado a luz un niño dos semanas antes. El marido de Meena trabajaba por un jornal diario cerca de su hogar. Había tenido a todos sus hijos en casa, salvo el recién nacido, que nació en una clínica con el apoyo de Sure Start. Meena tenía al pequeño en brazos mientras hablábamos.

Le pregunté si el programa la había ayudado, y me contestó que sí con entusiasmo. Creía que dar a luz en una clínica era más seguro para ella y el bebé, y empezó a darle de mamar el mismo día, lo que hizo que se sintiera libre de crear un vínculo con su hijo de inmediato, y eso le encantaba. Estaba muy animada, y mostraba una actitud muy positiva. Era evidente que el programa hacía que se sintiera bien, y por tanto a mí también.

Luego le pregunté: «¿Quieres tener más hijos?». Me miró como si le hubiera gritado. Bajó la mirada y se quedó en silencio durante un rato tan largo que acabó siendo incómodo. Me preocupaba haber dicho alguna impertinencia, o que tal vez la intérprete hubiera traducido mal mi pregunta, porque Meena seguía mirando al suelo. Luego levantó la cabeza, me miró a los ojos y dijo: «La verdad es que no, no quiero tener más hijos. Somos muy pobres. Mi marido trabaja mucho, pero somos extremadamente pobres. No sé cómo voy a alimentar a este niño. No tengo esperanza de darle estudios. De hecho, no tengo ninguna esperanza para el futuro de este niño».

Me quedé impactada. La gente tiende a contarme las buenas noticias, muchas veces tengo que hacer preguntas incisivas para averiguar el resto. Esa mujer tuvo el valor de contarme su dolorosa verdad. No tuve que preguntar. Y no había terminado.

«La única esperanza que tengo para el futuro de este niño —dijo— es si usted se lo lleva a su casa. —Luego puso una mano en la cabeza del niño de dos años que tenía en la pierna y añadió—: Por favor, lléveselo a él también.»

Todo me daba vueltas. En un momento había pasado de una conversación jovial sobre un parto sano a la triste confesión del sufrimiento de una madre, tan grande que el dolor de entregar a sus hijos era menor que el dolor de quedárselos.

Cuando una mujer comparte su pena conmigo, lo considero un enorme honor. Escucho con atención, ofrezco empatía y luego intento destacar algo positivo. No obstante, si en ese momento hubiera intentado decir algo alentador a Meena habría resultado falso y ofensivo. Le hice una pregunta y ella me dijo la verdad: fingir ser positiva sería negar su dolor. El dolor que me describía iba más allá de lo que yo pudiera imaginar: sentía que la única manera de ayudar a sus hijos a tener una buena vida era encontrarles otra madre.

Le dije con todo el tacto posible que tenía tres hijos, y que los suyos la querían y la necesitaban. Luego le pregunté: «¿Sabes algo sobre planificación familiar?». «Sí, pero no me lo contasteis antes, y ahora es demasiado tarde para mí», respondió.

Esa joven madre se sentía un completo fracaso, igual que yo. Le habíamos fallado. Estaba tan abrumada por la emoción que ni siquiera recuerdo cómo nos separamos ni cómo me despedí.

No pude olvidar a Meena durante el resto del viaje. Tardé mucho en asimilarlo todo. Era evidente que ayudarla a dar a luz en un centro la beneficiaba, pero no bastaba. No teníamos una visión global. Teníamos un programa de salud materna y neonatal, y hablábamos a las mujeres embarazadas sobre sus necesidades en salud materna y neonatal. Ese era el prisma a través del cual veíamos el trabajo, pero teníamos que mirar a través de los ojos de Meena.

Cuando hablo con mujeres en países de bajos ingresos, veo muy poca diferencia en lo que las mujeres queremos para nosotras mismas y nuestros hijos. Queremos que nuestros hijos estén seguros, sanos, felices, que salgan adelante en el colegio, que desarrollen su potencial, que crezcan, tengan sus propias familias y sustento, que amen y sean amados. También queremos tener salud, desarrollar nuestras capacidades y compartirlas con la comunidad.

La planificación familiar es importante para cubrir cada una de esas necesidades, sin importar donde viva una mujer. Tuve que conocer a esa mujer valiente para grabar a fuego este mensaje en mi piel, y su dolor se convirtió en un punto de inflexión en mi trabajo. Cuando una persona me cuenta una verdad dura, sé que habla por otros que no son tan valientes. Hace que preste más atención, y luego me doy cuenta de que otros dicen lo mismo continuamente, solo que con más suavidad. No lo había oído porque no escuchaba de verdad.

Poco después de hablar con Meena, viajé a Malaui y visité un centro de salud. Contaba con una sala para vacunas, una para niños enfermos, otra para pacientes con VIH y otra para planificación familiar. Había una larga cola de mujeres esperando para entrar en la sala de planificación familiar, y hablé con algunas de ellas. Les pregunté de dónde venían, cuántos hijos tenían, cuándo empezaron a usar anticonceptivos y de qué tipos los utilizaban. Mi curiosidad fue saciada gracias a la predisposición de las mujeres a hablar de sus vidas. Una mujer me contó que había ido a que le pusieran la inyección, pero no sabía si estaría disponible, y todas las demás asintieron. Dijeron que caminaban cinco kilómetros hasta la clínica sin saber si habría existencias de la inyección al llegar, y muchas veces no quedaban. Entonces les ofrecían otra clase de anticonceptivo, como preservativos, por ejemplo, ya que las clínicas solían tener buenos suministros por la epidemia de sida. Sin embargo, los preservativos a veces no son útiles para mujeres que intentan evitar el embarazo. Las mujeres me han comentado una y otra vez: «Si le pido a mi marido que se ponga un preservativo, me dará una paliza. Es como si le acusara de ser infiel y contraer el VIH, o decir que yo soy infiel y tengo el VIH». Así que a muchas mujeres no les servían los preservativos, las clínicas afirmaban que tenían suficientes anticonceptivos, pero solo contaban con preservativos.

Después de oír la misma historia de boca de la mayoría de las mujeres sobre recorrer un largo camino para no conseguir la inyección, entré en la sala y descubrí que, en efecto, la clínica no disponía de la inyección que todas buscaban. No era un inconveniente menor para ellas. No era cuestión de ir a la farmacia siguiente. No había farmacia, y habían recorrido kilómetros a pie. Además, ellas no podían usar otros anticonceptivos. No sé cuántas de las mujeres que conocí aquel día se quedaron embarazadas porque el centro de salud se había quedado sin existencias.

Un embarazo no planificado puede ser devastador para unas mujeres que no pueden permitirse alimentar a los niños que ya tienen, o que son demasiado jóvenes, demasiado viejas o están demasiado enfermas para tener hijos. Mi visita a Meena me abrió los ojos a las mujeres que no conocían los anticonceptivos. Mi visita a Malaui me hizo ver a las mujeres que conocían los anticonceptivos y los querían pero no tenían manera de conseguirlos.

Para mí no fue una revelación que las mujeres quisieran usar anticonceptivos. Lo sabía por mi propia vida, y era uno de los temas que apoyábamos en la fundación. Sin embargo, después de esos viajes empecé a considerarlo central, la principal prioridad para las mujeres.

Cuando las mujeres pueden programar y espaciar sus partos, la mortalidad materna disminuye, la mortalidad neonatal e infantil cae, la madre y el niño están más sanos, los padres tienen más tiempo y energía para cuidar de cada hijo y las familias pueden destinar más recursos a la nutrición y educación de cada uno. No había intervención más poderosa, y sin embargo era la más olvidada.

En 1994, la Conferencia Internacional sobre la Población y el Desarrollo celebrada en El Cairo atrajo a más de 10.000 participantes de todo el mundo. Era la mayor conferencia de este tipo que se había celebrado hasta entonces, así como una declaración histórica a favor de los derechos de las mujeres y las niñas. Sirvió para exigir el empoderamiento de las mujeres, fijar objetivos para su salud y su educación y declarar que el acceso a los servicios de salud reproductiva, incluida la planificación familiar, es un derecho humano básico. No obstante, la financiación de la planificación familiar había caído de forma significativa desde El Cairo.

Es uno de los motivos importantes por los que los anticonceptivos eran mi principal preocupación en 2010 y 2011. Allí adonde iba, siempre surgía el tema. En Seattle, en octubre de 2011, Andrew Mitchell, el secretario de Estado de Reino Unido para el Desarrollo Internacional, asistía a una cumbre sobre la malaria organizada por nuestra fundación y se acercó a mí con una idea: ¿estaríamos interesados en organizar otra cumbre el año siguiente, esa vez sobre planificación familiar? (Naturalmente, se convirtió en la cumbre a la que me refería en el capítulo 1.)

La idea de celebrar una cumbre internacional sobre planificación familiar me pareció aterradora y emocionante a la vez, un proyecto monumental. Sabía que tendríamos que hacer hincapié en fijar objetivos, mejorar los datos y ser más estratégicos. No obstante, también era consciente de que, si queríamos fijar objetivos ambiciosos y alcanzarlos, debíamos enfrentarnos a un desafío mucho más duro. Necesitábamos cambiar el debate en torno a la planificación familiar. Se había vuelto imposible mantener una conversación sensata, racional y práctica sobre los anticonceptivos debido a la tortuosa historia del control de natalidad. Los defensores de la planificación familiar teníamos que dejar claro que no estábamos hablando de control de la población. No hablábamos de coacción. La agenda de la cumbre no trataba del aborto. Se trataba de responder a las necesidades de anticonceptivos de las mujeres y permitirles escoger si quieren tener niños y cuándo. Debíamos cambiar el debate para incluir a las mujeres que yo estaba conociendo. Necesitábamos incluir sus voces, las que se habían obviado.

Por eso, justo antes de la cumbre, visité Níger, una sociedad patriarcal con una de las tasas de pobreza más altas del mundo, un uso de anticonceptivos extremadamente bajo, una media de más de siete hijos por mujer, una legislación del matrimonio que permite que los hombres tengan varias esposas, y una legislación de la herencia según la cual las hijas reciben la mitad que los hijos y las viudas que no tienen hijos, nada. Según Save the Children, Níger era «el peor lugar del mundo para ser madre». Fui a escuchar a las mujeres y conocer a esas madres.

Viajé a un pueblecito que se encontraba a hora y media al noroeste de la capital y conocí a una madre y cultivadora de okra llamada Sadi Seyni. (También me referí a ella en el capítulo 1.) Sadi se casó a los diecinueve años, mayor para Níger, donde casi el 76 por ciento de las muchachas menores de dieciocho años están casadas. Tras tener su primer hijo, Sadi se quedó embarazada de nuevo al cabo de siete meses. No supo nada de planificación familiar hasta después de tener su tercer hijo; un médico de la clínica de la zona, de una sola sala, le habló de los anticonceptivos, y a partir de ahí empezó a espaciar los partos. Cuando la conocí, Sadi tenía treinta y seis años y seis hijos.

Hablamos en casa de Sadi. Estaba sentada frente a mí en la cama con dos críos a su lado, otro intentando subirse a su regazo, otro de pie junto a ella en la cama y dos niños mayores sentados cerca. Todos iban vestidos con telas coloridas, cada uno con un patrón distinto, y Sadi y las niñas mayores llevaban pañuelo en la cabeza. El de Sadi era de color violeta oscuro. El sol entraba por las ventanas, tapadas solo parcialmente por una sábana que habían colgado, y Sadi contestaba a mis preguntas con una energía propia de quien se alegra de que le pregunten.

«Cuando no tienes una planificación familiar —dijo— toda la familia sufre. Yo he tenido a un bebé en la espalda y a otro en el vientre. Mi marido tuvo que endeudarse para cubrir los gastos básicos, pero aun así no bastaba. Cuando no hay planificación familiar, el sufrimiento es absoluto, y lo he vivido.»

Le pregunté si quería tener otro hijo, y me dijo: «No tengo previsto tener otro niño hasta que mi hija menor tenga como mínimo cuatro años. Si tiene cuatro años, puede jugar con su hermanito o hermanita, puede cargarlo en la espalda. Pero si ahora tuviera que darle un hermano pequeño sería como castigarla».

Al preguntarle cómo descubrían las mujeres los anticonceptivos, respondió: «Lo bueno de ser mujer es que nos juntamos mucho y hablamos. Hablamos cuando nos reunimos bajo un árbol para moler el mijo. Charlamos en las celebraciones cuando nace un niño, y ahí es donde yo les hablo a las demás de ponerse una inyección, que es mucho más fácil de usar que la píldora. Les cuento que debes ponértela para darte un respiro, a ti misma y a tus hijos».

¿Qué madre no entendería lo de darse un respiro a una misma y a sus hijos?

Al día siguiente visité el Centro Nacional de Salud Reproductiva en Niamey, la capital. Después de nuestro tour, cinco mujeres que estaban allí para acceder a sus servicios se pusieron a hablar con nosotros. Dos mujeres jóvenes nos contaron su vida, y luego oímos la historia de una madre muy franca de cuarenta y dos años llamada Adissa. La casaron a los catorce años, dio a luz diez hijos y perdió a cuatro. Tras su décimo embarazo, visitó el centro de planificación familiar para conseguir un DIU y desde entonces no se había quedado embarazada. Eso provocó que su marido y su cuñada la miraran con suspicacia y le preguntaran por qué últimamente no daba a luz. Les dijo que estaba cansada.

Pregunté a Adissa por qué había decidido ponerse un DIU, y se quedó pensando un momento. «Cuando tenía dos niños, yo podía comer —dijo—. Ahora, no.» Su marido le da el equivalente a poco más de un dólar al día para cuidar de toda la familia.

También le pregunté si tenía algún consejo para las mujeres más jóvenes que estaban allí, y dijo: «Cuando no puedes cuidar de tus hijos, los estás entrenando para robar».

Unos minutos después nos levantamos todos para irnos. Adissa se acercó a la bandeja de comida que nadie había tocado, se puso la mayor parte en el bolso, se secó una lágrima del ojo y salió de la sala.

Mientras asimilaba lo que acababa de oír sentí un deseo irrefrenable de que todo el mundo escuchara a Adissa. Quería abrir un debate encabezado por las mujeres que habían sido excluidas, mujeres que quieren anticonceptivos y los necesitan, cuyas familias sufren porque no pueden conseguirlos.

El debate de siempre… que excluyó a las mujeres

Transformar el debate ha sido mucho más difícil de lo que esperaba, porque es muy antiguo y está cimentado en prejuicios que no desaparecen fácilmente. El debate ha sido en parte una respuesta al trabajo de Margaret Sanger, cuyo legado es complejo.

En 1916, Sanger abrió la primera clínica en Estados Unidos que ofrecía anticonceptivos. Diez días después, fue detenida. Pagó la fianza, volvió al trabajo y fue detenida de nuevo. Era ilegal repartir anticonceptivos. También era ilegal recetarlos, publicitarlos o hablar de ellos.

Sanger había nacido en 1879; su madre tuvo dieciocho embarazos y cuidó de once niños antes de morir de tuberculosis y cáncer cervical con cincuenta años. Su muerte animó a Sanger a ser enfermera y trabajar en las barriadas de la ciudad de Nueva York con mujeres inmigrantes pobres que no disponían de anticonceptivos.

Sanger contaba una historia en sus discursos: un día la llamaron para que acudiera al piso de una mujer de veintiocho años que estaba tan desesperada por evitar tener otro niño que se había practicado un aborto y había estado a punto de morir. Al darse cuenta de lo cerca que había estado de suicidarse, la mujer preguntó al médico cómo podía evitar otro embarazo. El médico le sugirió que su marido durmiera en la azotea.

Tres meses después, la mujer estaba embarazada de nuevo y, tras otro intento de aborto, volvieron a llamar a Sanger para que fuera a su piso. Esta vez la mujer murió justo después de llegar Sanger. Según ella, aquello la empujó a dejar la enfermería y jurar que «nunca volvería a aceptar otro caso hasta que consiguiera que todas las mujeres trabajadoras de Estados Unidos supieran cómo controlar los embarazos».

Sanger creía que las mujeres solo lograrían el cambio social cuando pudieran evitar un embarazo no deseado. También consideraba que la planificación familiar era una cuestión de libertad de expresión. Dio charlas públicas. Presionó a políticos. Publicó columnas, panfletos y un periódico sobre anticonceptivos, todo ilegal en aquel momento.

Saltó a la fama con su detención en 1916, y durante las dos décadas siguientes más de un millón de mujeres le escribieron desesperadas, suplicando ayuda para conseguir anticonceptivos. Una mujer escribió: «Haría cualquier cosa para ayudar a mis dos hijos a tener una vida decente. Vivo con el miedo constante a quedarme embarazada de nuevo tan pronto. Mi madre dio a luz doce niños».

Otra escribió: «Padezco del corazón y me gustaría estar aquí y criar a estos cuatro en vez de tener más y tal vez morir».

Una granjera del Sur le escribió: «Tengo que llevarme a los niños al campo, y he visto sus caritas con ampollas por el sol ardiente. [...] Mi marido me dijo que pretendía que nuestras hijas araran, y no quiero que haya más niños esclavos».

Esas cartas de mujeres se publicaron en un libro titulado *Motherhood in Bondage*. Sanger escribió: «Han expuesto sus almas ante mí, una desconocida, porque, en su fe intuitiva, confían en que yo pueda ofrecerles la ayuda que les niegan los maridos, los curas, los médicos o sus vecinos».

Mientras leía algunas de esas cartas, me vino a la cabeza una canción que recuerdo con frecuencia cuando estoy trabajando, y que escuchaba constantemente en la iglesia de pequeña, cuando asistía a misa cinco veces por semana en la escuela católica. Es de una tristeza desgarradora, bella y fascinante, y el estribillo dice: «El Señor escucha el grito de los pobres». Las monjas nos enseñaron que el papel de los creyentes era responder a ese grito.

Cuesta distinguir los gritos de socorro de las cartas de aquellas mujeres de las voces de Meena, Sadi o Adissa, o de muchas otras mujeres con las que he hablado en las clínicas y en sus casas. Están muy alejadas en el tiempo y el espacio, pero se parecen en su lucha por ser escuchadas y en la reticencia de sus comunidades a escuchar.

En todas las culturas, la oposición a los anticonceptivos comparte una hostilidad subyacente hacia las mujeres. El juez que condenó a Margaret Sanger dijo que las mujeres no tenían «derecho a copular con la seguridad de que no habrá concepción».

¿De verdad? ¿Por qué?

Ese juez, que sentenció a Sanger a treinta días en un asilo para pobres, expresaba así la visión tan extendida de que la actividad sexual de una mujer era inmoral si su función no era engendrar niños. En Estados Unidos, si una mujer adquiría anticonceptivos para evitar el embarazo, cometía una ilegalidad, debido al trabajo de Anthony Comstock.

Comstock había nacido en Connecticut y fue soldado de la Unión en la guerra de Secesión; en 1873 creó la Sociedad para la Supresión del Vicio en Nueva York, y presionó para sacar adelante las leyes, más tarde bautizadas en su honor, que convirtieron en ilegal —entre otras cosas— enviar información o publicidad sobre anticonceptivos, o los propios anticonceptivos, por correo postal. A raíz de las leyes Comstock se creó la figura del agente especial de la Oficina de Correos, que estaba autorizado para llevar esposas y una pistola y detener a los infractores de la ley, un puesto creado para Comstock, que disfrutaba con su función. Alquiló un apartado de correos y envió falsas invitaciones a gente de la que sospechaba. Cuando obtenía una respuesta, se abalanzaba sobre el remitente y lo detenía. Algunas mujeres que cayeron en su trampa se suicidaron, pues preferían la muerte a la vergüenza de un juicio público.

Comstock era producto de su tiempo, y sus opiniones contaban con el altavoz de los poderosos. El miembro del Congreso que presentó la legislación dijo durante el debate en el Congreso: «Los hombres buenos de este país […] actuarán con determinación para proteger lo más preciado de su vida: la santidad y la pureza de sus hogares».

La ley se aprobó sin problema y cada estado aprobó su propia versión, con frecuencia más severa. En Nueva York era ilegal hablar de anticonceptivos, incluso en el caso de los médicos. Por supuesto, ninguna mujer votó ni esa legislación ni a los hombres que la votaron. El sufragio universal estaba a décadas de distancia. Los hombres tomaron la decisión de ilegalizar los anticonceptivos por las mujeres.

Comstock era sincero en cuanto a sus motivaciones. Decía que mantenía una cruzada personal contra «la lujuria, la íntima compañera de todos los demás delitos». Después de asistir a una recepción en la Casa Blanca y ver a mujeres maquilladas, con laca en el pelo y «vestidos bajos», dijo que eran «en general extremadamente desagradables para todo amante de la mujer pura, noble y modesta». «¿Cómo podemos respetarlas? —escribió—. Son la deshonra de nuestro país.»

Según Comstock y sus aliados, las mujeres tenían derecho a desempeñar muy pocos papeles en la vida: casarse, servir a un hombre, dar a luz y cuidar de sus hijos. Cualquier desviación de esas funciones disparaba la mala reputación, porque una mujer no era un ser humano con derecho a actuar en el mundo por sí mismo, ni a tener un progreso educativo o éxito profesional ni mucho menos a obtener su propio placer. El placer de una mujer, sobre todo el sexual, resultaba aterrador para los guardianes del orden social. Si las mujeres eran libres de buscar su propio placer, sería un golpe al núcleo del código tácito masculino: «¡Existes para mi placer!». Los hombres creían que necesitaban controlar la fuente de su placer. Así que Comstock y otros hacían lo posible por convertir el estigma en un arma y usarlo para que las mujeres se quedaran estancadas donde estaban, y su valor dependiera solo de su servicio a los hombres y los niños.

La necesidad de regular la conducta sexual de las mujeres persistió en Estados Unidos incluso después de que en 1936 el Segundo Circuito del Tribunal de Apelaciones dictara que los médicos podían orientar a sus pacientes sobre métodos de control de natalidad y recetar anticonceptivos. Pese a este avance, muchas restricciones a los anticonceptivos seguían intactas en el ámbito nacional y, en 1965, cuando el Tribunal Supremo dictó en el caso Griswold contra Connecticut que las restricciones a los anticonceptivos eran una intrusión en la intimidad marital, ¡el tribunal levantó las restricciones solo para los casados! No mencionaba los derechos de los solteros, así que aún se les negaban los anticonceptivos en muchos estados. No hace tanto tiempo de eso. De hecho, en algunos actos mujeres de setenta y tantos años todavía se acercan a mí y me dicen: «Yo tuve que hacer creer a mi médico que estaba casada para conseguir anticonceptivos». Las mujeres solteras no tuvieron derecho a los anticonceptivos hasta el caso Eisenstadt contra Baird en 1972.

Este hilo del debate sobre planificación familiar se basa en la incomodidad que la sociedad siente respecto de la sexualidad femenina, que sin duda perdura hoy en día. Si una mujer defiende en público el valor de los anticonceptivos en un plan de salud, algunas voces masculinas misóginas intentarán avergonzarla diciendo: «No voy a subvencionar la vida sexual de una mujer».

Avergonzar a las mujeres por su sexualidad es una táctica clásica para apagar las voces aquellas que desean decidir si quieren tener hijos y cuándo. Sin embargo, no es la única discusión que ha menospreciado las voces de las mujeres. Muchos intereses han intentado controlar los alumbramientos de maneras que hacen difícil mantener un debate centrado en los anticonceptivos hoy en día.

En un esfuerzo por controlar su población, tanto China como la India adoptaron programas de planificación familiar en la década de 1970. China creó la política del hijo único, y la India recurrió a políticas que incluían la esterilización. En las décadas de 1960 y 1970, el control de la población se incluyó en la política exterior estadounidense basándose en las predicciones de que la sobrepoblación causaría una hambruna masiva, y posiblemente una migración a gran escala por la falta de alimentos.

En el siglo xx, los defensores del control de natalidad de Estados Unidos también presionaron, muchos de ellos con la esperanza de ayudar a los pobres a evitar tener hijos no deseados. Algunos de esos defensores eran eugenistas que querían eliminar a los «no aptos» e instaban a determinados grupos a tener menos niños, o ninguno.

La propia Sanger apoyaba algunas posiciones eugenistas. La eugenesia es moralmente nauseabunda, además de estar desacreditada por la ciencia. Aun así, esta historia se utiliza hoy en día con el fin de enturbiar el debate sobre los anticonceptivos. Sus detractores intentan desacreditar los anticonceptivos contemporáneos sacando a relucir la historia de la eugenesia, aduciendo que, dado que los anticonceptivos se han utilizado con determinados fines inmorales, no deberían usarse con ningún fin, ni siquiera el de permitir que una madre espacie los embarazos.

Hay otro tema que ha impedido abrir un debate claro y centrado sobre los anticonceptivos, y es el aborto. En Estados Unidos y en todo el mundo, el debate emocional y personal sobre el aborto puede eclipsar la capacidad de salvar vidas de los anticonceptivos.

Los anticonceptivos salvan las vidas de madres y recién nacidos. También reducen el aborto. Según los datos más recientes, gracias al uso de anticonceptivos hubo 26 millones menos de abortos no seguros en los países más pobres del mundo en solo un año.

En vez de reconocer el papel de los anticonceptivos en la reducción del aborto, algunos de sus detractores lo asimilan al aborto. El sencillo ruego de permitir que las mujeres escojan si quieren tener hijos o cuándo resulta tan amenazador que los detractores presionan para convertirlo en otra cosa. Ese intento de desviar el debate sobre los anticonceptivos hacia el aborto es muy eficaz para sabotear la discusión. El debate sobre el aborto es tan encendido que personas con diferentes visiones del tema a menudo no hablan entre sí sobre la salud de la mujer. No se puede mantener una conversación si la gente no te habla.

La firme oposición de la Iglesia católica a los anticonceptivos también ha influido en el debate sobre planificación familiar. Después de los gobiernos, la Iglesia es el mayor proveedor de educación y servicios médicos del mundo, y eso le otorga una gran presencia y un gran impacto en la vida de los pobres. Es muy útil en muchos sentidos, pero no cuando la Iglesia desaconseja a las mujeres conseguir los anticonceptivos que necesitan para sacar a sus familias de la pobreza.

Esas son algunas de las afirmaciones que se han oído en el mundo durante los últimos cien años o más. Todos los debates han contribuido a sofocar las voces y las necesidades de mujeres, niñas y madres. Eso nos dio un propósito crucial para celebrar la primera cumbre en 2012: crear un nuevo debate dirigido por las mujeres que habían sido excluidas, mujeres que querían tomar sus propias decisiones sobre tener niños sin la interferencia de los legisladores, organizadores o teólogos cuyas opiniones forzaban a las mujeres a tener más o menos hijos de los que ellas deseaban.

Aquel día pronuncié el discurso inaugural en Londres y pregunté a los delegados: «¿Estamos facilitando a las mujeres el acceso a los anticonceptivos que necesitan cuando los necesitan?». Hablé del viaje que había hecho unos años antes al barrio pobre de Nairobi llamado Korogocho, que significa «hombro con hombro». Mientras hablaba de anticonceptivos con un grupo de mujeres una madre joven llamada Marianne dijo: «¿Quiere saber por qué uso anticonceptivos? —Luego levantó a su bebé y añadió—: Porque quiero darle todo lo bueno a este niño antes de tener otro». Ese deseo es universal, pero el acceso a la planificación familiar no. Recordé a los asistentes al congreso que por eso estábamos allí.

A continuación, para dejar claro que la cumbre pretendía que las mujeres se adueñaran del debate, me aparté a un lado e invité a otra mujer a subir al estrado y completar mi discurso.

La oradora era Jane Otai, que había hecho de traductora aquel día que hablé con Marianne. Tras criarse en Korogocho en una familia de siete hermanos, Jane se fue para sacarse una licenciatura y luego volvió para ayudar a las niñas que se enfrentaban a los mismos retos que ella.

Jane habló a los asistentes al congreso sobre crecer pobre y les contó: «Mi madre me dijo: "Puedes ser lo que tú quieras. Lo único que tienes que hacer es estudiar mucho, y esperar. No tengas niños tan pronto como yo"». Jane concluyó el discurso diciendo: «Gracias a que alguien me habló de planificación familiar muy pronto, pude espaciar a mis hijos y retrasar mi primer embarazo. Por eso estoy aquí. De no ser por la planificación familiar, yo sería como cualquier otra niña de Korogocho».

Después de la cumbre… un poco del debate habitual

La cumbre fue todo un éxito, logró compromisos sin precedentes de apoyo económico y alianzas entre organizaciones y gobiernos de todo el mundo, pero no tardé en darme cuenta de que seguía siendo difícil transformar el debate.

Justo después de la cumbre fui objeto de críticas en un artículo aparecido en primera página en *L'Osservatore Romano*, el periódico oficial del Vaticano. Yo me había «descarriado» y estaba «confundida por la desinformación», publicaba. También se comentaba que todas las fundaciones eran libres de donar a la causa que quisieran, pero no de «persistir en desinformar y presentar las cosas de una manera falsa». El artículo me acusaba de desestimar o distorsionar el valor de la planificación familiar natural, e insinuaba que me estaban manipulando corporaciones que solo buscaban el beneficio de vender anticonceptivos. Asimismo decía que el movimiento que habíamos iniciado con la cumbre para ampliar el acceso a los anticonceptivos se basaba en «una visión infundada y de poca calidad». Me di cuenta de que el artículo se centraba en mí, las empresas y las enseñanzas de la Iglesia, pero no en las necesidades de las mujeres.

Más tarde, la revista *Forbes* publicó que ese artículo demostraba que yo «podía recibir un golpe». Esperaba el golpe, también los comentarios en internet que se referían a mí como «la excatólica Melinda Gates» o la «supuestamente católica Melinda Gates», pero de todos modos dolía. Mi primera reacción fue: «¡No puedo creer que digan eso!». (Probablemente es la reacción normal de una novata en la vida pública.) Sin embargo, al cabo de unos días, una vez calmada, entendí por qué la Iglesia había dicho eso. No estaba de acuerdo, pero lo entendía.

Desde ese congreso he conocido a funcionarios de la Iglesia de alto rango, pero nuestras reuniones no se centraron en la doctrina o las diferencias. Hablamos de lo que podíamos hacer juntos por los pobres. Saben que entiendo la base de la oposición de la Iglesia a los anticonceptivos, aunque no esté de acuerdo. También saben que compartimos algunas inquietudes parecidas. Nos oponemos a cualquier intento de coaccionar a las mujeres para que limiten las dimensiones de sus familias, y a que los países ricos impongan sus preferencias culturales por las familias pequeñas a las sociedades tradicionales. Si una mujer no quiere usar anticonceptivos por su fe o sus valores, lo respeto. No tengo ningún interés en decir a las mujeres qué clase de familias deben tener ni ganas de estigmatizar a las familias numerosas. Nuestra labor en planificación familiar deja que las mujeres a las que ayudamos tomen la iniciativa. Por eso creo en la planificación familiar voluntaria y apoyo una amplia gama de métodos, incluidos los naturales relacionados con los conocimientos de fertilidad para las mujeres que así lo prefieran.

No obstante, tengo que expresar mis discrepancias con la Iglesia. Los anticonceptivos salvan las vidas de millones de mujeres y niños.

Es un hecho médico. Por eso creemos que todas las mujeres de cualquier sitio, y de cualquier fe, deberían tener información sobre cómo programar y espaciar los embarazos de una manera sana, además de acceso a los anticonceptivos si lo desean.

Con todo, hay una gran diferencia entre creer en la planificación familiar y desempeñar un papel importante de defensa de una causa que va contra una enseñanza de mi Iglesia. No es algo que me entusiasmara hacer. Cuando intentaba decidir si debía seguir adelante o no, lo hablé con mis padres, con curas y monjas que conocía desde la niñez, con algunos eruditos católicos y con Bill y los niños. Una de mis preguntas era: «¿Puedes llevar a cabo acciones que entren en conflicto con una enseñanza de la Iglesia y seguir formando parte de esa Iglesia?». Me dijeron que depende de si eres fiel a tu conciencia, y si tu conciencia se fundamenta en la Iglesia.

En mi caso, las enseñanzas de la Iglesia católica me ayudaron a formar mi conciencia y me llevaron a hacer este trabajo. Para mí, poner en práctica la fe significa ir a los márgenes de la sociedad, buscar a los que están aislados y volverlos a incluir. Estaba poniendo en práctica la fe cuando fui a actuar sobre el terreno y conocí a las mujeres que me preguntaron sobre los anticonceptivos.

De modo que sí, existe una enseñanza de la Iglesia contraria a los anticonceptivos, pero también otra: el amor al prójimo. Cuando una mujer que quiere que sus hijos prosperen me pide anticonceptivos, su súplica pone en conflicto esas dos enseñanzas de la Iglesia, y mi conciencia me dice que apoye el deseo de la mujer de mantener con vida a sus hijos. Para mí, encaja con la enseñanza de Cristo de amar al prójimo.

Durante la última década he intentado entender a algunos de los detractores de los anticonceptivos más comprometidos dentro de la Iglesia, y he deseado que pudieran entenderme. Creo que, si se enfrentaran a una madre de treinta y siete años con seis niños, sin salud para tener otro hijo y cuidarlo, encontrarían la manera de hacer una excepción en sus corazones. Es lo que pasa cuando se escucha. Te abre. Te extrae el amor, y el amor es más insistente que la doctrina.

Así, no veo que mis acciones me enfrenten a la Iglesia, considero que estoy siguiendo su mayor enseñanza. En esto he sentido un gran apoyo por parte de curas, monjas y personas laicas que me han dicho que la base moral es sólida cuando defiendo a las mujeres del mundo en vías de desarrollo que necesitan anticonceptivos para salvar las vidas de sus hijos. Agradezco su orientación, y me tranquiliza que la enorme mayoría de las mujeres católicas utilicen anticonceptivos y crean que es moralmente aceptable hacerlo. También sé que, en última instancia, las cuestiones morales son personales. En cuestiones de conciencia, las mayorías no importan. Sea cual sea la opinión de los demás, soy yo la que tengo que responder por mis acciones, y esta es mi respuesta.

El nuevo debate ... en marcha en Nairobi

Como he mencionado antes, cuando empezamos a organizar la cumbre teníamos el firme propósito de centrarnos en objetivos y estrategias, y terminamos decididos a lograr que 120 millones más de mujeres tuvieran acceso a los anticonceptivos en los 69 países más pobres del mundo en 2020, para llegar al acceso universal en 2030. Esos eran los objetivos. Cuatro años después, en la mitad de nuestra campaña, nuestros datos demostraron que había 30 millones de usuarias adicionales de anticonceptivos; eso significaba que 300 millones de mujeres en total usaban anticonceptivos contemporáneos. El número redondo sonaba bien, pero estaba 19 millones por debajo de lo que esperábamos.

En 2016 ya habíamos aprendido dos lecciones importantes. En primer lugar, necesitábamos mejores datos. Era imprescindible para ayudarnos a predecir la demanda, ver qué funcionaba y ayudar a las empresas farmacéuticas a diseñar productos con menos efectos secundarios, más fáciles de usar y más baratos.

En segundo lugar, aprendimos de nuevo que las mujeres no toman decisiones de la nada: están condicionadas por las opiniones de sus maridos y sus suegras, y no es fácil cambiar esas tradiciones. Por tanto, además de recabar más datos, necesitábamos saber más sobre cómo trabajan nuestros socios en comunidades que pueden mostrarse hostiles a los anticonceptivos, y cómo abordan el sensible tema de dar acceso a los anticonceptivos a las jóvenes solteras.

Para comprender algunos de los mayores éxitos en estos ámbitos, viajé al este de África en verano de 2016. Kenia iba muy por delante de sus objetivos, y quería ver por qué.

En mi primera parada en Nairobi fui a visitar a las mujeres que recababan los datos. Las llamamos las censistas residentes (RE, por sus siglas en inglés). Van puerta por puerta en sus comunidades, entrevistando a mujeres e introduciendo datos en sus teléfonos móviles. Están formadas para plantear preguntas muy personales: «¿Cuándo fue la última vez que tuviste relaciones sexuales? ¿Usas anticonceptivos? ¿De qué tipo? ¿Cuántas veces has dado a luz?». En la mayoría de los casos, las mujeres entrevistadas tienen ganas de contestar. El hecho de que te pregunten tiene algo empoderador. Transmite el mensaje de que tu vida importa.

Las censistas residentes conocen muchos aspectos de las vidas de las encuestadas que en realidad no saben cómo convertir en datos. Una RE me contó que fue a una casa donde vivía una mujer con su marido y doce hijos. El marido se oponía a la planificación familiar y despachó a la RE en la puerta. Sin embargo, la madre fue a buscar a la RE más tarde —las RE viven en las comunidades donde trabajan— y le pidió que fuera a hablar con sus nueve hijas cuando el marido no estuviera. Por desgracia, aún no sabemos cómo hacer la captura de datos de la historia del marido controlador que despachó a la RE.

Presencié ese problema con los datos cuando fui a una casa de la zona con Christine, una de las RE. En mitad de la encuesta, me dio un móvil y me dijo que terminara. Pregunté a la madre cuántos niños tenía, y me dijo que dos hijas. Preguntarle cuántas veces había dado a luz, respondió que tres... y rompió a llorar. Me habló de su hijo, que murió al nacer, y luego me contó una dolorosa historia, cómo su marido se volvió violento, le pegó y destrozó todas las sillas y los accesorios de la peluquería que ella había creado. Ella cogió a su hija y se mudó con su madre. Luego tuvo una segunda hija con otro hombre, pero nunca contó con unos ingresos fiables, así que tuvo problemas para pagar las tasas escolares y los gastos médicos de sus hijas, y a veces no podía permitirse alimentarlas.

Estaba escuchando esta desgarradora historia, intentando introducir información en el teléfono, y me frustró que su relato saturara la configuración del sistema para captar los hechos de su vida. ¿Cómo afectaba su matrimonio de abusos a sus ingresos? ¿Cómo afectaban los ingresos a su uso de anticonceptivos y la salud de sus niñas? Aunque hubiera formulado esas preguntas, no tenía dónde poner las respuestas.

¿Qué costaría obtener una visión más completa de su vida? No se puede cubrir una necesidad que no conoces. Planteé esta pregunta más adelante, al hablar con las mujeres que habían ido puerta por puerta conmigo. Asintieron con la cabeza. Todas tenían más preguntas que hacer, sobre agua limpia, salud de los niños, educación, violencia doméstica. «Si pudiéramos preguntar sobre violencia doméstica, estaríamos diciendo a la mujer que es una conducta inaceptable», comentó Christine. Tiene toda la razón, y es un proyecto en curso: mejorar nuestro sistema de datos para poder hacer más preguntas, recabar más información y captar los detalles de las historias de esas mujeres. Nunca habrá un sistema que lo refleje todo, así que nunca habrá un sustituto para el hecho de escuchar las historias de las mujeres. Debemos seguir trabajando para conseguir mejores datos y entender la vida de la gente a la que ayudamos.

Planifiquemos

También tenía ganas de ir a Kenia para ver un programa llamado Tupange, un término coloquial para «planifiquemos». Tupange había hecho un trabajo fantástico fomentando el uso de anticonceptivos en tres de las ciudades más grandes de Kenia, y entendí por qué. Mis anfitriones me llevaron a un acto de alcance comunitario que parecía una feria. Representantes de Tupange cantaban y bailaban fuera para atraer a los transeúntes a la feria y, una vez dentro, unos voluntarios daban vueltas con unos delantales gigantes engalanados con anticonceptivos; los métodos más eficaces colgaban de arriba y los menos eficaces abajo. Había puestos donde se ofrecía orientación sobre VIH, VPH, planificación familiar y nutrición. Era una manera genial de facilitar el acceso a la sanidad y la planificación familiar sin estigmatizar. El ambiente era de una naturalidad impresionante, como las conversaciones, un logro increíble cuando se trata de promocionar un tema que sigue siendo tabú en muchos sentidos. Tupange cuenta con muchas iniciativas, pero, de un modo u otro, cada una de ellas desafía el estigma y las normas sociales. Esa es la clave de su éxito.

Una de las primeras dirigentes de Tupange con las que hablé fue Rose Misati, que de niña sentía verdadero pavor cada vez que su madre se quedaba embarazada. Cada nuevo bebé significaba más obligaciones para Rose en el cuidado de los niños, más tareas domésticas y menos tiempo para estudiar. Empezó a quedarse en casa y a no ir al colegio, y perdió el ritmo de sus compañeros de clase. Cuando Rose cumplió diez años, justo después de que su madre diera a luz su octavo hijo, un trabajador sanitario fue a su casa; Rose recuerda que a partir de entonces su madre le pedía a diario que le llevara un vaso de agua y una de sus pastillas. Rose ya no tuvo que cuidar de más hermanos pequeños.

A veces lo mejor que una madre puede hacer por sus hijos es no tener otro.

Rose volvió a asistir a clase, aprobó los exámenes y logró entrar en la Universidad de Nairobi. Ahora es farmacéutica, y dice que se lo debe a la planificación familiar de su madre. Así que cuando el programa Tupange le pidió ayuda, aprovechó la oportunidad y se convirtió en una de las principales impulsoras de los trabajadores comunitarios de la salud puerta a puerta. «Sé que funciona —dijo—. Así encontraron a mi madre.»

Rose derriba el estigma por cómo habla de los anticonceptivos. Al iniciar una reunión dice su nombre, su título y el método de planificación familiar que usa. Luego pide a los demás que hagan lo mismo. La primera vez que lo intentó, la gente se quedó helada. Ahora se acepta, y el estigma se va debilitando. He aprendido que el estigma siempre es un esfuerzo por reprimir la voz de alguien. Fuerza a la gente a esconderse por vergüenza. La mejor manera de combatirlo es hablar con claridad, decir abiertamente justo lo que otros estigmatizan. Es un ataque directo a la autocensura al que el estigma debe sobrevivir.

Rose debilita otro estigma al tender la mano a los hombres para que hablen sobre «un tema de mujeres». «Cuando sumas a los hombres —dice— las esposas utilizan anticonceptivos de manera casi universal.» Les dice a los hombres que la planificación familiar hará que sus hijos estén más sanos, más fuertes y sean más inteligentes y, como los padres ven en los niños inteligentes una prueba de su propia inteligencia, están abiertos a estos argumentos.

Los aliados masculinos son esenciales, sobre todo los líderes religiosos, como el pastor David Opoti Inzofu. David se crio en la Kenia occidental con unos padres conservadores que no usaban la planificación familiar ni hablaban de ella. De joven pensaba que la planificación familiar era una conspiración para controlar la población. Sin embargo, empezó a oír otra versión del tema tras conocer a trabajadores de Tupange, que le contaron que el hecho de programar y espaciar los embarazos podía mejorar la salud de la madre y del niño, así como permitir a las familias tener solo el número de hijos que pudieran cuidar. Eso lo convenció. No solo él y su esposa usan anticonceptivos, sino que también utiliza el púlpito para difundir el mensaje en su congregación. Cita la primera epístola a Timoteo, capítulo 5, versículo 8: «Si alguien no tiene cuidado de los suyos, principalmente de sus familiares, ha renegado de la fe y es peor que un infiel».

Me encantó ver que Tupange prestaba tanta atención al papel de los hombres en la planificación familiar. Los hombres no deberían querer más niños de los que puedan cuidar. No deberían oponerse al deseo de las mujeres de espaciar los nacimientos de sus hijos. Los intereses de hombres y mujeres deberían ir en la misma línea, y los hombres que lo entienden son los que queremos que dirijan debates sobre planificación familiar con otros hombres.

Conocí a otro aliado que se convirtió en defensor de la causa después de que un embarazo no planificado estuviera a punto de arruinarle la vida. Shawn Wambua solo tenía veinte años cuando Damaris, su novia, se quedó embarazada. Su iglesia estuvo a punto de excomulgarlo, la familia de su novia se enfureció con él, que no tenía a nadie a quien recurrir, pues sus padres habían fallecido.

Shawn visitó un centro de salud y se informó sobre los anticonceptivos. Luego pidió matrimonio a Damaris, y ella se puso un DIU para retrasar el siguiente hijo hasta estar seguros de que podían mantener a dos. Más adelante Shawn entró en contacto con Tupange y creó un grupo llamado Ndugus for Dadas («hermanos para hermanas»). Todas las semanas dirige un grupo de unos veinte hombres jóvenes que hablan sobre anticonceptivos y otros temas que les incumben. Shawn también está llevando su causa hasta la iglesia que casi lo expulsó. Cuando los dirigentes de su iglesia se manifestaron en contra de una ley de salud reproductiva con el argumento de que la educación sexual fomentaría la promiscuidad, los contradijo en público. Cree que la iglesia se equivoca al pensar que los jóvenes no tienen relaciones sexuales o que los anticonceptivos darán a los jóvenes ideas que no tenían antes. «Compartimos la habitación con nuestros padres —dijo—. Sabemos lo que están haciendo.»

Para sorpresa de todos, ahora los ancianos de la iglesia permiten que Shawn hable con los miembros jóvenes de la congregación sobre salud reproductiva, siempre y cuando no lo haga en la iglesia. Creo que es una metáfora perfecta de la división de convicciones que a menudo viven los guardianes del viejo orden. Saben que hay una verdad en el otro lado que no reconocen y, pese a no poder expresarla personalmente, se dan cuenta de que pueden dejar que otros difundan el mensaje. Cuando eso ocurre, verlo es una experiencia especial, igual que conocer a personas con historias tan convincentes que hacen que los mayores suavicen sus posiciones.

Cuando las normas sociales ayudan a que todo el mundo prospere, logran un apoyo natural porque es por el propio interés de la gente. Sin embargo, cuando las normas protegen el poder de determinados grupos o prohíben o niegan cuestiones que constituyen una parte natural de la experiencia humana, no se sostienen solas, tiene que aplicarse mediante algún tipo de sanción o estigma.

El estigma es una de las mayores barreras para la salud de las mujeres, y la gente de Tupange pensó que a veces la mejor manera de debilitar un estigma es desafiarlo abiertamente. Puede ser una estrategia arriesgada cuando aún no es el momento, pero los miembros de Tupange conocían la cultura y sabían que su coraje y actitud desafiante forzarían un debate público que sacaría a la luz los defectos e injusticias del estigma. A medida que más personas cuestionaron el estigma, se produjo un cambio, el estigma se suavizó y la cultura cambió. Puede funcionar, tanto si el estigma es una norma social como una ley nacional.

Cuando el estigma es ley

Tupange demuestra el poder de una acción en grupo, pero requiere individuos que conformen un grupo.

Pia Cayetano es una de esos individuos. Cuando fue elegida para el senado filipino en 2004, no había ninguna ley nacional que garantizara el acceso a los anticonceptivos. Las jurisdicciones locales podrían hacer lo que quisieran. Algunas exigían una receta para conseguir un preservativo; otras que las farmacias tuvieran un registro de todas las compras de anticonceptivos; otras prohibían los anticonceptivos directamente. Los legisladores habían elaborado el borrador de una ley para legalizar los anticonceptivos en todo el país, pero la Iglesia católica se oponía, y la ley quedó estancada durante más de una década.

En consecuencia, la tasa de mortalidad materna aumentaba en Filipinas, pese a que disminuía en todo el mundo. En 2012, cada día morían quince mujeres filipinas en el parto. A diferencia de la mayoría de sus colegas, Pia conocía las maravillas y los peligros del parto. Cuando estaba embarazada de su hijo, Gabriel, supo gracias a una ecografía que presentaba anomalías cromosómicas. Gabriel llegó a término y lo cuidó durante nueve meses hasta que murió en sus brazos. Aquella pérdida le permitía escuchar con especial compasión las historias de mujeres filipinas que no podían comprar anticonceptivos. Estaba Maria, que sufría hipertensión, tuvo tres embarazos no planificados seguidos y murió durante el tercero. También Lourdes, que era incapaz de cuidar de sus ocho hijos, así que le quitaron a tres de ellos para que los criaran otras personas.

En 2010 asumió el cargo un presidente empático, Benigno Aquino III, y Pia decidió presionar para aprobar la ley en el Senado resaltando la tragedia de la mortalidad materna con estas palabras: «Ninguna mujer debería morir mientras da vida». Le dijeron que era imposible, que sus colegas enmendarían el proyecto de ley hasta quedar irreconocible y que, de todos modos, jamás conseguiría los votos necesarios para aprobarla. Otros senadores plantearon dudas sobre sus estadísticas relativas a las muertes de madres y les restaron importancia con el argumento de que morían más hombres en el trabajo, así que las mujeres no tenían de qué quejarse. Ninguno de sus colegas hombres la apoyó hasta que un senador se puso de su parte: su hermano menor, Alan Cayetano.

Cuando Alan se sumó al debate en el bando de su hermana, los hombres empezaron a reconocer las dificultades que implicaba la ley en vigor para los pobres. A medida que la ley fue ganando fuerza, los obispos católicos intensificaron su oposición, y Pia y otros partidarios de la ley sufrieron ataques a su persona.

Una congregación católica colgó una pancarta en el exterior de su iglesia con los nombres de los legisladores que votaron a favor de la Ley de Salud Reproductiva. El encabezamiento de la pancarta era EL EQUIPO DE LA MUERTE. En los sermones, los curas mencionaban el nombre de Pia en su lista de personas que irían al infierno. Ella dejó de asistir a misa con su familia para que sus hijos no tuvieran que oírlo.

Al mismo tiempo, Pia me contó que algunos dirigentes católicos le tendieron la mano, le ofrecieron orientación política y construyeron un puente de colaboración silenciosa en torno a los objetivos comunes de apoyar a los pobres y reducir las muertes de madres y niños. Con mucho esfuerzo y una exquisita diplomacia, la ley se aprobó, para acto seguido ser impugnada en los tribunales.

Un año después, en mayo de 2013, me reuní con Pia en el congreso Women Deliver en Malasia. Me contó que había tenido que aplazar una visita a Estados Unidos que llevaba mucho tiempo prevista para poder estar en Filipinas y participar en la vista oral en el Tribunal Supremo. La primavera siguiente, vi el nombre de Pia en mi bandeja de entrada con un mensaje jovial y un enlace a esta noticia:

> MANILA, Filipinas (ACTUALIZADO)— Tras ser objeto de la ira y el desprecio de algunos de sus colegas masculinos por defender la controvertida Ley de Salud Reproductiva, la senadora Pia Cayetano, exultante, conoció la decisión del Tribunal Supremo de ratificar la legalidad de sus disposiciones fundamentales.
>
> «Es la primera vez que puedo decir con sinceridad que me encanta mi trabajo», ha declarado.
>
> «Muchas mujeres que han puesto en cuestión esta ley, incluso hombres, son gente que tiene acceso a la salud reproductiva, así que esto es para los pobres, sobre todo para las mujeres pobres, que no tienen la capacidad de acceder a su propia información y sus propios servicios.»

Me resulta fácil conectar de un modo muy profundo con gente que hace este trabajo, y siempre me ha parecido emocionante observar y aplaudir el éxito de las personas que admiro, incluso cuando tengo que hacerlo desde la distancia. Con todo, en particular valoro la oportunidad de demostrar mi amor y respeto en persona. Cuando Pia vino a Estados Unidos para asistir a un congreso en

Seattle en 2014, pude darle un gran abrazo, y me recordó lo mucho que nos necesitamos los unos a los otros en este trabajo. Nos damos energía. Nos ayudamos a despegar.

Estados Unidos

El trabajo de Pia y otras personas en Filipinas fue todo un éxito. Otro fue que durante las dos últimas décadas Reino Unido redujera a la mitad la tasa de embarazos adolescentes, que hasta entonces era la más alta de Europa occidental. Los expertos coinciden en que el éxito se debe a la relación de los jóvenes con una terapia de calidad y sin prejuicios.

Estados Unidos también ha logrado reducir las tasas de embarazos adolescentes. El país se encuentra en un mínimo histórico del embarazo adolescente y mínimo en treinta años de embarazos no deseados. Los avances se deben en gran medida al uso extendido de los anticonceptivos, que se aceleró gracias a dos iniciativas impulsadas por la administración Obama: la primera, el Programa de Prevención del Embarazo en Adolescentes, que invierte 100 millones de dólares al año en llegar a los adolescentes de familias con ingresos bajos en comunidades de todo Estados Unidos; y la segunda, el control de la natalidad gracias a la Ley de Atención Asequible, que permite a las mujeres conseguir anticonceptivos sin pagarlos de su bolsillo.

Lamentablemente, esos avances corren peligro, tanto la caída de los embarazos no deseados como las políticas que los promovieron. La administración actual intenta desmantelar programas que ofrecen servicios de planificación familiar y salud reproductiva.

En 2018, la administración publicó las nuevas pautas para el programa nacional de planificación familiar, que ayuda al año a

4 millones de mujeres con ingresos bajos. Las directrices básicamente definen qué tipo de programas financiará el gobierno, y esta versión no menciona ninguno de los métodos anticonceptivos contemporáneos aprobados por la Administración de Alimentos y Medicamentos. En cambio, solo se mencionaba la planificación familiar natural, o el método del ritmo, aunque menos del 1 por ciento de las mujeres con ingresos bajos que dependen de este programa federal usan ese método.

La administración también propuso eliminar el Programa de Prevención del Embarazo en Adolescentes, que acabaría con un suministro esencial de anticonceptivos para adolescentes que lo necesitan. Hablamos de jóvenes que viven en zonas pobres con pocas opciones, como los adolescentes de la nación choctaw de Oklahoma y los adolescentes tutelados de Texas. En lugar de esos servicios, la administración quiere ofrecer programas basados solo en la abstinencia.

En general, parece que el objetivo es sustituir programas que está demostrado que funcionan por otros que está demostrado que no funcionan, lo que en la práctica significa que las mujeres pobres de Estados Unidos tendrán menos acceso a anticonceptivos eficaces y muchas mujeres pobres tendrán más hijos de los que quieren solo porque son pobres.

Otra amenaza funesta para la planificación familiar en Estados Unidos es una política propuesta por la administración actual que aún no se ha concretado, que impediría que fondos federales fueran a parar a profesionales sanitarios que realicen, o incluso hagan referencia, a abortos. Se parece a leyes ya promulgadas en Texas e Iowa, con un efecto devastador en las mujeres. Si esta política se aplica en el ámbito nacional, más de 1 millón de mujeres con ingresos bajos que ahora dependen de la financiación del Programa de Planificación Familiar para conseguir servicios de anticonceptivos o detecciones de cáncer o revisiones anuales de Planned Parenthood perderán su servicio de salud. Medio millón de mujeres o más podrían quedarse sin ningún tipo de servicio, pues no hay suficientes clínicas de salud públicas para atender a las mujeres que se verán excluidas por esta política. Si eres una mujer sin medios económicos, tal vez no tengas a donde ir.

Para las mujeres de fuera de Estados Unidos, la administración ha propuesto reducir a la mitad su aportación a la planificación familiar internacional y reducir a cero sus aportaciones al Fondo de Población de Naciones Unidas, aunque sigue habiendo más de 200 millones de mujeres en los países en vías de desarrollo que quieren anticonceptivos pero no pueden conseguirlos. De momento el Congreso ha defendido a las mujeres pobres y ha mantenido en gran medida los niveles anteriores de financiación de la planificación familiar internacional. Aun así, el mundo necesita que el gobierno estadounidense encabece la lucha por los derechos de las mujeres, no que sea su detractor.

Las nuevas políticas de la administración no van dirigidas a cubrir las necesidades de las mujeres. No existe ningún estudio fiable que diga que las mujeres salen beneficiadas cuando tienen niños que no se sienten preparadas para criar. Las pruebas dicen lo contrario. Cuando las mujeres pueden decidir si quieren tener hijos y cuándo, se salvan vidas, mejora la salud, la educación se expande y se genera prosperidad, sea cual sea el país en cuestión.

Estados Unidos está haciendo lo contrario de lo que hicieron Filipinas y Reino Unido. Utiliza la política para simplificar el debate, eliminar voces y permitir que los poderosos impongan su voluntad a los pobres.

La mayoría del trabajo que realizo me hace despegar, una parte me rompe el corazón, pero esto simplemente me irrita. Esas políticas acosan a las mujeres pobres. Las madres que luchan en la pobreza necesitan el tiempo, el dinero y la energía para cuidar de cada niño. Deben ser capaces de retrasar sus embarazos, programar y espaciar los partos y ganar un sueldo mientras crían a sus hijos. Los anticonceptivos potencian cada uno de esos pasos, y estas políticas los ponen en peligro a todos.

Las mujeres acaudaladas no se verán perjudicadas, y las que cuentan con ingresos estables tienen opciones. En cambio, las mujeres pobres están atrapadas. Serán las que más sufran con estos cambios y las que menos puedan hacer para detenerlos. Cuando los políticos atacan a personas que no pueden defenderse, es acoso.

Resulta especialmente irritante que algunas de esas personas que quieren cortar la financiación de anticonceptivos aludan a la moral. A mi juicio, no hay moral sin empatía, y no cabe duda de que esta política carece de empatía. La moral significa amar al prójimo como a ti mismo, que se basa en ver al prójimo como a ti mismo, lo que significa procurar aliviar sus cargas, no añadirle más.

Quienes defienden estas políticas a menudo intentan utilizar la enseñanza de la Iglesia sobre la planificación familiar como cobertura moral, pero no tienen ni un ápice de la compasión o el compromiso con los pobres propio de la Iglesia. En cambio, muchos presionan para impedir el acceso a los anticonceptivos y reducir los fondos para los pobres. Me recuerdan las palabras de Cristo en el Evangelio según san Lucas: «¡Ay de vosotros, intérpretes de la ley! Porque cargáis a los hombres con cargas que no pueden llevar, pero vosotros ni aun con un dedo las tocáis».

Un signo de una sociedad atrasada —o una sociedad que retrocede— es que los hombres tomen decisiones que afectan a las mujeres. Es lo que está ocurriendo ahora mismo en Estados Unidos. Esas políticas no se aplicarían si las mujeres tomaran sus propias decisiones. Por eso resulta alentador el hecho de que surjan mujeres activistas en el país; invierten tiempo llamando a las puertas, apoyan la planificación familiar y cambian su vida al postularse a un cargo público.

Tal vez estos esfuerzos recientes por eliminar derechos han impulsado un gran avance en los derechos de las mujeres. Espero que eso sea lo que está pasando ahora mismo, y que la llama que impulsa esta defensa de la planificación familiar alimente una campaña para avanzar en todos los derechos de las mujeres, en el mundo entero, para que en el futuro, país a país, haya cada vez más mujeres en la sala, sentadas a la mesa, dirigiendo el debate cuando se elaboren políticas que afectan a su vida.

4

Con la mirada bien alta
Las niñas en los colegios

Cuando Meena me pidió que me llevara a sus hijos a casa, me di cuenta de que debíamos hacer algo más que ayudar a las madres a dar a luz de forma segura. Necesitábamos una visión global de la situación. Por eso ampliamos la labor de nuestra fundación a la planificación familiar. Sin embargo, cada vez que he pensado: «De acuerdo, ahora tenemos una visión global», he conocido a otra mujer o a otra chica que me daba una visión aún más amplia. Mis maestros más importantes no eran los expertos con los que nos reunimos en Seattle, sino las mujeres y las chicas que veíamos en sus ciudades y nos hablaban de sus sueños.

Una de nuestras maestras fue Sona, una niña de diez años procedente de una comunidad muy pobre en un pueblo del distrito de Kanpur, cuna de una de las castas más bajas de la India. Allí la gente vivía rodeada de casi dos metros de basura por su trabajo. Iban a buscar la basura de otras zonas, la llevaban a su pueblo, escogían lo que tuviera algún valor y lo vendían, y lo que no podían vender lo dejaban esparcido por el suelo. Así se ganaban la vida.

Gary Darmstadt, mi colega en la fundación, conoció a Sona en una visita a Kanpur en 2011 para hablar sobre planificación familiar.

La mañana de su visita, saludó a nuestros socios de la Urban Health Initiative y todos caminaron por el pueblo hasta llegar al sitio donde se celebraban las reuniones. En cuanto el grupo se detuvo, unas cuantas mujeres se congregaron alrededor y Sona —la única niña— se acercó a Gary y le dio un loro de juguete. Había encontrado la materia prima en la basura, la dobló y la talló hasta darle forma de pájaro, y ahora lo ofrecía como regalo. Cuando Gary le dio las gracias, Sona le miró a los ojos y dijo: «Quiero un profesor».

Gary se quedó un poco abatido. Había ido a Kanpur para hablar de planificación familiar con las mujeres del pueblo, no para inaugurar una escuela. En ese momento, dejó a un lado el comentario de Sona y se puso a hablar con las madres, que estaban muy contentas con el programa. Por primera vez sentían que empezaban a lograr cierto control sobre su vida. Las buenas noticias siempre son gratificantes. Sin embargo, durante toda la conversación, Gary veía a Sona esperando cerca y, en cuanto hubo una pausa, le dijo a Gary: «Quiero un profesor. Usted puede ayudarme». Durante tres horas, probablemente miró a Gary cincuenta veces y dijo: «Quiero un profesor».

Una vez terminada la charla con el grupo, Gary hizo una pausa y preguntó a una de las madres por Sona. «Mire, le hemos contado cómo nos ha ayudado la planificación familiar. Ha tenido un efecto enorme en nuestras vidas, pero lo cierto es que, a menos que nuestros hijos tengan estudios, volverán a vivir aquí entre la basura como nosotros. Está bien poder controlar el tamaño de la familia, pero sigo siendo pobre, y sigo recogiendo basura. Nuestros hijos tendrán la misma vida a menos que puedan ir al colegio», dijo la mujer.

Hace falta valor para pedir lo que quieres, sobre todo cuando es más de lo que la gente cree que mereces. Sona contaba con una combinación mágica de coraje y amor propio que le permitió pedir un profesor pese a ser una niña de casta baja cuyos padres se ganaban la vida recogiendo basura. Quizá no era consciente de hasta qué punto era valiente, pero las mujeres de su entorno sí, y no la mandaron callar, así que en cierto modo Sona se convirtió en la portavoz del grupo, pues decía lo que las madres pensaban pero no se animaban a expresar.

Sona no tenía ventajas respecto las demás. Solo contaba con la inocencia de una criatura que decía su verdad y la fuerza moral de una niña que pedía: «Por favor, ayudadme a crecer». Esa fuerza la llevó por el camino adecuado porque la educación determina quién sale adelante, más que casi todo lo demás que ofrecen la sociedad y los gobiernos.

La educación es un paso vital en el camino hacia el empoderamiento de las mujeres, que empieza con una buena salud, nutrición y planificación familiar y te prepara para ganar un sueldo, dirigir un negocio, crear una empresa y liderar. En este capítulo quiero presentaros a algunos de mis héroes, gente que ha ampliado las oportunidades de los estudiantes que eran tratados como marginados que no merecían tener una educación.

No obstante, primero dejadme que os cuente qué ocurrió con Sona. Nuestros socios, que se reunieron con Gary para hablar de planificación familiar, conocían bien la zona y sus leyes. Cuando oyeron a Sona decir «Quiero un profesor» y a la madre hablar de educación con Gary, se unieron y elaboraron un plan. La tierra donde Sona vivía con su familia no estaba registrada oficialmente. De hecho, no tenían derecho a estar allí. Así que nuestros socios acudieron al gobierno local y realizaron todos los trámites para registrar como residentes a Sona y sus vecinos, algo increíble; los funcionarios podrían haber esgrimido toda clase de argumentos para impedir el cambio, pero lo apoyaron. Cuando fueron declarados residentes legales de esa tierra, las familias pasaron a tener derecho a una amplia gama de servicios públicos, incluidas las escuelas. Sin duda, Sona consiguió un profesor. Recibió libros, un uniforme y educación. Y no solo Sona, sino todos los niños del pueblo, gracias al impulso de una niña pequeña con el valor suficiente para mirar a los ojos a un visitante, ofrecerle un regalo, y decirle una y otra vez: «Quiero un profesor».

El incomparable despegue de la escuela

El despegue que se deriva de enviar a niñas como Sona a la escuela es impresionante, para las niñas, sus familias y sus comunidades. Cuando envías a una niña al colegio, esa buena acción nunca muere. Continúa durante generaciones y hace progresar todos los bienes públicos, desde la salud hasta el beneficio económico, pasando por la igualdad de género y la prosperidad nacional. A continuación os presento solo algunos datos que conocemos gracias a la investigación.

El hecho de enviar a las niñas a la escuela desemboca en una mayor alfabetización, salarios más altos, un crecimiento de los ingresos más rápido y un cultivo más productivo. Reduce el sexo prematrimonial, baja las opciones del matrimonio temprano, retrasa los primeros embarazos y ayuda a las madres a planificar cuántos niños tener y cuándo. Las madres que han tenido estudios aprenden mejor sobre nutrición, vacunas y otras conductas necesarias para criar niños sanos.

La mitad de los avances en supervivencia infantil durante las últimas dos décadas puede atribuirse a que las madres han ido al colegio. Además, las madres con estudios tienen más del doble de probabilidades de enviar a sus hijos a la escuela.

La educación de las niñas puede tener efectos transformadores en la salud, el empoderamiento y el progreso económico de las mujeres. Con todo, aún no conocemos los detalles del porqué. ¿Qué ocurre en las mentes y las vidas de las niñas que produzca esos beneficios? ¿Los cambios los impulsa la alfabetización, los modelos de roles, la práctica del aprendizaje o el mero hecho de salir de casa?

Por pura intuición, muchas de las principales quejas que he oído tienen mucho sentido: las mujeres que saben leer y escribir pueden moverse mejor por el sistema sanitario. La escuela ayuda a las niñas a aprender a contar los problemas de salud de sus familias a los profesionales sanitarios. Cuando aprenden de los profesores, las madres aprenden a enseñar a sus hijos. Además, cuando las niñas están en el aula y ven que pueden aprender, empiezan a tener una visión distinta de sí mismas, y eso les da una idea de su propia fuerza.

Esta última idea me hace especial ilusión: significa que las mujeres pueden usar las habilidades que aprenden en el colegio para desmantelar las reglas que les impiden crecer. Cuando visito escuelas y hablo con los alumnos, siento la fuerza del trabajo. Me recuerda al instituto, cuando trabajaba de voluntaria en una abarrotada escuela pública dando clases de matemáticas e inglés a niños. Cuando los niños aprenden algo nuevo, ven que son capaces de crecer: pueden hacer que la percepción de sí mismos despegue y cambiar su futuro.

La gente que ha sido marginada suele ir al colegio pensando que no merece más y nunca debería pedirlo porque no lo conseguirá. Los buenos colegios cambian esa idea. Inculcan en sus alumnos una idea audaz de quiénes son y qué pueden hacer. Esas altas expectativas entran en conflicto directo con las bajas expectativas que la sociedad tiene para esos niños, y esa es la cuestión. Las escuelas que empoderan a los estudiantes que se encuentran en los márgenes son organismos subversivos. Fomentan una imagen de sí mismo en los estudiantes que es un reproche directo al desprecio social que intenta mantenerlos en su lugar.

Esta misión de desafío social se ve en las buenas escuelas de todo el mundo, ya sea en Estados Unidos, el sur de Asia o el África subsahariana. Esos colegios cambian las vidas de los estudiantes a los que les han hecho creer que no importan, que no merecen una auténtica oportunidad.

Escuelas que hacen despegar a sus alumnos

Hace unos diez años, en un viaje a Los Ángeles, estaba hablando con casi cien niños afroamericanos y latinos de entornos duros cuando una mujer joven me preguntó: «¿Alguna vez siente que somos los hijos de otros padres que eludieron sus responsabilidades, que no somos más que las sobras?».

La pregunta me impactó. Me dieron ganas de abrazarla y convencerla de que su vida tenía un valor infinito, que tenía los mismos derechos y merecía tener las mismas oportunidades que cualquier otro. No obstante, en ese viaje vi por qué ella no opinaba lo mismo. Hablé con otra mujer joven que estaba cursando unos estudios que, aunque los bordara, no la prepararían para ir a la universidad ni a ningún sitio. Miré su currículo. Una lección consistía en leer el dorso de una lata de sopa en una tienda de alimentación y saber el contenido. Era la clase de matemáticas. Y no era un caso aislado. He visto lo mismo en muchos distritos escolares de Estados Unidos: un grupo de alumnos estudia álgebra II mientras a los otros les enseñan a hacer balance de un talón de cheques. El primer grupo irá a la universidad a estudiar una carrera; el segundo luchará por ganarse la vida.

Bill y yo centramos la mayor parte de la filantropía en Estados Unidos en la educación. Creemos que un sistema educativo fuerte en primaria y secundaria es la mejor idea que ha tenido jamás nuestro país para promover la igualdad de oportunidades. Nos centramos en aumentar la cantidad de alumnos negros, latinos y de ingresos bajos que terminan el instituto, además de los que siguen estudiando después del instituto, sean chicos o chicas. (Yo trabajo en ampliar las vías de acceso a la tecnología para las chicas, en concreto las chicas de color, a través de mi empresa, Pivotal Ventures, que creé para ayudar a impulsar el avance social en Estados Unidos.) Las mejores escuelas ayudan a despegar a alumnos que jamás pensaron que pudieran alzar el vuelo. Cuando ves que ocurre, dan ganas de soltar un grito de júbilo.

En 2015, Bill y yo fuimos a visitar el instituto de secundaria Betsy Layne en el condado de Floyd, Kentucky, una comunidad rural en la región de los Apalaches devastada por el declive de la industria del carbón. *The New York Times* ha declarado esta zona una de las más duras para vivir en el país. Seis condados de la región aparecieron en la lista de los diez condados con menos ingresos del país y menos rendimiento escolar, más paro, obesidad, discapacidad y menos esperanza de vida. No obstante, por increíble que parezca, durante los diez años anteriores, cuando la región entró en un declive económico, el rendimiento escolar en el condado de Floyd había dado un salto del puesto 145 en el estado al 12. Queríamos ver cómo lo hacían.

Vicki Phillips, entonces jefa de educación primaria y secundaria en nuestra fundación, se sumó a nuestro viaje. Vicki conocía los retos a los que se enfrentaban esos alumnos y profesores porque los había vivido. Tal como ella cuenta, cuando era pequeña su madre y su padrastro se casaron y pagaron los quinientos dólares que debían en impuestos atrasados para comprar una casa de cuatro habitaciones con los suelos sucios y las ventanas rotas ubicada en una granja propiedad todavía de su familia en el Kentucky rural. Allí creció Vicki, ayudando a su familia a criar cerdos, cultivar hortalizas y cazar la cena. Tenían una bomba manual en la casa y una letrina en la parte trasera, y no se consideraban pobres porque ninguno de sus vecinos tenía más que ellos.

Vicki comentó que sus profesores se dedicaban en cuerpo y alma a sus alumnos pero, visto con perspectiva, se daba cuenta de que la educación que recibía no la preparaba para la secundaria, sino para quedarse donde estaba. «Donde yo crecí —dijo— mucha gente no quería excelencia en los colegios. Asustaba a la gente.»

«Mis padres esperaban que acabara el instituto, viviera en la comunidad, me casara y formara una familia. El día en que llegué a casa y anuncié a mis padres: "Me voy a la universidad", mi padrastro dijo: "Pues no serás mi hija. Si lo haces, no vuelvas jamás. Ni se te ocurra volver, porque tus valores no son los nuestros".»

Vicki y su padre discutieron sobre el tema hasta el día que se fue. Le dijo: «Esta es una comunidad segura. Eres mi hija. ¿Por qué me haría sentir cómodo que hagas esto?».

Entonces, dice Vicki, tocó el tema más delicado. «¿Por qué quieres irte de casa? Aquí tienes todo lo que necesitas. ¿Es que no tenemos suficiente? ¿Estás diciendo que no somos lo bastante buenos para ti?»

Son preguntas habituales en familias que temen que el hecho de ir a la universidad signifique mudarse y no volver jamás. Según ellos, su cultura no retiene a la gente, sino que la une. A su juicio, perseguir la excelencia puede parecer renegar de los tuyos.

Vicki me dijo que así era cuando ella era pequeña. Nada en su cultura la impulsaba a ir a la universidad. Lo consiguió al conocer a una chica del extremo rico del condado que un día le dijo: «¿Cómo que no vas a ir a la universidad? Eres igual de lista que yo». Empezó a presionar a Vicki para que se apuntara a cursos de nivel superior, hiciera las pruebas de acceso y buscara pequeñas becas. Así fue cómo Vicki superó una cultura que no quería que ella fuera a la universidad: sumándose a la cultura de su amiga. Si quieres destacar necesitas el apoyo de los que te rodean, dice Vicky. Muy poca gente puede hacerlo sola.

Vicki estaba dispuesta a afrontar el conflicto derivado de poner en cuestión su cultura, pero lo consiguió con su familia, incluso con su padre. Un año después de irse, recibió una llamada en la universidad. La conocida voz masculina del otro lado dijo: «Vicki, esto no funciona. Deja que vaya a buscarte y te lleve a casa de visita». Su padre la recogió y la llevó a casa, y todos volvieron a conectar. Su padre y ella se acercaron de nuevo. Siguieron siendo sinceros con sus discrepancias, y él continuó burlándose de ella con cariño durante el resto de su vida, la llamaba «nuestra pequeña demócrata» (en una familia de republicanos devotos).

Vicki se convirtió en profesora de educación especial, directora de distrito escolar y secretaria de educación del estado que trabajó para cambiar las normas y empoderar a la gente que había sido excluida. Es el mismo impulso que encontramos en el claustro del Betsy Lane.

En el centro había personalidades entusiastas e inolvidables, empezando por Cassandra Akers, la directora. Hace mucho tiempo que Cassandra ama el Betsy Lane: fue la alumna con mejores calificaciones de la promoción de 1984. Sigue viviendo en la casa donde se crio, pues sus padres se la vendieron cuando empezó a dar clases. Es la mayor de siete hermanos y el único miembro de su familia que ha ido a la universidad, así que conoce la comunidad y la lucha a la que los niños se enfrentan.

«Nuestros alumnos deben saber que esperamos grandes cosas —dijo—. Pero también saben que les ayudaremos a conseguir todo aquello que necesiten, ya sea enseñanza, tutoría, ayuda adicional, comida, ropa, una cama, lo que sea. Hay que cuidar de ellos.»

Uno de los mayores retos al cambiar la cultura es mejorar la imagen que los niños tienen de sí mismos. La sociedad, los medios de comunicación e incluso miembros de sus propias familias les han grabado en la mente la inseguridad. Las madres y los padres que nunca han logrado sus objetivos pueden inculcar fácilmente sus propias dudas en las mentes de sus hijos. Cuando esas dudas se meten en las cabezas de los niños, cuesta cambiarlas. La gente que es víctima de la duda a menudo se siente atacada; de hecho, el psicólogo del Betsy Lane me contó que muchos alumnos sentían no solo que no importaban al mundo, sino que el mundo estaba en contra de ellos.

Cuanto más duros han sido los desafíos de la gente, más importante es dotarlos de una nueva cultura y una nueva serie de expectativas. Una de las profesoras de matemáticas que conocí, Christina Crase, me dijo que el primer día de curso les dice a sus alumnos: «¡Dadme dos semanas!». No quiere saber nada de sus fracasos, ni de lo mucho que odian las matemáticas ni de lo retrasados que van. Dice: «¡Dadme la oportunidad de demostraros lo que podéis hacer!».

Uno de sus proyectos es ayudar a los niños a construir norias a pequeña escala. La primera vez que presentó la idea a su clase, los alumnos pensaron que estaba loca, pero lo hicieron contentos. ¡Era más fácil que aprender matemáticas! Así que se volcaron en sus proyectos y construyeron las norias, y cuando la señorita Crase explicó las funciones de seno y coseno, solo tuvo que relacionar la idea con la noria, y todos lo entendieron.

Los niños asimilaron esa enseñanza con tanta firmeza que algunos entraron corriendo en la clase después de visitar una feria local y le dijeron: «Señorita Crase, no subimos a la noria». «¿Por qué no?», preguntó ella. «No nos fiábamos de su integridad estructural», le respondieron. Luego empezaron a explicarse con términos de cálculo y trigonometría.

Tras visitar las aulas, Bill y yo comimos pizza con algunos alumnos en la cafetería. Algunos admitieron que les daba miedo ir a las clases avanzadas porque «son para los niños listos». Aun así, acudieron a esos cursos y aprendieron mucho, y el aprendizaje más importante fue: «Somos chicos listos».

Las escuelas geniales no solo te enseñan: te cambian.

Las niñas en las escuelas

La igualdad en la educación mueve a las personas hacia el empoderamiento, pero la desigualdad tiene el efecto contrario. De todas las herramientas de división que se usan para empujar a las personas a los márgenes, la desigualdad en la educación es la más perjudicial y duradera. A menos que se realice un esfuerzo explícito por incluir a todo el mundo, las escuelas nunca serán un remedio para la exclusión, sino una causa.

No obstante, pese a los impresionantes beneficios que se obtienen cuando las niñas reciben una educación, más de 130 millones de niñas de todo el mundo no asisten a la escuela. Esta cifra se suele citar como un avance, pero solo porque las barreras para que las niñas fueran al colegio eran peores. Durante mi época escolar, muchos más niños del mundo que niñas iban al colegio. Esta disparidad era común en países en los que no se exigía que los niños fueran al colegio.

En cambio, durante las últimas décadas los gobiernos han dado un fuerte impulso para resolver el tema, y en gran medida lo han conseguido. En la mayoría de los países se matriculan la misma cantidad de niños que de niñas en la escuela primaria. Sin embargo, el objetivo no es que a las niñas se les prive de una educación en la misma medida que a los niños, sino eliminar las barreras que impiden que los niños vayan al colegio, y en algunos lugares siguen siendo más significativas para las niñas que para los niños. Sobre todo en la escuela secundaria, por lo general la etapa escolar entre los siete y los doce años. En Guinea solo 1 de cada 4 niñas se matricula en la escuela de secundaria, mientras que sí lo hacen casi el 40 por ciento de los niños. En Chad menos de un tercio de las niñas están matriculadas en la escuela de secundaria, pero más de 2 de cada 3 niños sí. En Afganistán poco más de un tercio de las niñas están matriculadas en la escuela de secundaria, comparado con casi el 70 por ciento de los niños. Esas barreras persisten en la universidad. En los países con ingresos bajos, por cada 100 niños que continúan los estudios después del instituto, solo hay 55 niñas.

¿Por qué hay menos niñas que niños en la escuela de secundaria y estudios posteriores? En el aspecto económico, que las niñas vayan al colegio es una inversión a largo plazo, y para las familias que viven en la extrema pobreza lo principal es la supervivencia. Las familias no pueden ahorrarse la mano de obra, o no pueden cubrir las tasas escolares. Socialmente, las mujeres y las niñas no necesitan estudios para desempeñar los papeles que las sociedades tradicionales les han asignado. De hecho, las mujeres que reciben una educación constituyen una amenaza para los papeles tradicionales. Políticamente, es instructivo ver que las fuerzas más extremistas del mundo, como Boko Haram, que secuestró a 276 estudiantes en el nordeste de Nigeria en 2014, han mostrado especial hostilidad hacia la educación de las niñas. (El nombre de Boko Haram significa «la educación occidental está prohibida».) De hecho, el discurso de los extremistas a las mujeres es: «No hace falta que vayáis a la escuela para ser lo que queremos que seáis». Así que queman escuelas y secuestran a niñas, con la esperanza de que las familias se atemoricen y las mantengan en casa. El mero hecho de enviar a las niñas al colegio es un ataque directo a su postura de que el deber de una mujer es servir a un hombre. Una mujer joven que desafió esa visión es Malala Yousafzai, la muchacha paquistaní a la que los talibanes dispararon en 2012 cuando tenía quince años. Malala era conocida en el mundo antes de aquello. Se inspiró en su padre, que dirigía una cadena de escuelas, para escribir un blog en el que hablaba de su vida como niña que iba al colegio bajo el régimen talibán. Sus blogs tenían muchos lectores, y el arzobispo Desmond Tutu la propuso para el Premio Internacional de la Paz de los Niños.

Así que, cuando dispararon a Malala, no fue un disparo aleatorio a una niña que iba al colegio: una célebre activista era el objetivo de quienes querían silenciarla y asustar a los que compartieran sus opiniones. Sin embargo, Malala no se quedó callada. Nueve meses más tarde, habló ante Naciones Unidas. «Cojamos los libros y los bolígrafos —dijo—. Son nuestras armas más poderosas. Un niño, un profesor, un libro y un bolígrafo pueden cambiar el mundo.»

Un año después, en 2014, Malala se convirtió en la persona más joven en recibir el Premio Nobel de la Paz. (¡Se enteró de que había obtenido el premio mientras estaba en una clase de química!)

Conocí a Malala después de que le concedieran el premio y, como todo el mundo, su historia me inspiró. Sin embargo, cuando la invité a un acto en Nueva York en 2017, me inspiró aún más cómo la contaba. Malala no se centraba en sí misma. «Creo que podemos ver a todas las niñas que van al colegio en mi vida, porque creo en los líderes locales», dijo. Luego nos contó que estaba apoyando a activistas que llevaban a niñas al colegio en todo el mundo y, por sorpresa, invitó a los que estaban presentes a unirse a ella. Subieron al escenario y Malala cedió el micrófono a personas que la inspiraban.

Hoy en día, la fundación de Malala invierte en activistas-educadores en todo el mundo. Un activista forma a profesores en Brasil sobre igualdad de género. Otro hace campaña para acabar con las tasas escolares en Nigeria. Otro, en Pakistán, el país natal de Malala, organiza debates para convencer a los padres de que envíen a sus hijas al colegio.

Voy a seguir el ejemplo de Malala, de modo que os hablaré de algunas de las personas y organizaciones que me han inspirado. De Kenia a Bangladesh, los gobiernos han destinado ingentes recursos económicos para que la escuela sea gratuita para las niñas. La ONU y el Banco Mundial cuentan con importantes programas de educación para ellas. Y hay organizaciones, como Campaign for Female Education, que hacen posible que las niñas más pobres vayan al colegio. Entre todos los fantásticos programas que existen, quiero centrarme en tres que me han impresionado en particular: uno de un gobierno nacional, otro de una organización global y otro de una joven mujer masái que se puso en pie y cambió siglos de tradición.

«Agentes del desarrollo»

Una de las ideas más inspiradoras sobre la educación de las niñas procede de México. Algunas de las mejores ideas para el desarrollo son sencillas... cuando ya has oído hablar de ellas. Sin embargo, es necesario ser un visionario para imaginarlas y hacer que funcionen. En la década de 1990, muchas familias de México aún no podían enviar a sus hijos al colegio porque necesitaban su mano de obra para salir adelante. De modo que en 1997 un hombre llamado José Gómez de León y sus colegas plantearon una nueva idea. Pensaban que las mujeres y las niñas eran «agentes del desarrollo», y pusieron en práctica esa idea.

El gobierno trataba la educación como si fuera un empleo, y pagaba a las familias por enviar a sus hijos al colegio. Los pagos se basaban en lo que ganarían los niños si trabajaran: un alumno de tercero de primaria podría ganar 10 dólares al mes, y un estudiante de instituto, 60. Llamaron al programa Oportunidades.

Se aseguraron de que los pagos para los niños fueran a parar directamente a las madres y, como las niñas eran más propensas a abandonar que los niños, ellas recibían un poco más de dinero por seguir en el colegio.

Una vez introducido el programa gradualmente, las niñas que estaban en Oportunidades tenían un 20 por ciento más de oportunidades de permanecer en el colegio que las que no estaban en el programa. Además de que más niñas fueran al colegio, las que se quedaban lo hacían durante más tiempo. El programa ayudó a casi 6 millones de familias.

Solo veinte años después de iniciarse el programa, México ha logrado la paridad de género en la educación, no solo en el nivel de primaria, sino también en secundaria y en la universidad. Además, México tiene el porcentaje más alto del mundo de licenciaturas en informática de mujeres.

El Banco Mundial declaró que el esfuerzo de México era un modelo para el mundo y señaló que era el primero en centrarse en los hogares extremadamente pobres. Hoy en día, 55 países tienen alguna versión del mismo programa.

Avance en Bangladesh

Conozco el trabajo del Comité por el Progreso Rural en Bangladesh (BRAC, por sus siglas en inglés) desde que obtuvieron el Premio Gates para la Salud Global en 2004, y visité a su fundador, Fazle Hasan Abed, en Bangladesh en 2005. Además de llevar a cabo una labor visionaria en salud y microcréditos, BRAC es la mayor institución educativa privada y laica del mundo, y se centra en educar a las niñas.

En la década de 1970, cuando Bangladesh se estaba recuperando de su guerra de liberación, la mayoría de las familias tenían pequeñas granjas, luchaban por salir adelante y dependían mucho de sus hijos, sobre todo de las hijas. Así, en la década de 1980 menos del 2 por ciento de las niñas de Bangladesh iban al colegio en quinto, y en el instituto había la mitad de niñas que de niños. Fue entonces cuando Fazle Hasan Abed, un bangladesí que se había convertido en un empresario de éxito en Europa, decidió volver a su país para fundar BRAC y empezar a construir escuelas.

Cuando BRAC comenzó su labor en 1985, sus escuelas debían tener como mínimo un 70 por ciento de niñas. Todas las profesoras debían ser mujeres y ser de la comunidad, para que los padres no temieran por la seguridad de sus hijas. Cada escuela BRAC establecía su propio horario para adaptarse a la temporada de cultivo, de manera que las familias que dependían de la mano de obra de las niñas en la granja pudieran enviar a sus hijas al colegio. Asimismo, las escuelas BRAC ofrecían libros y material gratuitos con el fin de que los costes nunca fueran una excusa para que una niña no asistiera al colegio.

A medida que el número de escuelas BRAC aumentaba, los extremistas religiosos del país, conscientes de que la educación ayudaba a despegar a las mujeres, empezaron a prenderles fuego. Abed las reconstruyó. Decía que el objetivo de BRAC era desafiar la cultura que impedía prosperar a las mujeres, y los incendios intencionados demostraban que BRAC estaba obteniendo resultados. Hoy en día, en Bangladesh más niñas que niños van al instituto, y BRAC dirige 48.000 escuelas y centros de aprendizaje en todo el mundo. Van a los lugares más peligrosos del mundo para que una niña asista a la escuela y poco a poco ayudan a que esa cultura cambie.

Desafío a siglos de tradición

En muchas zonas rurales del África subsahariana se espera que las niñas obedezcan las costumbres de su cultura, no que las pongan en cuestión, y, por supuesto, no que las cambien.

Kakenya Ntaiya, como la mayoría de las otras niñas de trece años de la comunidad masái de Kenia, tenía su futuro definido desde el momento en que nació. Iría a la escuela de primaria hasta llegar a la pubertad. Luego se sometería a la ablación genital y dejaría el colegio para casarse con el chico con el que estuviera prometida desde los cinco años. A partir de ese día, iría a recoger agua, buscaría madera, limpiaría la casa, prepararía la comida y trabajaría en la granja. Todo estaba planificado y, cuando la vida de una niña está planificada, el plan le sirve a todo el mundo menos a ella.

El cambio empieza cuando alguien dice no.

La primera vez que supe de esta valiente niña masái fue cuando nuestra fundación ayudó a financiar un concurso cinematográfico para documentales sobre personas que cambian el mundo, y lo ganó una película en la que aparecía Kakenya.

Kakenya quería ser profesora. Eso implicaba que no podía dejar los estudios al llegar a la pubertad. No podía casarse, ni cocinar ni limpiar para su nueva familia. Tenía que seguir en la escuela. No acierto a imaginar su atrevimiento. Yo fui una buena niña en la escuela de primaria. Quería la aprobación de todo el mundo. Tuve la suerte de que lo que quería para mi vida encajaba con lo que querían mis padres y profesores, pero si mis sueños y los suyos hubieran divergido, no sé si habría sido capaz de defenderme.

Por lo visto, Kakenya no tenía esas dudas. Al cumplir trece años, le ofreció un trato a su padre: se sometería a la ablación genital, pero solo si accedía a que siguiera soltera y estudiara. El padre de Kakenya sabía que si no se sometía a la ablación él sería deshonrado en la comunidad, y también que su hija era lo bastante fuerte para enfrentarse a la tradición. Aceptó el trato.

El día designado, Kakenya entró en una vaqueriza cerca de su casa y, mientras toda la comunidad observaba, una abuela del pueblo le cortó el clítoris con un cuchillo oxidado. Sangró en abundancia y se desmayó de dolor. Tres semanas después estaba de vuelta en el colegio, resuelta a llegar a ser profesora. Cuando terminó el instituto, había conseguido una beca completa para asistir a la universidad en Estados Unidos.

Por desgracia, la beca no incluía el billete de avión, y la gente de su pueblo no iba a pagarle el viaje. Cuando contó que había conseguido una beca y pidió ayuda, dijeron: «Qué lástima de oportunidad. Deberían habérsela dado a un chico».

Kakenya tuvo el valor de desafiar la tradición, pero también la sabiduría de usarla a su favor. En la comunidad masái existe la creencia de que las buenas noticias llegan por la mañana. Así que todas las mañanas Kakenya llamaba a la puerta de uno de los hombres influyentes del pueblo para prometerle que, si la ayudaban a cursar sus estudios, ella volvería y provocaría un cambio.

Al final consiguió que el pueblo le comprara un billete de avión.

En Estados Unidos no solo consiguió su título universitario, sino que además hizo un doctorado en educación. Trabajó para la ONU. Aprendió sobre derechos de las mujeres y las niñas. Y lo más importante, según ella: «Aprendí que no hacía falta comerciar con mi cuerpo para conseguir tener estudios. Era mi derecho».

Cuando volvió a su pueblo a cumplir su promesa, pidió a los mayores que la ayudaran a construir una escuela para niñas. «¿Por qué no una escuela de niños?», le preguntaron. Uno de esos ancianos dijo que no veía la necesidad de que las niñas tuvieran estudios, pero respetaba que hubiera vuelto a casa para ayudar al pueblo.

«Muchos hijos se han ido a estudiar a Estados Unidos —dijo—. Kakenya es la única que recuerdo que haya vuelto para ayudar.»

Kakenya vio el cielo abierto. Si los chicos no volvían para ayudar y las chicas sí lo hacían, le dijo, tenía más sentido educar a las niñas. «Lo que nos dice nos afecta. [...] Nos trajo una escuela y luz, y está intentando cambiar las viejas costumbres para ayudar a las niñas a tener una vida mejor», dice el anciano ahora.

Los ancianos donaron el terreno para la nueva escuela, el Kakenya Center for Excellence, que abrió sus puertas en 2009. La escuela se acerca a las niñas que están en los últimos cursos de la primaria, cuando es probable que las saquen del colegio para casarse, y las ayuda en la transición a la escuela de secundaria. El centro Kakenya proporciona uniformes, libros y clases particulares. A cambio, los padres deben acceder a que sus hijas no se sometan a la ablación genital ni las casen mientras estén en el colegio. Algunas de las alumnas del centro Kakenya han figurado en el mejor 2 por ciento de los exámenes nacionales de Kenia y han ido a la universidad tanto en Kenia como en el extranjero.

No tengo ni idea de cómo encuentra las personas el valor para rebelarse contra la tradición, pero cuando lo hacen siempre acaban teniendo seguidores con las mismas convicciones si bien no exactamente el mismo coraje. Así nacen los líderes. Dicen lo que otros quieren decir, y luego los demás se unen a ellos. Así es como una mujer joven puede cambiar, además de su vida, su cultura.

Cambiar la imagen que una niña tiene de sí misma

Todas las mujeres con las que he hablado y los datos que he visto me convencen de que la fuerza más transformadora de la educación en mujeres y niñas es el cambio de la imagen que tiene de sí misma la niña que va al colegio. Ahí se produce el despegue. Si esa imagen no cambia, el hecho de ir al colegio no cambiará la cultura, porque esa niña usará sus habilidades para seguir con las normas sociales que le impiden progresar.

Ese es el secreto de una educación que empodere: una niña aprende que no es solo quien le han dicho que es. Es igual que todo el mundo, y tiene derechos que necesita reafirmar y defender. Así es como los grandes movimientos del cambio social logran adhesión: cuando los marginados rechazan la pobre imagen de sí mismos que la sociedad les ha impuesto y empiezan a crear su propia imagen.

De las personas que conozco, la hermana Sudha Varghese es quien mejor lo entiende. Cuando Sudha era una joven que estudiaba en una escuela católica en el sudoeste de la India, leyó un artículo sobre monjas y curas que trabajaban con los pobres y al instante supo que estaba llamada a llevar una vida de servicio a los demás. Entró en una orden religiosa, se hizo monja y empezó a trabajar. Sin embargo, no le inspiró. El convento era demasiado cómodo. La gente a la que ayudaban no era lo bastante pobre. «Quería estar con los pobres —decía—, no solo los pobres, los más pobres entre los pobres. Así que me fui con los musahar.»

Su fe le enseñó a buscar a la gente que se encontraba en los márgenes, y escogió a los que estaban en los márgenes más extremos. Musahar significa «comedores de ratas». Son intocables en la India, gente nacida en un sistema de castas que los considera menos que humanos. No pueden entrar en los templos ni usar el camino del pueblo. No pueden comer en las mismas mesas ni utilizar los mismos utensilios que los demás. Los musahar se consideran tan inferiores que son objeto de desprecio de otros intocables.

Cuando Sudha decidió que quería trabajar con los musahar, no había una manera organizada de hacerlo, nada establecido a lo que ella pudiera sumarse. Así que viajó sola a una comunidad musahar en el nordeste de la India y pidió a la gente un lugar donde alojarse. Le ofrecieron un espacio en un granero, y enseguida empezó a trabajar para mejorar las vidas de los seres inferiores de los musahar: las mujeres y las niñas.

Sudha me contó que una vez pidió a un grupo de mujeres musahar que levantaran la mano si nunca les había pegado su marido. Ni una mujer la alzó. Pensó que habían entendido mal la pregunta, así que preguntó al grupo: «Levantad la mano si vuestro marido os ha pegado». Todas las mujeres la alzaron. A todas las habían pegado en su propia casa.

Fuera de casa era peor. Las mujeres musahar viven bajo la amenaza constante de la agresión sexual y se enfrentan a una corriente continua de desdén. Si las niñas salen del pueblo, la gente les susurra «musahar» para recordarles que son intocables. Si se ríen o caminan con demasiada libertad, alguien las agarrará del brazo y les dirá que su conducta es inaceptable para una niña musahar. Desde que nacen, la sociedad les dice constantemente que no valen nada.

Tras trabajar durante más de veinte años para mejorar las vidas de las mujeres musahar —desdeñada por vivir con «intocables» y bajo amenaza de muerte debido a sus esfuerzos por llevar a juicio los casos de violación—, en 2005 Sudha decidió que lo mejor que podía hacer era abrir un internado gratuito para niñas musahar.

«Lo único que saben, han oído y visto es: "Eres como la basura" —dice la hermana—. Lo han interiorizado. "Esto es lo que me toca. Aquí pertenezco. No me corresponde estar en la silla. Me sentaré en el suelo, y así nadie podrá decirme que me vaya a un sitio más bajo." Durante toda la vida les dicen: "Eres la última. La que menos vales. No mereces tener nada". Aprenden muy rápido a estar calladas, a no esperar cambios y no pedir más.» El objetivo de la escuela de la hermana era dar la vuelta a esa imagen que tenían de sí mismas.

Una de mis enseñanzas favoritas de las Escrituras es: «Los últimos serán los primeros, y los primeros serán los últimos». Para mí, capta la misión de la hermana Sudha, que empieza por enseñar a sus alumnas que, diga lo que diga la sociedad, no deberían menospreciarse.

Llamó a su nueva escuela con el nombre de Prerna, que significa «inspiración» en hindi. Cuando fui a visitarla, me cogió de la mano y me presentó por su nombre a todas las alumnas que nos encontramos. A menudo las niñas echan de menos su casa al llegar; la hermana se paró a consolar a una pequeña que lloraba, y le acarició la cabeza mientras hablaban. Tocaba a todas las niñas al hablar con ellas, posaba la mano en un hombro o daba una palmadita en la espalda, ofrecía amor a todo el que veía. Si las niñas se hacían daño, ella les ponía las vendas, porque no estaban acostumbradas a que a nadie le importara que se hirieran. La hermana quiere suavizar esa sensación de que son intocables.

«Cuando llegan aquí, todo el tiempo miran al suelo. Hacer que levanten la mirada ya es algo», dice la hermana Sudha. Las niñas que conocí iban con la cabeza bien alta y me miraban a la cara. Eran respetuosas, curiosas, les brillaban los ojos, transmitían seguridad… Eran incluso un poco descaradas. Una niña oyó que yo estaba casada con Bill Gates y me preguntó cuánto dinero llevaba encima. Le enseñé los bolsillos vacíos de los pantalones mientras la hermana y yo nos reíamos.

Las niñas de Prerna cursan las asignaturas habituales, como inglés, matemáticas, música e informática. Sin embargo, la hermana también ofrece un currículo especial, algo que intenta enseñar a los musahar desde que llegó. Insiste en que todas las niñas conozcan sus derechos: el derecho a estudiar, a jugar, a moverse con libertad, a estar seguras, a defenderse.

Durante toda su vida les habían dicho que eran lo más bajo

entre lo más bajo, pero allí les enseñan: «Tienes los mismos derechos que los demás. Y debes utilizar tus habilidades para defender tus derechos».

La autodefensa no es solo una lección abstracta. La hermana Sudha hace que las niñas aprendan kárate. Con frecuencia son objeto de violencia sexual, en casa o en el campo, así que la hermana quiere que sepan que tienen derecho a no ser atacadas, y el poder de enfrentarse al agresor. (Está demostrado que enseñar habilidades de defensa física reduce la violencia contra las adolescentes.) La hermana me contó encantada la historia de una de sus niñas, que le dio una patada en la barriga a un borracho que quería agredirla sexualmente. Se fue dando tumbos para no volver.

Aprender kárate —o cualquier forma de autodefensa— desconcertaba a las niñas, entrenadas para aceptar los abusos. No obstante, se esforzaban mucho, y sus avances eran tan impresionantes que su profesor de kárate propuso que Prerna enviara un equipo a la competición nacional de kárate de la India. La hermana accedió, pensó que sería una buena experiencia que viajaran. Las niñas ganaron las medallas de oro y plata en casi todos los combates en los que participaron. El ministro de Bihar solicitó conocerlas y se ofreció a pagarles el viaje al campeonato mundial en Japón. Los últimos serán los primeros.

La hermana les consiguió pasaportes, billetes y documentos de viaje. Parecía una buena oportunidad para ver el mundo. Las chicas llegaron a casa con siete trofeos y algo más: una idea de cómo es vivir en una cultura que no las menosprecia.

«Estaban atónitas con el respeto que la gente les mostraba —dijo la hermana—. Decían: "Imagínese, me hacen reverencias, me hablan de esa manera".»

Era la primera vez que esas chicas estaban en una sociedad que no las desdeñaba. Las ayudó a ver que en su país eran tratadas con poca consideración no porque tuvieran algún defecto, sino por una tara de la sociedad.

La baja autoestima y los usos sociales opresivos son las versiones interna y externa de la misma fuerza. Sin embargo, el vínculo entre ambas da a los marginados la clave del cambio. Si una niña eleva la imagen que tiene de sí misma, puede empezar a cambiar la cultura que la menosprecia. Con todo, la mayoría de las niñas no pueden hacerlo solas. Necesitan apoyo. La primera defensa contra una cultura que te odia es una persona que te quiera.

El amor es la fuerza más potente e infrautilizada para cambiar el mundo. No se oye hablar de él en los foros de discusión de políticas ni en los debates políticos, pero la Madre Teresa, Albert Schweitzer, Mohandas Gandhi, Dorothy Day, Desmond Tutu y Martin Luther King Jr. llevaron a cabo una labor obstinada y tenaz en busca de la justicia social, y todos hacen hincapié en el amor.

El hecho de que los candidatos políticos nunca hablen del amor como una cualidad necesaria para ejercer un cargo público es un signo del desasosiego de nuestra cultura. A mi juicio, el amor es una de las mejores cualidades que una persona puede tener. Como dice uno de mis maestros espirituales favoritos, el cura franciscano Richard Rohr: «Solo el amor puede gestionar el poder con seguridad».

Para mí, el amor es el esfuerzo por ayudar a los demás a florecer, y a menudo empieza por elevar la imagen que una persona tiene de sí misma.

He visto el poder de la autoestima en mis colegas y compañeros de clase, en escuelas de primaria y universidades y en las empresas más grandes del mundo. También lo he visto en mí misma. Cuando iba al instituto en Dallas, quedé con una orientadora universitaria que conocía y quería darme algunos consejos. Cuando le hablé de las facultades a las que me gustaría asistir, me dijo que no podría entrar en ninguna y que debería rebajar mis ambiciones. Me aconsejó centrarme en ir a algún sitio más cerca de casa.

Si no hubiera estado rodeada de gente que me ayudó a despegar, tal vez habría seguido su consejo y me habría vendido a corto plazo. En cambio, salí de esa charla furiosa con ella y con el doble de ganas de alcanzar mis objetivos. No era mi fuerza, era la fuerza de la gente que me había enseñado mis capacidades y quería que prosperara. Por eso me apasionan tanto los profesores que son capaces de acoger a las niñas y hacerlas despegar: cambian el rumbo de la vida de sus alumnas.

Una niña que recibe amor y apoyo puede empezar a romper esa imagen que tiene de sí misma que le impide avanzar. A medida que va ganando confianza, ve que puede aprender. Cuando aprende, ve sus propias capacidades. Cuando desarrolla sus capacidades, ve su propio poder; puede defender sus derechos. Es lo que ocurre cuando ofreces amor a las niñas, no odio. Les levantas la mirada. Recuperan la voz.

5

La desigualdad silenciosa
El trabajo no remunerado

Hace cuatro o cinco años, antes de empezar a centrarme en las cargas domésticas de las mujeres más pobres del mundo, oí la historia de Champa.

Champa era una madre de veintidós años de una zona tribal del centro de la India que vivía en una cabaña de dos habitaciones con su marido, su familia política y sus tres hijos. Ashok Alexander, el primer jefe de nuestra sede en la India, le hizo una visita una mañana con un grupo de trabajadores sanitarios. Les habían dicho que Champa tenía una niña de dos años llamada Rani que sufría una malnutrición severa, una dolencia que desemboca rápidamente en la muerte si no se trata.

Cuando llegaron los invitados, Champa salió de la casa con su hija en un brazo y un pañuelo tapándole la cara, la vestimenta de las mujeres hindús más conservadoras para limitar su contacto con los hombres. Champa llevaba un montón de papeles médicos que no sabía leer. Se los puso en la mano a Ashok.

Cuando Ashok cogió los papeles miró a Rani. La niña estaba tan desnutrida que las piernas eran como palos, y su madre no podía hacer nada. Rani ya no podía alimentarse de comida normal. Necesitaba un tratamiento especial: una dieta rica en nutrientes administrada con cuidado en pequeñas dosis que no era posible dar en las condiciones del pueblo. La única esperanza de la niña era ir al Centro de Malnutrición del distrito. Si lo conseguía, volvería a estar sana en unas semanas. Sin embargo, el centro estaba a dos horas en autobús, Rani y Champa tendrían que quedarse allí dos semanas, y el suegro de Champa había dicho: «No puede irse. Tiene que quedarse y cocinar para la familia».

Champa se lo explicó a las profesionales sanitarias con la cara tapada, incluso ante otras mujeres. No había protestado ante su suegro, ni siquiera para salvar la vida a su hija.

Ashok pidió ver al suegro. Lo encontraron tumbado en un campo, borracho de destilado casero. «Su nieta morirá si no le damos su tratamiento», dijo Ashok.

«No puede irse —afirmó el suegro—. Es imposible que se vaya dos semanas.» Cuando Ashok insistió en que Rani moriría, el hombre añadió: «Si Dios se lleva a un niño, siempre da otro. Dios es grande y generoso al respecto».

Nadie se había ofrecido a cumplir la función de Champa y cocinar. No tenía apoyo, ningún miembro de la familia estaba dispuesto o podía intervenir y asumir esas tareas, ni siquiera en una emergencia de vida o muerte.

La vida de Rani se salvó gracias a la intervención de las trabajadoras sanitarias, que se la llevaron al centro de tratamiento mientras Champa se quedaba en casa para cocinar. Rani tuvo suerte. Hay muchas otras como ella cuyas madres están tan atadas por los quehaceres domésticos y las normas sociales que no tienen fuerza para proteger a sus hijos.

Más adelante, Ashok nos dijo: «No era un caso excepcional. Lo veo una y otra vez. Las mujeres no tienen derechos ni empoderamiento. Lo único que hacen es cocinar, limpiar y dejar que sus hijos se les mueran en brazos, y ni siquiera muestran el rostro».

El equilibrio desigual del trabajo no remunerado

Las tareas diarias matan los sueños de las mujeres que dedican todo el tiempo a realizar un trabajo no remunerado. ¿A qué me refiero con trabajo no remunerado? Es el que un miembro de la familia a quien nadie paga un salario hace en la casa: cuidar de los niños, cocinar, limpiar, comprar y hacer recados. En muchos países, cuando las comunidades no tienen electricidad ni agua corriente, el trabajo no remunerado también es el tiempo y el esfuerzo que invierten las mujeres y las niñas en recoger agua y buscar leña.

Esta es la realidad de millones de mujeres, sobre todo en los países más pobres, donde llevan a cabo una proporción mucho más alta del trabajo no remunerado que hace que un hogar salga adelante.

De media, las mujeres de todo el mundo invierten más del doble de horas que los hombres en el trabajo no remunerado, con más o menos diferencias dependiendo del país. En la India, las mujeres invierten seis horas al día en el trabajo no remunerado y los hombres menos de una. En Estados Unidos, las mujeres suelen invertir una media de más de cuatro horas diarias en el trabajo no remunerado y los hombres solo dos horas y media. En Noruega, las mujeres invierten tres horas y media al día en el trabajo no remunerado, mientras que los hombres invierten unas tres. No hay ningún país donde la diferencia sea igual a cero. Eso significa que a lo largo de su vida las mujeres realizan siete años más de trabajo no remunerado que los hombres. Es aproximadamente el tiempo que se necesita para completar una licenciatura y un máster.

Cuando las mujeres pueden reducir el tiempo que invierten en el trabajo no remunerado, aumenta el tiempo invertido en trabajo remunerado. De hecho, si se reduce el trabajo no remunerado de las mujeres de cinco horas al día a tres, se aumenta su participación en el mercado laboral en un 20 por ciento.

Es de enorme importancia, ya que el trabajo remunerado es el que conduce a las mujeres hacia la igualdad con los hombres y les proporciona poder e independencia. Por eso el desequilibrio de género en el trabajo no remunerado es tan significativo, porque el trabajo no remunerado que hace una mujer en casa es una barrera para las actividades que pueden ayudarla a progresar: cursar más estudios, obtener ingresos fuera de casa, reunirse con otras mujeres, volverse políticamente activas. El trabajo no remunerado desigual bloquea el camino de una mujer hacia el empoderamiento.

Por supuesto, existen algunos trabajos no remunerados que pueden dar un sentido profundo a la vida, entre ellos cuidar de miembros de la familia. No obstante, la importancia y el valor de ese cuidado no es incompatible con el hecho de que ayuda que todos los miembros de la familia —los que cuidan y los que son cuidados— compartan esas obligaciones.

En enero de 2014 fui con mi hija Jenn a realizar una estancia con una familia en Tanzania, en Mbuyuni, un pueblo al este de Arusha, cerca del monte Kilimanjaro.

Era la primera visita que hacía en la que me alojaba en la casa de una familia y esperaba formarme una idea de la vida de la gente que no existía en los libros e informes que leía, ni siquiera en las conversaciones sinceras que tenía con las mujeres que conocía durante mis viajes.

Estaba emocionada con la idea de compartir esa estancia con Jenn, que tenía diecisiete años y estaba en el último curso del instituto. Desde que mis hijos eran muy pequeños quise exponerlos al mundo, no solo para que devolvieran algo a las personas que conocieran, sino para que conectaran con ellas. Si la vida tiene algún sentido mayor que conectar con otros seres humanos, no lo he encontrado.

Desde entonces también he hecho una estancia con mi hijo, Rory, en Malaui, donde una pareja encantadora, Chrissy y Gawanani, y sus hijos nos alojaron durante varios días. Gawanani enseñó a Rory a desplumar un gallo para la cena. Luego le mostró el ganado y le dijo: «Ese cerdo de ahí representa los estudios de mi hijo». Rory aprendió que el modo de ahorrar para los estudios de los hijos difiere según la cultura, pero el impulso de ayudarlos a prosperar es el mismo.

Phoebe, nuestra benjamina, ha sido voluntaria en escuelas y hospitales del este de África y sus planes de futuro tal vez la lleven a vivir mucho tiempo en África. Espero que la exposición a otras personas y lugares determine lo que mis hijos hagan, pero aún deseo más que definan quiénes son. Quiero que vean que, en el deseo humano universal de ser felices, de desarrollar nuestras capacidades, de aportar a los demás, de amar y ser amados, todos somos iguales. Nadie es mejor que otro, y tampoco la felicidad o la dignidad humana de una persona importa más que la de otra.

Ese aprendizaje se hizo patente durante la estancia que hicimos Jenn y yo en Tanzania con Anna y Sanare, una pareja masái que vivía en un pequeño complejo familiar que habían construido a lo largo de los años. Nos alojaron en lo que antes era un cobertizo para cabras. Anna y Sanare ocuparon el cobertizo cuando se casaron. Tiempo después construyeron una casa más grande y se mudaron a otra habitación, y las cabras reclamaron su espacio. Sin embargo, cuando Jenn y yo nos instalamos, trasladaron las cabras durante unos días (¡por lo menos cuando teníamos la puerta cerrada!). Aprendí más durante aquella estancia en su casa que en cualquier viaje anterior con la fundación. En particular, sobre las cargas que una mujer soporta para que la casa y la granja salgan adelante.

Sanare salía por la mañana y trabajaba en el pequeño puesto comercial familiar, situado a una hora andando por la carretera principal. Normalmente iba a pie, aunque a veces su vecino lo llevaba en moto. Anna se quedaba en casa y trabajaba en el hogar y la granja, y Jenn y yo la ayudábamos con las tareas domésticas y actividades.

Viajo a comunidades pobres desde que creamos nuestra fundación, y nunca me sorprendió ver a mujeres a cargo de la cocina, la limpieza y el cuidado de la familia. Aun así, jamás había sentido todo el peso de su cotidianidad, lo que hacían desde el momento en que se despertaban antes del amanecer hasta la hora de acostarse mucho después de haber anochecido.

Jenn y yo fuimos con Anna a cortar leña con unos machetes romos contra unos troncos de madera nudosos. Caminamos treinta minutos para ir a buscar agua y la trasladamos en cubos sobre la cabeza. Usamos la madera para encender una hoguera y hervir el agua para hacer té, luego empezamos a preparar la comida: ir a buscar huevos, escoger las alubias, preparar patatas y cocerlas sobre la llama. La familia cenó reunida, y luego ayudamos a las mujeres a lavar los platos, todas juntas, a las diez de la noche entre el polvo del patio. Anna estaba en marcha 17 horas al día. La cantidad de horas y la intensidad del trabajo fueron como una revelación para mí. No lo aprendí en un libro. Lo noté en el cuerpo. Vi que Anna y Sanare se querían y se esforzaban porque la relación fuera igualitaria. Aun así, Anna y las demás mujeres del pueblo soportaban una imponente carga de trabajo no remunerado que estaba distribuido de forma desigual entre hombres y mujeres. No se trataba solo de que afectara a las vidas de las mujeres: ensombrecían su futuro.

Hablé con Anna mientras cocinábamos sobre un fuego en la cocina, y le pregunté qué haría si tuviera más tiempo. Me dijo que soñaba con tener su propio negocio, criar una nueva raza de pollos y vender los huevos en Arusha, a una hora y media en coche. Los ingresos les cambiarían la vida, pero solo era un sueño. Anna no tenía tiempo de dirigir un negocio, ya que lo invertía por completo en ayudar a su familia a salir adelante.

También tuve la oportunidad de hablar con Sanare. Me contó que él y Anna estaban preocupados por su hija, Grace, que no había aprobado el examen para ir a una escuela de secundaria financiada por el gobierno. Grace tenía una oportunidad más de hacer el examen. Si no aprobaba la segunda vez, su única opción sería ir a un internado privado, una alternativa muy cara. Si Sanare y Anna no eran capaces de reunir el dinero, Grace perdería la opción de tener una vida mejor.

«Me preocupa que la vida de mi hija sea como la de mi esposa —me dijo—. Si Grace no va al colegio, se quedará en casa y empezará a pasar tiempo con otras chicas que no han ido a la escuela. Las familias comenzarán a casar a las chicas, y todas sus esperanzas para un futuro se desvanecerán.»

Sanare y Anna tenían una situación especialmente complicada porque su hijo Penda sí había aprobado el examen para ir a una escuela pública, que no era gratuita pero sí relativamente barata. Así, sus estudios estaban garantizados, pero los de Grace estaban en duda.

Penda y Grace son gemelos. Están en el mismo curso escolar. Los dos son listos, pero Grace hace más tareas de la casa que Penda. Cuando Grace está haciendo esas tareas, Penda tiene tiempo para estudiar.

Una noche, Jenn salió de nuestro cobertizo con la luz frontal y Grace se acercó corriendo a ella. «¿Me puedes dejar el frontal cuando te vayas para poder estudiar por la noche, cuando haya terminado las tareas?», le preguntó.

Grace era una chica de trece años muy tímida. Sin embargo, tuvo el valor suficiente para pedir a Jenn el frontal de regalo. Hasta ese punto era importante para ella.

Hay millones de chicas como Grace, y su cuota adicional de trabajo no remunerado podría marcar la diferencia entre una vida próspera y agradable y una vida de cocina, limpieza y falta de tiempo para aprender y progresar.

Cuando regresé de Tanzania, vi que el trabajo no remunerado era más que un síntoma de la diferenciación de género. Era un asunto en el que el cambio podría promover el empoderamiento de las mujeres, y quería saber más.

Las pioneras

Durante mucho tiempo los economistas no reconocieron el trabajo no remunerado como trabajo, ni la diferenciación que establecían ciertas tareas del «trabajo de las mujeres», ni el sesgo que infravaloraba ese trabajo ni el prejuicio que dividía el trabajo de forma desigual entre los hombres y las mujeres. Durante años, cuando los economistas valoraban la productividad de una granja familiar contaban las horas de quienes trabajaban en la granja, pero no las horas de las mujeres que con su cocina, limpieza y cuidado permitían que los trabajadores de la granja fueran productivos. Hasta los analistas más sofisticados obviaron ese trabajo durante años. O no lo veían directamente o le restaban importancia, con el argumento de que así es como funciona el mundo: las mujeres tienen esa carga adicional, como la de tener hijos.

El error de los economistas de no reconocer el trabajo no remunerado se volvió aún más absurdo a medida que más mujeres entraban en el mercado laboral. Una mujer invertía una jornada completa en el trabajo. Cuando terminaba su actividad remunerada, ayudaba a sus hijos con los deberes, pasaba la aspiradora por el salón, hacía la colada, preparaba la cena y acostaba a los niños; horas y horas de trabajo que pasaban absolutamente inadvertidas y no contaban.

Una economista llamada Marilyn Waring detectó ese profundo sesgo y empezó a buscar maneras de cambiarlo. Elegida para el Parlamento neozelandés en 1975 cuando solo tenía veintitrés años, sabía lo que era ser una mujer trabajadora y que los hombres que dictaban las normas no le hicieran caso. Sin embargo, al buscar investigaciones sobre el trabajo no remunerado de las mujeres, no las encontró. Pidió a un colega que la ayudara, y él le dijo: «Ay, Marilyn, no hay ningún estudio definitivo sobre el tema. Tú sabes lo suficiente, escríbelo tú».

De modo que Waring viajó por todo el mundo estudiando el trabajo no remunerado, y calculó que si se contrataban trabajadores según las tarifas del mercado para hacer todo el trabajo no remunerado que hacen las mujeres, el trabajo no remunerado sería el sector más grande de la economía global. Con todo, los economistas no lo contaban como trabajo.

Waring lo formuló de la manera siguiente: el cuidado de los niños se paga en el mercado. El gas que hace funcionar una estufa se paga. Se paga a una fábrica para que elabore alimentos a partir de los cereales. Se paga el agua que sale de un grifo. Se paga por la comida que sirven en un restaurante. Se paga por la ropa que lavan en la lavandería. Sin embargo, cuando una mujer lo hace todo sola —cuidar de los niños, cortar leña, moler cereales, ir a buscar agua, preparar la comida y lavar la ropa—, nadie le paga. Nadie lo cuenta siquiera porque son «tareas del hogar», y es «gratis».

En 1988, Waring publicó el libro *Si las mujeres contaran*. Según la economista estadounidense Julie Nelson, «la obra de Marilyn Waring despertó a la gente».

En 1985, la ONU había adoptado una resolución en la que pedía a los países que empezaran a contar el trabajo no remunerado de las mujeres en el año 2000. Después de que Waring publicara su libro, cambiaron la fecha a 1995.

En 1991, una miembro del Congreso estadounidense presentó una propuesta de ley que habría exigido a la Oficina de Estadística Laboral que contara las tareas de la casa, el cuidado de los niños y otros trabajos no remunerados en sus encuestas de uso del tiempo. La ley no se aprobó (las mujeres constituían solo el 6 por ciento del Congreso en aquella época). Se propuso de nuevo en 1993 y de nuevo en 1995. Siempre fue rechazada.

Tal como escribía Waring: «A los hombres no les resulta fácil renunciar a un sistema según el cual la mitad de la población mundial trabaja por casi nada», sobre todo cuando los hombres reconocen que «precisamente porque esa mitad trabaja por tan poco, tal vez no le queden energías para luchar por nada más».

Finalmente, en 2003, la Oficina de Estadística Laboral empezó a realizar una encuesta nacional sobre el uso del tiempo que medía las horas empleadas en las tareas domésticas y el cuidado de los niños. La encuesta demuestra que los hombres tienen más tiempo para actividades recreativas como jugar y hacer ejercicio, mientras que las mujeres no solo hacen más trabajo no remunerado, sino que trabajan más en general.

El reconocimiento de este problema ha desembocado en algunos intentos de arreglarlo. Cuando Waring publicó su libro, la economista Diane Elson creó un triple marco para reducir la diferencia entre el tiempo que los hombres invierten en el trabajo no remunerado y el que las mujeres invierten. Lo llamó las tres R: reconocer, reducir, redistribuir.

Según Elson, debemos empezar por reconocer que el trabajo no remunerado existe. Por eso necesitamos que los gobiernos cuenten las horas que las mujeres invierten en el trabajo no remunerado. Luego podemos reducir la cantidad de horas que exige, usando tecnologías como estufas o lavadoras o mejores extractores de leche. Por último, podemos redistribuir el trabajo que no sea posible reducir para que hombres y mujeres lo compartan de forma más equitativa.

El hecho de pensar en el concepto de trabajo no remunerado define mi visión de lo que ocurre en nuestro hogar. Quiero ser sincera: he contado con una fantástica ayuda a largo plazo en la crianza de nuestros hijos y para gestionar las tareas de la casa. No conozco las luchas personales de otras parejas que tienen que equilibrar el trabajo con las responsabilidades que conllevan una familia y una casa. No puedo hablar por ellos, y jamás compararía mi situación con la suya. Pero reconozco un desequilibrio de trabajo no remunerado cuando lo veo en mi propio hogar, ¡y lo veo! La crianza de los niños implica mucho trabajo: llevarlos al colegio, al médico, a practicar deporte y a las clases de teatro, supervisar los deberes, compartir comidas, mantener a la familia unida con los amigos en las fiestas de cumpleaños, bodas y graduaciones. Requiere mucho tiempo. En diferentes momentos, he acudido a Bill, exhausta, y he dicho: «¡Ayuda!».

Jenn empezó en el jardín de infancia en otoño de 2001; encontramos uno ideal para ella, pero estaba a treinta o cuarenta minutos y al otro lado de un puente, y sabía que iba a ir y venir de casa en coche dos veces al día. Cuando me quejé a Bill del tiempo que pasaría en el coche, me dijo: «Yo puedo hacer una parte». «¿En serio? ¿Lo harás?», le dije. «Claro —respondió—. Así dispondré de tiempo para hablar con Jenn.»

De modo que Bill empezó a llevarla en coche. Salía de casa, dejaba a Jenn en el jardín de infancia, daba media vuelta, pasaba por nuestro barrio otra vez y seguía hasta Microsoft. Lo hacía dos veces por semana. Al cabo de unas tres semanas, los días que me tocaba recoger a Jenn, empecé a ver a muchos padres llevando a sus hijos a la clase, así que me acerqué a una de las madres y le pregunté: «Eh, ¿qué está pasando? Aquí hay muchos padres». «Cuando vimos a Bill en el coche, fuimos a casa y dijimos a nuestros maridos: "Bill Gates lleva a su hija en coche, tú también puedes"», respondió.

Unos años después, una vez más era la última en salir de la cocina tras la cena, limpiando lo de los cinco; entonces impuse mi carácter y declaré: «Nadie se va de aquí hasta que mamá salga de la cocina». Que sea la madre no significa que tenga que limpiar mientras los demás se van. Bill me apoyó, aunque yo tuviera que permitirle desempeñar el papel del tipo que quiere lavar los platos porque nadie más desea hacerlo.

Quizá algunos de los lectores estén pensando: «Ya, la señora privilegiada se ha cansado de quedarse sola a recoger la cocina. Pero ella no tiene que despertarse al amanecer. Sus hijos no tienen que ir en autobús. Su ayuda con la crianza de los niños es de fiar. Su pareja está dispuesta a llevar a los críos en coche y lavar los platos». Lo sé. Lo sé. Estoy contando mi situación no porque sea un problema, sino porque es mi punto de vista sobre el problema.

Cada familia tiene su manera de salir adelante, y todas las familias pueden recurrir a ayuda para las tareas de criar a los niños y llevar la casa. Así que en el verano de 2018 me reuní con los investigadores a los que financio y les pedí que fueran a diez comunidades de Estados Unidos a estudiar cómo gestionaban las familias sus responsabilidades de cuidado: qué aparatos usaban para ahorrar trabajo, cómo dividían el trabajo, como las ayudaban las políticas públicas y cómo afectaban los ingresos a la manera de cuidar de los miembros de la familia.

El modo en que los investigadores hablaban sobre su trabajo me resultó muy conmovedor. Cuidar es humano, y atender a los hijos o a los padres ancianos debería ser una expresión de amor. Puede proporcionarnos algunos de los momentos más importantes de nuestra vida. Sin embargo, si se da por hecho que las mujeres harán estas tareas, ese cuidado que debería ser alegre se convierte en una carga, y el trabajo que debería ser compartido te aísla. Espero que este estudio nos ofrezca una buena imagen de las soluciones a las que llegan los estadounidenses. ¿Qué impulsa a algunas personas a renunciar a unos ingresos para criar a los niños y llevar el hogar? ¿Qué impulsa a unos a trabajar desde casa y a otros a trabajar fuera de casa? ¿Cuáles son los sesgos de género implícitos en esas decisiones? El estudio de estos temas podría desembocar en políticas públicas y enfoques basados en el mercado que ayuden a la gente a hacer malabares con las obligaciones de cuidar de una familia, para que todos podamos hacer más de lo que da sentido a la vida.

Descubrir el sesgo oculto

No podemos solucionar la desigualdad en el trabajo no remunerado hasta que veamos el prejuicio sexista de género que hay detrás. Sacar a la luz el sesgo de género es una experiencia impresionante para la gente que de pronto ve sus propios puntos flacos, sin importar en qué lugar del mundo vivas.

Hace unos años fui al Malaui rural y observé cómo hombres y mujeres mantenían un diálogo ideado por un grupo local para exponer el sesgo de prejuicio sexista. Recuerdo estar sentada en un círculo de hombres y mujeres bajo un gran árbol junto al terreno de una granja. Delante de nosotros, una campesina llamada Ester levantó un papel grande y blanco de presentación y dibujó un reloj. Pidió a los campesinos que estaban sentados en el círculo que le contaran cómo era un día habitual para ellos. Estuvieron charlando sobre el tiempo que pasaban trabajando en el campo, durmiendo, comiendo y descansando.

Luego Ester hizo lo mismo con las mujeres. Sus días eran mucho más ajetreados. Entre ir a buscar leña y agua, cocinar y cuidar de los niños, esas mujeres ya tenían un trabajo a jornada completa antes de poner un pie en el campo. Eso les dejaba menos tiempo para atender sus propios terrenos, aunque sus familias dependían de lo que producían para sobrevivir.

Hubo muchas risas y bromas entre los hombres, pero algunas surgían de la incomodidad que les producía lo que estaban descubriendo: sus esposas trabajaban mucho más que ellos. Era evidente que les sorprendió. Dijeron que en realidad nunca se habían dado cuenta de lo ocupadas que estaban.

En otra formación que vi ese mismo día, hombres y mujeres interpretaron una cena típica. En Malaui, por tradición los hombres comen primero, separados de la familia, y son los primeros que escogen la comida. Sus esposas y los hijos se quedan con lo que sobra. Un grupo de voluntarios lo interpretó para el grupo: un hombre engulló la comida mientras su mujer y sus hijos lo miraban hambrientos. Otro grupo de voluntarios interpretó otra manera de hacerlo: una familia hablaba y comía en torno a la mesa, y todos recibían su ración.

El tercer ejercicio que hicieron, mi favorito, se llamaba Persona contra Cosa. En este, una esposa y su marido intercambiaban su papel. Ella le daba órdenes y lo dirigía en las tareas consideradas de su responsabilidad. Él tenía que intentar imaginar la carga de trabajo de la mujer y ver qué se siente cuando te dicen lo que tienes que hacer. Los hombres del pueblo que habían hecho ese ejercicio con sus esposas meses antes me dijeron que marcó un punto de inflexión en su matrimonio.

Después de los ejercicios pregunté a un grupo de hombres que habían completado ya la formación cómo les había afectado. Uno de ellos me contó que antes escondía la mayor parte del dinero que ganaba para que su mujer no le obligara a gastarlo en la familia. Otro habló de que obligaba a su esposa a hacer cosas que eran «trabajo de mujeres». «Al principio la palabra "género" no significaba nada. Mi esposa intentó explicármelo, pero no veía la manera en que un hombre podría hacer el trabajo de una mujer, o una mujer el de un hombre», dijo.

Los ejercicios de género ponían todo eso en cuestión. Los hombres comentaron que ahora compartían las tareas domésticas y que juntos tomaban las decisiones. Un hombre me contó que le gustaba cómo su mujer cuestionaba sus decisiones porque «lo que dice es sensato».

Pregunté a los hombres si, ahora que la opinión de las mujeres contaba, les costaba más controlar la economía. Todos confesaron que sí, pero admitieron que valía la pena porque, en palabras de uno de ellos, «ahora trabajamos en lo que nos ayudará a los dos».

Estos diálogos de género en Malaui me entusiasmaron porque demostraban que la diferenciación del prejuicio sexista se podía cambiar incluso en culturas muy tradicionales. A menudo la diferenciación de género es inconsciente. Veamos qué ocurre cuando lo sacamos a la luz. Consultemos los datos. Contemos las horas. Compartamos el trabajo y creemos la sensación de equipo. Veamos cómo mejora la vida cuando ponemos fin a la falsa separación del trabajo de los hombres y de las mujeres.

MenCare, un grupo dirigido por Gary Barker, insta a hombres de todo el mundo a asumir tareas asistenciales, y cuenta con datos muy convincentes sobre por qué los hombres querrían hacerlo. Los hombres que comparten las tareas asistenciales son más felices, tienen relaciones mejores e hijos más felices. Cuando los padres asumen como mínimo el 40 por ciento de las responsabilidades del cuidado de los niños, corren menos riesgo de sufrir depresiones y consumir drogas, y los niños obtienen mejores notas, tienen una autoestima más fuerte y menos problemas de conducta. Además, según Men-Care, los padres que se dedican en exclusiva a la familia experimentan los mismos cambios hormonales en el cerebro que las madres amas de casa, lo que sugiere que la idea de que las madres están biológicamente más preparadas para cuidar de los niños no es necesariamente cierta.

Equilibrar el trabajo no remunerado es equilibrar las relaciones

Es cierto que las mujeres son cuidadoras naturales y amas de casa capaces, pero también lo son los hombres. Cuando las mujeres asumen esas obligaciones en exclusiva, las habilidades de los hombres nunca se desarrollan en ese papel, y las habilidades de las mujeres nunca se desarrollan en otras funciones. Cuando los hombres desarrollan su faceta de cuidador, se dobla la cantidad de cuidadores competentes. Ayuda a los hombres a crear vínculos fuertes con sus hijos que aportan felicidad y duran toda la vida. Además, ayuda a hombres y mujeres a desarrollar una mayor variedad de habilidades. Y lo que es más positivo, el cambio mejora las relaciones entre hombres y mujeres al disminuir el dominio masculino. En el momento en que tienes una categoría de tareas consideradas «trabajo de mujeres» que los hombres no comparten, se refuerza una falsa jerarquía que impide que hombres y mujeres realicen un trabajo productivo juntos. La ruptura de esa jerarquía provoca en realidad el empoderamiento de los hombres, porque les permite descubrir la fuerza de la colaboración y desarrollar su lado más cariñoso.

En *El viaje del corazón*, un extraordinario libro sobre las relaciones, el autor John Welwood apunta a lo que llama «un proceso de equilibrio natural» entre las parejas. «Todo aquello que un miembro de la pareja desconoce, el otro tendrá mayor necesidad de destacarlo. Sea cual sea la cualidad que yo niego, como el poder, la dulzura o el carácter juguetón, mi pareja sentirá la urgencia de expresarla con más fuerza», dice.

Esta dinámica permite que algunas personas desconozcan cosas que en realidad les importan, porque saben que su pareja hará el trabajo por los dos. Un ejemplo habitual sería el de un hombre a quien le gustan las reuniones sociales pero no hace nada para planificarlas porque sabe que a su pareja le importan más y las planificará si no lo hace él.

Sin embargo, delegar en tu pareja algo que a ti también te importa conduce a la separación. Cuando un miembro de la pareja deja en manos del otro el cuidado de los niños, o el papel de generar ingresos, se están apartando de su poder, o de los niños. Tal vez el mayor coste es que los dos se están apartando el uno del otro.

Existe un enfoque aún mejor. En vez de que un miembro de la pareja haga caso omiso de una necesidad y el otro haga hincapié en ella, la compartimos. No insistimos en que el tiempo invertido en el trabajo es matemáticamente igual, pero ambos reconocemos lo que la familia necesita, y hacemos planes para cuidar de ella. Ya no se trata de «este es mi trabajo, y este el tuyo». Se convierte en el nuestro.

Si las obligaciones se dividen con rigidez, limitas lo que compartes, y es posible que eso perjudique la relación. En cambio, se puede empujar por una corriente en la que todo se comparte en diferentes grados. Se forma una asociación que es un todo y complementaria con una jerarquía natural basada en el talento y la experiencia, en la que cada uno puede enseñar al otro y aprender, dirigir y seguir, y los dos pueden convertirse en uno.

Por supuesto, si abandonas el modelo de «un miembro de la pareja se encarga de estas tareas y el otro de estas», tal vez tengas que invertir más tiempo consensuando las cosas, pero es la vía del crecimiento. Según Welwood: «Es el calor y la fricción de las diferencias de dos personas lo que las impulsa a explorar nuevas maneras de ser».

Gran parte de las investigaciones que he estudiado sobre trabajo no remunerado se centran en hogares compuestos por un hombre, una mujer y niños. No obstante, no cabe esperar que los patrones de trabajo no remunerado en un hogar hombre-mujer se apliquen también a otras situaciones familiares. Necesitamos estar atentos a los sesgos de prejuicios sexistas y recabar más datos para ver lo que es habitual en muchas familias, lo que es característico de determinados tipos y tener en cuenta las diferentes formas que adoptan las familias, ya sean familias con dos madres o dos padres, o madres o padres solteros que comparten la custodia de sus hijos, o parejas sin hijos, o los hogares con abuelos y familias extensas.

La colaboración equitativa: el tema oculto del trabajo no remunerado

El tema del desequilibrio de género en el trabajo no remunerado me resulta tan atractivo en parte porque es una carga habitual que une a muchas mujeres, pero también porque las causas del desequilibrio son tan profundas que no se pueden solucionar con un arreglo técnico. Hay que renegociar la relación. Para mí, no hay pregunta más importante que esta: ¿en tu relación hay amor, respeto y reciprocidad y sensación de equipo y pertenencia y crecimiento mutuo? Creo que todos nos lo preguntamos de un modo u otro, porque estoy convencida de que es una de las mayores aspiraciones en la vida.

Hace años, estaba hablando con mi amiga Emmy Neilson sobre la vida y el matrimonio y ciertas dificultades a las que me enfrentaba en casa y en el trabajo. Emmy es una de mis mejores amigas. Estuvo casada con John Neilson, uno de mis mejores amigos en Microsoft.

Ella y John eran para mí y para Bill la pareja de amigos más íntimos hasta que John falleció de cáncer a los treinta y siete años, y Emmy y yo estamos aún más unidas desde entonces. Estaba compartiendo con ella algunos de los retos que supone estar casada con Bill, como sentirme invisible en ocasiones, incluso en los proyectos en los que trabajábamos juntos. Entonces me dijo: «Melinda, te casaste con un hombre con una voz fuerte».

Fue una frase reveladora para mí, y se la agradezco mucho porque me dio perspectiva. He intentado encontrar mi voz porque hablaba al lado de Bill, y así puede ser difícil que te escuchen.

Para mí habría sido fácil dejar que Bill hablara por los dos. Sin embargo, si dejara que hablara por nosotros no se dirían algunas cosas importantes, y no me pondría a prueba, ni a mí ni a él. Quería encontrar mi voz y quería una pareja equitativa, y lo uno no era factible sin lo otro, así que tenía que encontrar la manera de conseguirlo con un hombre acostumbrado a ser el jefe. Es evidente que no sería Bill en todo, ni él como yo, pero ¿podría conseguir una pareja equitativa? ¿Y Bill querría una pareja equitativa? ¿Dónde le dejaría eso?

Estas son algunas de las preguntas con las que lidié al inicio de nuestro matrimonio, y quiero compartir con vosotros algunas anécdotas y reflexiones sobre cómo Bill y yo avanzamos hasta llegar a ser una pareja equitativa que, en última instancia, es el tema que hay detrás de todos los debates sobre el trabajo no remunerado.

Cuando tuvimos a Jenn, me sentí muy sola en nuestro matrimonio. En aquella época Bill era el director general de Microsoft, probablemente se encontraba en el punto álgido de su compromiso profesional. Estaba más que ocupado: todo el mundo lo requería, y yo pensaba: «Bueno, a lo mejor en teoría quería tener hijos, pero no en la realidad». No avanzábamos como pareja al intentar descifrar cuáles eran nuestros valores y cómo se los transmitiríamos a los niños. Así que yo sentía que tenía que averiguar muchas cosas por mi cuenta.

Al principio nos mudamos a la bonita casa familiar que escogí después de prometernos. A él le pareció bien. No obstante, al cabo de año y medio nos mudamos a la enorme casa que Bill había empezado a construir cuando era soltero. Yo no tenía especial interés en mudarme a esa casa. De hecho, no tenía la sensación de que Bill y yo estuviéramos en la misma línea en lo que queríamos, y teníamos poco tiempo para hablarlo. Así que, en medio de todo aquello, creo que tuve una crisis de identidad. «¿Quién quiero ser en este matrimonio?» Me empujó a descubrir quién era y qué quería. Ya no era la ejecutiva de una empresa informática. Era una madre con una niña pequeña y con un marido que estaba ocupado y viajaba mucho, y nos estábamos mudando a una casa descomunal, y me preguntaba qué pensaría la gente de mí, porque esa casa no era yo.

En ese punto estaba cuando inicié el largo ascenso hacia una relación equitativa. Hemos recorrido un largo camino en los veinte años que han pasado desde entonces. Ambos queríamos claramente una relación equitativa, y con el tiempo fuimos dando los pasos necesarios para conseguirla.

Bill ha dicho a menudo en entrevistas que siempre ha tenido una compañera en todo lo que ha hecho. Es cierto, pero no siempre ha tenido una compañera igual. Ha tenido que aprender a ser igual, y yo he tenido que aprender a ascender y ser igual. Hemos tenido que ir descubriendo a quién se le daba bien cada cosa y luego asegurarnos de que cada uno se dedique más a otro y no rete al otro a hacer muchas de las cosas que no se le dan bien. No obstante, también hemos tenido que decidir qué vamos a hacer en ámbitos en los que ambos nos sentimos seguros de nosotros mismos y tenemos opiniones contrapuestas. No se puede huir de eso, porque compartimos todas las decisiones importantes, y si no somos capaces de gestionar los grandes desacuerdos escuchando y con respeto, entonces hasta las pequeñas discrepancias cobrarán importancia.

Uno de los pasos que más nos ha ayudado a desarrollar una relación equitativa fue cuando nació nuestra hija pequeña, Phoebe, en 2002. Yo trabajaba en la fundación entre bambalinas y me parecía bien. Bill hacía menos trabajo del día a día en la fundación que yo, seguía trabajando a jornada completa en Microsoft, pero cuando aparecía en público los periodistas le hacían preguntas sobre la fundación, así que se convirtió en su voz y su rostro, y la prensa empezó a escribir y a hablar sobre «la fundación de Bill». No era cierto, tampoco era como nosotros nos lo planteábamos, pero ocurría porque él hablaba en público sobre la fundación y yo no. Así que Bill y yo lo comentamos y coincidimos en que yo debía saltar a la palestra como cofundadora y copresidenta porque queríamos que la gente supiera que los dos elaborábamos la estrategia y hacíamos el trabajo. Esa decisión nos puso en el camino de una relación equitativa.

Bill y yo nos enfrentamos a una segunda decisión muy pronto que fortaleció la pareja y sigue siendo de gran ayuda hoy en día. Habíamos empezado a contratar empleados en la fundación, y había gente que decía: «Mira, Melinda invierte más tiempo en educación y bibliotecas y en trabajar en el noroeste del Pacífico, y Bill gravita hacia la salud global, ¿por qué no se reparten los papeles y Bill trabaja en salud global, y Melinda en educación y los programas de Estados Unidos?».

Comentamos esa opción como pareja, y acordamos que no queríamos eso. Visto desde ahora, habría sido una gran pérdida repartirnos los papeles, porque en la actualidad lo compartimos todo. Todo lo que aprendemos, leemos, vemos, lo compartimos con el otro. Si hubiéramos repartido esas funciones, trabajaríamos en mundos separados, y rara vez nos encontraríamos. Podría haber sido equitativo, pero no seríamos una pareja equitativa. Habría sido más bien un juego en paralelo: yo no me entrometo en tus cosas ni tú en las mías. Esta decisión también reforzó nuestro avance hacia una pareja entre iguales.

Tal vez el mayor apoyo natural que tuve para la idea de que un matrimonio puede crecer y evolucionar fue mi padre, que era un modelo para mí de cómo un hombre puede nutrir su matrimonio.

Cuando él y mi madre eran padres jóvenes, papá recibió una llamada de un amigo que le dijo: «Tú y Elaine (¡mi madre!) tenéis que ir a Marriage Encounter. Confía en mí. Vosotros id. Nosotros cuidamos de los niños». Su amigo, también católico, acababa de volver de un taller patrocinado por la Iglesia sobre comunicación y matrimonio, y estaba eufórico. Mi padre se convenció, así que lo comentó con mi madre, que accedió encantada. Por supuesto que aceptó. Mi madre cree en el matrimonio, en los retiros, y cree en la Iglesia. Así que naturalmente irá a un retiro sobre el matrimonio patrocinado por la Iglesia. Mi madre ha influido más que nadie en la formación e inspiración de mi vida espiritual durante muchos años. Va a misa cinco veces por semana. Lee, va a retiros silenciosos y explora ideas espirituales con pasión, sinceridad y curiosidad, y siempre me ha animado a hacer lo mismo. Así, no me sorprendió que mi madre quisiera hacer un retiro sobre el matrimonio con mi padre. La sorpresa era que él quisiera ir de retiro con ella. Se fueron un fin de semana y volvieron a casa aún más unidos, diciendo que era una de las mejores cosas que habían hecho juntos. La moraleja de la historia para mí fue que un hombre puede llamar a otro y compartir consejos sobre cómo mejorar su matrimonio, que los hombres pueden cumplir una función de guardianes y defensores de la unión.

Así que hice mis votos con la expectativa de que Bill se implicara en fortalecer nuestro matrimonio y, por suerte, él también contaba con un buen modelo en su padre. El padre de Bill siempre ha creído con firmeza en la igualdad de las mujeres, era evidente para cualquiera que lo conociera, pero hace unos años descubrimos aún más pruebas. Bill sénior participaba en un proyecto de historias orales, y el historiador le enseñó un artículo académico que había escrito justo después de volver a la universidad tras el servicio militar. El artículo tenía fecha del 12 de diciembre de 1946, después de cumplir los veintiún años, e incluye el siguiente fragmento: «La idea más espectacular de Gatesland es la del estado perfecto, en el que las mujeres tendrán los mismos derechos que los hombres. Las mujeres serán tan habituales como los hombres en las profesiones y los negocios, y los hombres aceptarán la entrada femenina en esos campos como normal, en vez de un hecho anormal».

Da una idea de las opiniones del hombre que ayudó a criar a mi marido. (Durante los últimos años he dicho con orgullo que he criado a un hijo feminista, y tal vez su abuelo tuviera más que ver con eso.)

Bill también se benefició de la presencia de mujeres fuertes y activas en su entorno familiar. Creció en una familia en la que su madre contaba. Los dos progenitores estaban construyendo la carrera de su padre, pero los dos también apoyaban el trabajo de su madre en el funcionariado. Mary Maxwell Gates trabajó en el Consejo de Dirección de la Universidad de Washington, su alma máter. De hecho, mientras estudiaba allí conoció al estudiante que se convertiría en su marido. Al principio, cuando solo se conocían por encima, Mary pidió a Bill que la apoyara para la secretaría del consejo de estudiantes, y él le dijo que apoyaba a otro candidato. (Al final tomó la decisión correcta.)

Como miembro de la dirección de la Universidad de Washington, Mary dirigió la venta de los terrenos de la universidad en Sudáfrica. También trabajó en varios consejos de dirección empresariales en una época en que pocas mujeres lo hacían. Fue la primera mujer en trabajar en el consejo de dirección del First Interstate Bank de Washington, y la primera en presidir el comité ejecutivo de National United Way.

Mary trabajó durante años en United Way con diversas funciones. Cuando Bill era un adolescente, Mary estaba en el comité de asignación de fondos, y ella y Bill hablaban durante largas sobremesas sobre estrategias. Ella le dio sus primeras clases de filantropía, luego lo convenció para lanzar la primera campaña de United Way en Microsoft. Cuando Bill y yo nos casamos, su madre, que estaba muy enferma de cáncer en ese momento, leyó en el banquete nupcial una carta que me había escrito. Terminaba con la frase: «De los que reciben mucho, se espera mucho». Fue una gran influencia para Bill. Y él sentía una enorme admiración por ella.

La abuela de Bill, que también ayudó a criarlo, fue a la Universidad de Washington y jugó al baloncesto en una época en que las mujeres no hacían esas actividades. Así que Bill viene de una familia de mujeres fuertes, listas y de éxito. Las impresiones que te llevas del hogar de tu infancia tienen su efecto.

Para mí, dice mucho de los valores que había en casa de Bill que el regalo de boda de sus padres fuera una escultura de dos pájaros que miran atentamente hacia un lugar desconocido con la mirada extrañamente unida. Puse la escultura en la puerta principal porque me gusta mucho. Para mí representa el enfoque particular de una pareja que mira hacia el futuro unida.

Creo que Bill quería una pareja equitativa porque eso tuvo en su casa. También por otro motivo: es un aprendiz voraz y le encantan los desafíos. Cuando dos personas se retan y aprenden la una de la otra, tiene un efecto de igualdad. A menudo hablo con Bill de mi frustración por la enloquecedora lentitud del cambio. A él se le da bien ver los hechos dentro de un marco amplio y situar el cambio en el contexto de la historia, la ciencia y las instituciones. Y yo le doy algunas clases sobre el temperamento. En 2016 estuvo en un acto en el Caltech, y el moderador le preguntó: «¿Tu idea de cómo gestionar y trabajar con otras personas sigue evolucionando?».

«Bueno, eso espero. Mi esposa me hace muchos comentarios de cuando soy demasiado intenso. Ya sabes, puedes no ser lo bastante intenso o pasarte de intenso. Aún estoy esperando que me diga: "Eh, hoy has sido demasiado amable. Vamos. Dejas que esos tipos se vayan de rositas, están malgastando nuestro dinero; deberías haber dicho algo". Calculo que tal vez encontraré por lo menos un ejemplo en ese sentido», respondió Bill.

Una parte muy importante de lo que a Bill le atrajo de una pareja equitativa es que es una manera mucho más divertida y cambiante de estar en el mundo. Al fin y al cabo, creo que estaba destinado a formar una pareja equitativa porque responde a sus valores más profundos. Al principio de nuestro trabajo juntos nos dimos cuenta de que una ética subyacente sustentaba nuestra filantropía: la premisa de que todas las vidas tienen el mismo valor. Es lo que estimula todo. Uno de los aspectos que ha hecho realidad este principio para mí, no como idea abstracta sino como rasgo sincero de cómo vemos el mundo, ha sido constatar que el sufrimiento de otros puede hacer que a Bill se le salten las lágrimas.

Tal vez ese lado tierno sorprenda a la gente, sobre todo a quienes han visto al Bill competitivo, combativo. Eso es real. Bill tiene esas cualidades, pero también las opuestas. Puede ser tierno, amable, muy compasivo.

Las grandes fortunas pueden confundir mucho. Puede inflar o distorsionar la idea que tienes de ti mismo, sobre todo si crees que el dinero es la medida del mérito. En cambio, Bill es una de las personas con los pies más asentados en la tierra que conozco, y es gracias a que tiene muy claro cómo ha llegado a donde está.

Bill trabajó muchísimo, asumió riesgos y además hizo sacrificios para lograr el éxito. Sin embargo, siempre entendió que había otro ingrediente del éxito, y es la suerte: el azar total y absoluto. ¿Cuándo naciste? ¿Quiénes eran tus padres? ¿Dónde creciste? ¿Qué oportunidades te ofrecieron? Nadie se ha ganado todo eso. Nos vino dado.

El papel de la suerte en su vida no es algo que solo admita ante mí en momentos de intimidad. Es lo que dijo a Malcolm Gladwell cuando le preguntó a qué se debía su éxito. Bill respondió: «Tuve una exposición al desarrollo de programas informáticos a una edad temprana, creo que mejor de la que tuvo nadie en aquella época, y todo gracias a una increíble serie de felices coincidencias».

Bill tiene ese sentido de la humildad. No siempre, puedo daros contraejemplos, pero ese es el camino del crecimiento. Cuando reflexiona sobre la vida y conecta con su yo más profundo, sabe que no es especial. Es consciente de que sus circunstancias fueron especiales, y un hombre capaz de ver eso puede ver más allá de la jerarquía, respetar la igualdad y expresar su ternura.

Si Bill se quedó prendado de mí por mi entusiasmo por la vida, la programación, la gente, los rompecabezas y F. Scott Fitzgerald, a mí me fascinó ver al hombre amable y tierno que hay en su interior, como un principio oculto que emerge con claridad, el hombre que se enfurece al ver que algunas vidas se consideran dignas de ser salvadas y otras no. No se puede dedicar la existencia al principio de que todas las vidas tienen el mismo valor si piensas que eres mejor que los demás. En su fuero interno, Bill no lo piensa en absoluto, y esa es una de las cualidades que más me gustan de él.

Yo lo quise

Todos esos rasgos del carácter y ese contexto hacían que Bill fuera adecuado para formar una pareja equitativa. Aun así, creo que no habríamos llegado muy lejos en ese sentido si yo no le hubiera dado prioridad. A veces pregunté. Otras tuve que presionar.

Dejadme que os cuente el momento en que supe que realmente quería ser igual que Bill en la fundación.

En 2006, Warren Buffett anunció la mayor donación que nadie había hecho jamás para una causa. Comprometió el grueso de su fortuna con nuestra fundación, lo que dobló nuestra dotación y abrió nuevas oportunidades de inversión en todo el mundo. Nos quedamos atónitos con su generosidad y abrumados por su confianza. Warren estaba delegando en Bill y en mí las decisiones sobre cómo gastar el dinero. Los dos estábamos muy emocionados con lo que se podría hacer con la donación de Warren, pero yo también me sentí sobrepasada por la responsabilidad de decidir cómo invertiríamos su fortuna y lograr un beneficio salvando y mejorando vidas.

Los tres planificamos una rueda de prensa en la biblioteca pública de Nueva York para anunciar la donación. En ese momento, Bill dirigía Microsoft, Warren dirigía Berkshire Hathaway y yo estaba centrada en la fundación, viajaba mucho para ver nuestros programas pero sin hacer muchas apariciones en público. Sería la primera rueda de prensa que daría en nombre de la fundación, y me la preparé a conciencia. Pensé mucho en qué quería decir y lo que había aprendido y visto en todo el mundo. Quería rendir homenaje a Warren y estar preparada para hablar con sensatez sobre lo que podríamos hacer con su dinero.

En la rueda de prensa, Bill, Warren y yo contestamos con detenimiento a muchas preguntas. Cuando los periodistas preguntaron cómo teníamos previsto ampliar nuestro trabajo, yo tenía respuestas. Queríamos invertir en mejorar el rendimiento agrícola, dije, en micropréstamos y en combatir más enfermedades infecciosas. Cuando los periodistas preguntaron por los detalles, se los di, y expliqué las lecciones aprendidas durante mis viajes.

Fue un punto de inflexión para mí. Sinceramente, no me había dado cuenta de cuánto me apasionaba el trabajo hasta que me oí hablando de él en público con Bill y Warren. Entonces vi que era evidente que tenía que ser una colaboración entre iguales. No era solo que yo lo necesitara y Bill también, sino que la fundación lo necesitaba. En ese momento supe que lo deseaba de verdad. Nunca le conté a Warren el efecto que tuvo su donación en mí, pero debería haberlo hecho hace tiempo. Para mí es un mentor incomparable, y su donación provocó una mejora radical en mi crecimiento.

Aquella rueda de prensa tuvo un efecto parecido en Bill. Él también entendió que teníamos que ser compañeros iguales, y eso significaba que yo debía comparecer más en público. Por supuesto, también implicaba dejarme guiar por Bill, que tenía mucha más experiencia como personaje público. Podría haberse mostrado paternalista, pero nunca lo fue, siempre me apoyó. A decir verdad, dudo que a Bill le preocupara mucho el apoyo que pudiera necesitar después de la rueda de prensa; había visto carencias mías mucho mayores años antes cuando daba mis primeros discursos con la fundación.

Uno de esos primeros discursos me daba un miedo especial. Bill y yo estábamos invitados a intervenir en el Convention Center de Seattle. Durante aquella primera época me incomodaba mucho hablar del trabajo de nuestra fundación, y más si lo hacía delante de Bill, así que le dije: «Mira, de verdad quiero hacerlo, pero estoy supernerviosa y no quiero dar mi charla delante de ti, así que necesito que te vayas cuando termines de hablar».

Ahora me río cuando lo pienso, pero no era broma. ¡Sabía lo que necesitaba! Bill terminó su intervención, salió de la sala con discreción, subió al coche, estuvo quince minutos dando vueltas, volvió, me recogió y nos fuimos a casa. No hizo que sintiera ni una pizca de vergüenza por pedirle que se fuera. Nunca volví a pedírselo, pero a veces le decía: «Mira, por muy mal que lo haga, quiero que pongas cara de estar maravillado con cada palabra». Fui muy sincera con Bill sobre lo vulnerable que me sentía, y él nunca se burló de mí ni se aprovechó de mis inseguridades. Jamás pensó que mi sensación inicial de ineptitud tuviera nada que ver con mi capacidad innata. Veía la persona en la que me estaba convirtiendo, y casi siempre me dio el apoyo que le pedía.

Con todo, en una ocasión no bastó con pedirle ayuda, tuve que presionar.

Hace unos años, Bill y yo pasamos una tarde con Jimmy y Rosalynn Carter en su casa en Plains, Georgia. Al cabo de unos días, Bill y yo estábamos leyendo libros durante unas vacaciones en la playa, y Bill estaba disfrutando del libro de Jimmy *A Full Life: Reflections at Ninety*. Se rio entre dientes y le pregunté: «¿Qué es tan divertido?». Bill contestó: «¿Quieres saber qué provocó la mayor discusión en su matrimonio en los últimos veinte años?». «¡Claro que sí!», le dije. Me moría de curiosidad porque llevaban setenta años casados y quería saber todos sus secretos. Bill dijo: «Su mayor discusión llegó cuando intentaron escribir un libro juntos».

Solté una carcajada y exclamé: «¡Eso hace que me sienta mucho mejor!». La primera vez que Bill y yo nos sentamos a escribir juntos nuestra carta anual, pensé que acabaríamos matándonos. Me dije: «Bueno, puede que esto ponga fin al matrimonio ahora mismo».

Comenzó en otoño de 2012, cuando Bill empezaba a trabajar en la carta anual que se publicaría a principios de 2013. Bill había empezado a escribir una carta anual sobre el trabajo de la fundación cinco años antes. Warren nos había animado a hacerlo a los dos, pero por aquel entonces me pareció que no tenía tiempo con tres niños pequeños en casa. En 2007, nuestra hija Phoebe estaba empezando en el colegio, Rory tenía ocho años y Jenn once, y yo estaba ocupada con otro trabajo de la fundación, así que ese primer año no escribí la carta con Bill, ni los años siguientes. Él no lo propuso. Yo no lo pensé. En 2012, en cambio, yo estaba mucho más activa en la fundación, tanto entre bastidores como en público. Fue el año de la Cumbre sobre Planificación Familiar en Londres, el lanzamiento de nuestro movimiento para incrementar el acceso a los anticonceptivos a 120 millones más de mujeres. Naturalmente, cuando Bill empezó a hacer un esbozo de los temas que quería abordar en la carta, la planificación familiar era uno de ellos.

Yo tenía una marcada sensación de propiedad sobre este tema, y Bill lo sabía y lo apoyaba. Pese a haber acordado no repartirnos nuestras obligaciones en la fundación y participar los dos en todos los temas, cada uno tomaba las riendas en determinados ámbitos según nuestros conocimientos e intereses. Acordamos que yo asumiría el mando de la planificación familiar. Así que, si Bill iba a escribir sobre el tema en la carta anual, ¿no deberíamos escribir la carta juntos, o redactar yo ese fragmento?

Es cierto que la carta anual se había convertido en el proyecto de Bill, pero se publicaba con el membrete de la fundación, por los canales de la fundación, a los socios de la fundación, y estaba escribiendo sobre un proyecto de la fundación. Así que podía insistir en que tenía que escribirlo con él. Sin embargo, él también tenía sus argumentos, y yo debía preguntarme: «¿Quiero hacer de esto un problema?».

Al final, decidí que debía ponerlo sobre la mesa. No sabía en qué acabaría. Ni siquiera sabía qué iba a proponer, pero ya me molestaba lo suficiente saber que no estaba bien no plantearlo. Así que Bill y yo nos sentamos a hablar.

Le dije que creía entender las cosas desde su punto de vista. Enumeré una lista de motivos por los que él sentía que debía escribir la carta solo, pero también le dije que muchas de las ideas de las que iba a escribir las habíamos aprendido juntos, habían surgido del proceso de ensayo y error del trabajo de la fundación y los éxitos de nuestros aliados sobre el terreno. Luego abordé una cuestión más sensible: le dije que en algunos temas mi voz podía tener un gran efecto, y en esos casos debería hablar yo, sola o con él. Hacerlo refuerza mi voz, potencia nuestra alianza, y nos ayuda a avanzar hacia nuestros objetivos.

Esos fueron los puntos que planteé en nuestra discusión. (Probablemente no con la calma con la que suenan ahora.) Bill dijo que el proceso que teníamos para la carta anual llevaba años funcionando bien para la fundación, y no veía la necesidad de cambiar. La conversación se tensó. Los dos nos enfadamos. Fue una gran prueba para nosotros: no sobre cómo alcanzar un acuerdo, sino sobre qué se hace cuando no alcanzas a un acuerdo. Tardamos mucho en llegar a un punto medio. Hasta entonces, íbamos hirviendo de rabia.

Al final, Bill me pidió que escribiera un texto sobre anticonceptivos para incluirlo en la carta. Así, la carta anual de 2013 se publicó bajo el título «Carta anual de 2013 de Bill Gates», e incluyó un ensayo a mi nombre sobre mi viaje a Níger y Senegal y la cumbre de Londres.

La carta anual del año siguiente se tituló «Carta anual de Gates de 2014» y era sobre «Tres mitos que impiden el progreso de los pobres». Bill escribió sobre dos de los mitos. Yo sobre uno.

La carta anual del año siguiente se tituló «Carta anual de Gates de 2015: Nuestra gran apuesta de futuro, Bill y Melinda Gates».

Así se completó la evolución, el paso de la carta anual de Bill a nuestra carta anual.

Dimos muchos pasos que nos ayudaron a avanzar, y la carta anual fue importante, pero si tuviera que destacar algo que Bill dijera que refleje su profundo e intuitivo apoyo a una pareja equitativa fue hace varios años, cuando una persona cercana me preguntó si yo era la «policía del tiempo» de la familia. Mi respuesta fue que sí. Yo era la policía del tiempo. Me había pasado años asegurándome de que se hiciera todo en la casa, de que los niños se vistieran, hicieran los deberes y se presentaran donde tuvieran que ir. Sin embargo, se había producido un gran cambio desde la primera época en que era solo mi obligación. Los niños empezaron a asumir más responsabilidades, igual que Bill. Así que pedí a nuestro amigo que planteara esa misma pregunta a Bill, a ver qué decía. Su respuesta fue más sutil que la mía, y más sensata.

«Procuramos que nadie sea el policía de nadie. Claro que hablamos del calendario, pero no queremos una situación en que uno de nosotros desempeñe un papel despreocupado y el otro tenga esa función molesta. Es mejor que sea un reto mutuo», dijo.

Fue uno de los mensajes más claros que le he oído a Bill sobre la pareja equitativa. Intentamos compartir las funciones, sobre todo las desagradables. Procuramos que una persona no haga el trabajo sucio. Uno de los rasgos característicos de la jerarquía es que uno asume los trabajos poderosos y emocionantes e impone a otros las tareas tediosas. Es uno de los propósitos de la jerarquía. Por tanto, compartir el trabajo desagradable es un ataque a la jerarquía, porque ¿qué sentido tiene la jerarquía si no consigue que otro haga lo que tú no quieres hacer? ¿Qué es la jerarquía si no una manera de rehuir tu parte de responsabilidad?

Me sorprende que a veces algunos amigos den por hecho que en nuestro matrimonio se cumplen las funciones tradicionales de género por el papel de Bill en Microsoft, pero ambos nos hemos esforzado por eliminar toda jerarquía salvo si es una jerarquía natural, flexible y por turnos basada en el talento, los intereses y la experiencia. Hemos acordado que nuestras diversas funciones en la vida, pasadas o presentes, no influyan en la igualdad en nuestro matrimonio, como tampoco en la fundación.

Me lo tomo como algo personal

Para mí, este es el capítulo más personal del libro, me resultó doloroso escribirlo. Soy una persona reservada, supongo que es otra manera de decir que prefiero guardarme algunas cosas para que no me juzguen. En algunos momentos decidí incluir algo en el libro y luego me asusté al imprimirlo y volver a leerlo. Aun así, lo he incluido todo por dos motivos. En primer lugar, creo que las mujeres alcanzan la igualdad no pareja a pareja, sino cambiando la cultura, y podemos cambiar la cultura compartiendo nuestras historias. Por eso comparto la mía.

En segundo lugar, comparto mis anécdotas porque me parece falso trabajar en problemas del mundo mientras finjo haberlos solucionado en mi propia vida. Debo ser sincera con mis defectos o puedo caer en la arrogancia de pensar que he venido al mundo para solucionar los problemas de los demás.

Mi amiga Killian es mi maestra en eso. Os he hablado de ella antes, su organización, Recovery Café, ayuda a la gente que carece de hogar y sufre problemas de salud mental, y el núcleo del trabajo para todos son las relaciones mutuamente liberadoras. Plantilla, voluntarios y socios participan en ese pequeño grupo donde practican el arte de conocerse y quererse profundamente.

«Que te conozcan sin ser querido es aterrador. Que te quieran sin conocerte no tiene el poder de cambiarnos. Pero el hecho de que nos conozcan y nos amen profundamente nos transforma», dice Killian.

Escribe sobre ello en su libro *Descent into Love*. El intento de ayudar y al mismo tiempo mantenernos a una distancia segura puede que no sea realmente útil ni nos cure a nosotros. Tenemos que abrirnos a los demás. Debemos renunciar a la necesidad de estar aislados y ser superiores. Solo así podemos ayudar. Trabajar en nosotros mismos mientras trabajamos para los demás es un trabajo interior y exterior, donde el esfuerzo por cambiar el mundo y el esfuerzo por cambiar nosotros se unen.

La visión de Killian me ayudó a darme cuenta de que gran parte del trabajo que hago para ayudar a mujeres y niñas debe ser mi trabajo interior: enfrentarme a mis propios miedos y defectos. Me ayudó a ver que no puedo defender la igualdad de género en el mundo a menos que la consiga en mi matrimonio.

Nunca he considerado que las mujeres sean mejores que los hombres ni que la mejor manera de mejorar el mundo sea atesorar más poder que los hombres. Creo que la hegemonía masculina es perjudicial para la sociedad porque todas las hegemonías son perjudiciales: significa que la sociedad está gobernada por una falsa jerarquía en la que el poder y las oportunidades se conceden según el género, la edad, la riqueza y el privilegio, no según las habilidades, el esfuerzo, el talento o los logros. Cuando se rompe una cultura hegemónica se activa el poder en todos nosotros. Así que mi objetivo no es el ascenso de las mujeres y la caída de los hombres, sino el ascenso de mujeres y hombres desde una lucha por la hegemonía hasta alcanzar una situación de alianza.

Si el objetivo es la colaboración entre mujeres y hombres, ¿por qué pongo tanto énfasis en el empoderamiento de las mujeres y de los grupos de mujeres? Mi respuesta es que nosotras sacamos fuerzas unas de otras, y a menudo tenemos que convencernos de que merecemos una alianza entre iguales antes de conseguirla.

La iniciativa no puede ser solo del hombre. Si pudiera serlo, ya sería así. Un hombre que sea dominante probablemente no dirá: «Eh, seamos iguales, toma parte de mi poder». Sin embargo, un hombre puede reaccionar a las opiniones cambiantes de otros hombres, o ante una mujer que reivindica su poder. El cambio se produce cuando los hombres ven los beneficios que tiene que las mujeres ejerzan poder; no solo por lo que las mujeres saben hacer y los hombres no, sino por la calidad en la relación que resulta en una asociación entre iguales que es imposible en una relación jerárquica: la sensación de vínculo, de pertenencia, de comunidad, de solidaridad, un todo nacido de una promesa de que yo te ayudaré cuando tus cargas sean elevadas y tú me ayudarás cuando tus cargas se reduzcan. Esas fuerzas generan los sentimientos más gratificantes de la vida, una experiencia de amor y unión que no es posible ni factible para los que luchan solos. Puede convertir una relación jerárquica en una equitativa, y surge de la reafirmación de las mujeres. Por eso tenemos que ayudarnos a despegar las unas a las otras, no para reemplazar a los hombres en lo alto de la jerarquía, sino para ser sus compañeras y poner fin a la jerarquía.

6

Cuando una niña no tiene voz
El matrimonio infantil

En un viaje que hice hace casi veinte años para conocer algunas de las realidades más duras de la pobreza, llegué en coche a una estación de ferrocarril de la India. No estaba allí para subir a un tren, sino para reunirme con la directora de una escuela. Parece un lugar extraño para quedar, pero es que allí estaba la escuela: en la estación, en el andén. Lo llamaban la escuela del andén de tren porque en ese lugar se daban las clases.

En toda la India hay niños que viven dentro de las estaciones de ferrocarril y en los alrededores. La mayoría de ellos han huido de abusos en casa, y son muy pobres. Obtienen dinero recogiendo botellas, hurgando en busca de monedas y cometiendo pequeños hurtos. Las escuelas en los andenes ofrecen estudios a esos niños. Los directores de esos peculiares centros también dirigen varios albergues, intentan que los niños regresen a sus casas cuando sea posible y les consiguen asistencia médica cuando están enfermos. Para mí, conocer a esos niños que salían adelante con muy poco dinero o comida fue una prueba hiriente de que el viejo mito (por desgracia aún presente) de que los pobres no son ingeniosos, creativos ni tienen energía no es cierto. Esos niños y su profesor eran de las personas más imaginativas que había conocido jamás.

La directora de la escuela me saludó en cuanto bajé del coche, y enseguida me dejaron de piedra sus formas. Era muy nerviosa y hablaba en un tono muy agudo y rápido. Debió de ver algo en mi reacción, porque me dijo: «Siento estar tan alterada. No suelo ser así. Acabo de volver de rescatar a una niña cuya familia iba a venderla para prostituirla».

Aquella mañana había recibido una llamada de un hombre que oyó gritar a la niña en la casa de al lado. Le estaban dando una paliza, no su padre, sino su marido. Era una niña casada que había sido entregada a la familia en un matrimonio forzado. El hombre que oyó los gritos luego oyó decir al marido de la niña que tenía pensado venderla. Por eso llamó a la directora de la escuela, y esta había ido a recogerla y se la había llevado.

Le pregunté por qué el marido pegaba a la niña. Me explicó que la familia de ella había dado la dote que le habían pedido, pero la familia del novio decidió que no era suficiente y volvieron a pedir más. La familia de la novia no tenía más dinero, así que la del novio se enfadó y empezó a pegar a la nuera. «Ocurre todo el tiempo», dijo la directora de la escuela.

Esa fue mi primera experiencia con el trauma y la tragedia del matrimonio infantil.

Es difícil reflejar en una frase o dos el daño que supone el matrimonio infantil para las niñas, las familias y las comunidades. Aun así, intentaré definir los peligros que conlleva. Una relación equitativa en el matrimonio fomenta la salud, la prosperidad y el progreso humano. Invita al respeto. Eleva a los dos miembros de la pareja. No hay nada más lejos de una pareja equitativa que el matrimonio infantil. En todos los aspectos en que una pareja equitativa resulta beneficiosa, el matrimonio infantil es degradante. Crea un desequilibrio de poder tan amplio que el abuso es inevitable. En la India, donde algunas familias de niñas siguen pagando dotes (pese a que ahora las dotes son ilegales), cuanto más joven es la niña y menos estudios tiene, menor es la dote que su familia paga por casarla. En esos casos, el mercado deja claro que cuanto más desvalida esté la niña, más atractiva resulta para la familia que la recibe. No quieren una cría con voz, aptitudes o ideas. Quieren una criada obediente e indefensa.

Las niñas que son obligadas a casarse pierden a su familia, sus amigos, su escuela y toda opción de progresar. Incluso a los diez u once años se espera que asuman las tareas domésticas —cocinar, limpiar, trabajar en la granja, dar de comer a los animales, ir a buscar leña y agua— y, poco más tarde, las funciones de la maternidad. Las cargas del trabajo, el embarazo y el parto tienen consecuencias nefastas para la joven novia.

Muchos años después de oír hablar por primera vez del matrimonio infantil, visité un hospital para fístulas en Níger y conocí a una chica de dieciséis años llamada Fati. La habían casado a los trece años y se quedó embarazada enseguida. El parto fue largo y laborioso y, pese a que el dolor era horrible y necesitaba la atención de un asistente con formación, las mujeres de su pueblo se limitaron a decirle que empujara más fuerte. Tras tres días de parto, la llevaron en burro a la clínica más cercana, donde su bebé murió y ella supo que tenía una fístula.

Una fístula obstétrica suele producirse durante un parto largo y obstructivo, normalmente cuando el bebé es demasiado grande o la madre demasiado pequeña para que el parto sea fluido. La cabeza del niño ejerce presión en el tejido de alrededor, limita el riego sanguíneo y forma un agujero entre la vagina y la vejiga o entre la vagina y el recto. Puede producir incontinencia, incluso que las heces pasen por la vagina. Los maridos de niñas con fístulas suelen enojarse por el olor nauseabundo y la herida física y a menudo expulsan sin más a sus esposas de la familia.

La mejor prevención de la fístula obstétrica es retrasar el primer embarazo y contar con asistentes especializados en el parto. Fati no tuvo ninguna de las dos cosas. En cambio, después de ser obligada a casarse siendo una niña y a quedarse embarazada, su marido la echó de casa por una dolencia de cuya causa ella no era responsable. Vivió en casa de su padre durante dos años hasta que pudo ir al hospital a que le trataran la fístula. Allí tuve la oportunidad de hablar con ella, y le pregunté cuáles eran sus esperanzas. Me dijo que su mayor esperanza era que la curaran para poder volver a casa con su marido.

El hecho de conocer a Fati y de enterarme en el andén del tren del caso de la niña que sufría abusos fueron parte de mi formación, temprana y muy deficiente, en matrimonio infantil, una formación que dio un fuerte acelerón cuando conocí a Mabel van Oranje en 2012, unos días después de conocer a Fati.

Mabel fue una de las mujeres que asistió a la cena que he mencionado con anterioridad la noche de la Cumbre sobre Planificación Familiar en Londres. Las mujeres de la mesa hablaron acerca de diferentes temas relacionados con mujeres y niñas, y Mabel habló del matrimonio infantil.

Antes de la cena, me enteré de que Mabel era la esposa del príncipe Friso de Holanda, hijo de la reina Beatriz. Su posición otorga un perfil muy alto a su labor en defensa de los derechos humanos, pero su activismo empezó mucho antes de casarse. En la universidad participó en los debates del Consejo de Seguridad de la ONU sobre genocidio, y luego fue becaria en la ONU. Creó su primera organización antes de terminar la universidad y pasó la década siguiente defendiendo la paz.

Como directora general de The Elders, un grupo fundado por Nelson Mandela que une a líderes globales para defender los derechos humanos, Mabel viajaba mucho. En uno de sus viajes conoció a una joven madre que aún parecía una niña. Le preguntó cuántos años tenía cuando se casó, y la niña no lo sabía: creía que entre cinco y siete. Mabel se quedó horrorizada, y empezó a utilizar su experiencia, sus recursos y sus contactos para saber más sobre el matrimonio infantil y promover nuevas iniciativas para ponerle fin.

Así acabó en la cena conmigo aquella noche en Londres. Me causó una profunda impresión, aún más porque mantenía su labor pública en plena tragedia personal. Cinco meses antes de la cena, el marido de Mabel se había quedado sepultado bajo una montaña de nieve tras ser alcanzado por una avalancha mientras esquiaba. Se quedó sin oxígeno y acabó en coma. Aquel verano en que conocí a Mabel pasaba tiempo con su marido en el hospital, ayudaba a sus hijos a superar el trauma y a la vez seguía trabajando todo lo posible por las causas que defendía. Un año después, su marido falleció sin haber recuperado la conciencia.

Cuando Mabel y yo hablamos aquella noche en Londres ella dirigía una organización llamada Girls Not Brides, creada para acabar con el matrimonio infantil cambiando los incentivos sociales y económicos que lo alimentan. Es un reto enorme. En la época en que Mabel y yo nos conocimos, se habían producido más de 14 millones de matrimonios infantiles anuales durante los diez años anteriores. Una de cada tres niñas de las economías emergentes se casaba antes de cumplir los dieciocho. Una de cada nueve se casaba antes de cumplir los quince.

Mabel fue la primera persona que me hizo ver la relación entre la planificación familiar y el matrimonio infantil. Las niñas casadas suelen sufrir una fuerte presión por demostrar su fertilidad, lo que significa que el uso de anticonceptivos es muy reducido. De hecho, el porcentaje de mujeres que utilizan anticonceptivos es menor donde la prevalencia del matrimonio infantil es mayor. El uso reducido de anticonceptivos por parte de las niñas es letal: entre las mujeres de quince a diecinueve años de todo el mundo, la principal causa de muerte es el parto.

Aquella noche Mabel atrajo mi atención y se convirtió en mi profesora.

Gracias a las conversaciones surgidas en aquella cena empecé a ver que los temas de género estaban relacionados de mil maneras, y decidí que debía aprender más sobre cada ámbito. Salí de la cena con un buen sermón sobre el matrimonio infantil y una profunda curiosidad por saber más. Normalmente, aprendo sobre un tema realizando una inmersión en él, conociendo y hablando con gente que convive con esas realidades que deseo comprender. Luego vuelvo y llevo a cabo un estudio más profundo de los datos y hablo con expertos y defensores de la causa. En cambio, en este caso hice lo contrario. Empecé por los datos. Y aprendí que la tasa de VIH entre las niñas casadas era mucho mayor que entre las no casadas. Tienen más probabilidades de sufrir violaciones y palizas en manos de sus parejas. Tienen un menor nivel de estudios que las chicas solteras. Tienen más probabilidades de que la diferencia de edad con su marido sea mayor, lo que magnifica el desequilibrio de poder y desemboca en más abuso.

Asimismo aprendí que en muchas comunidades donde existe el matrimonio infantil también se practica la ablación genital. Ya he mencionado antes esta práctica, pero está muy vinculada al matrimonio temprano. En las culturas donde se practica se cortan los genitales de la chica para que esté «preparada para el matrimonio». Distintas comunidades practican diferentes tipos de ablación. En la más severa, además de cortar el clítoris cosen la vagina para cerrarla y volverla a abrir cuando la niña se casa. Una vez realizada la ablación, los padres empiezan a buscar con quién casarla.

Haya pasado o no por una ablación, la noche de bodas de una niña es una mezcla intensa de dolor y aislamiento. Una niña de

Bangladesh recuerda que las primeras palabras que su marido le dirigió fueron: «Deja de llorar».

Si el marido de la niña vive en un pueblo distinto, puede que se vaya con él a una comunidad donde no conoce a nadie. Algunas niñas casadas llevan la cara tapada durante el viaje para que no encuentren el camino de regreso si se escapan.

Las niñas casadas son objeto de abuso. Un estudio sobre mujeres en varios estados indios descubrió que aquellas que se casaban antes de cumplir los dieciocho años tenían el doble de probabilidades de sufrir amenazas, bofetadas o palizas por parte de sus maridos.

Con el paso de los años, es probable que esa niña casada tenga cada vez más hijos, quizá más de los que puede permitirse alimentar, educar y cuidar. Con tantos hijos no tiene tiempo de ganar un sueldo, y los embarazos tempranos le debilitan el cuerpo. Eso hace que corra el riesgo de ser pobre y estar enferma durante el resto de su vida, y perpetúa ese ciclo de pobreza de los niños.

Conocer a las niñas casadas

Aprendí todo eso de expertos, pero también necesitaba hablar con algunas niñas casadas y conocer a las personas que trabajaban para poner fin a esa costumbre. En noviembre de 2013 estaba en Etiopía para asistir a un congreso; viajé a un pueblo remoto en el norte del país para ver el trabajo que llevaba a cabo el Consejo de Población con el matrimonio infantil.

Cuando llegamos al pueblo, dos mujeres más y yo fuimos invitadas a entrar en un patio que funcionaba como punto de reunión de la comunidad. Había una minúscula clínica de salud, un lugar donde encender hogueras y una pequeña iglesia donde nos reuniríamos.

Había muy poca gente. No llevábamos personal. Pedimos a los hombres que iban con nosotras que se quedaran en el coche. Queríamos tener las mejores condiciones para escuchar a las chicas, así que dejamos todo y a las personas que pensamos que causarían rechazo.

La oscuridad reinaba en el interior de la iglesia, entraba la luz por unas cuantas ventanas pequeñas. Había unas diez chicas sentadas allí dentro y, cuando mis ojos se adaptaron a la penumbra, vi lo pequeñas que parecían. Eran diminutas, como pajarillos frágiles que aún están creciendo y ni siquiera han empezado a batir las alas, y las estaban casando. Me dieron ganas de darles un abrazo y protegerlas. Tenían diez u once años, la edad de mi hija Phoebe, pero parecían aún más pequeñas. Según me dijeron, la mitad de las niñas estaban casadas y la otra mitad seguía en la escuela.

Conversé primero con las niñas casadas. Hablaban tan bajo que apenas oía lo que decían. Incluso la traductora tuvo que inclinarse para oírlas. Les pregunté cuántos años tenían cuando se casaron y cómo descubrieron que las iban a casar. Una de las niñas, Selam, nos contó que un día, cuando tenía once años, estaba ayudando a su madre a prepararse para una fiesta. Pasó todo el día cocinando, limpiando y yendo a buscar agua. Mientras nos contaba la historia hacía pausas para tomar aire, y luego continuaba en un susurro, como si nos estuviera contando un secreto.

En cuanto llegaron los invitados, el padre de Selam la llevó a un lado y le dijo que estaba a punto de casarse. Esa sería su noche de bodas.

El pánico se apoderó de ella. Fue corriendo a la puerta y forcejeó con la cerradura. Estaba desesperada por salir inmediatamente de la casa y escapar, pero sus padres estaban preparados. La empujaron hacia el interior y la obligaron a permanecer de pie en silencio junto a su marido durante la ceremonia. Cuando terminó la fiesta, dejó su infancia en el hogar y viajó a un pueblo que nunca había visto, se mudó a casa de la familia de su marido y asumió las tareas domésticas para toda su vida.

La historia de todas y cada una de las niñas era terrible, triste, y las más tristes eran como las de Selam, cuando engañaban a aquellas crías y les hacían creer que iban a una fiesta. ¿Por qué engañarías a una niña a menos que supieras que le ibas a romper el corazón? Varias de ellas lloraron al hablar del día de su boda. No era solo el hecho de dejar a sus familias y amigos y mudarse con unos desconocidos para cocinar y limpiarles la casa. Tenían que dejar el colegio, y todas sabían lo que eso significaba. Una de las niñas, de unos ocho años, me dijo que la escuela era la única vía para salir de la pobreza y, cuando se casó, ese camino se cerró. Todas nos contaron su historia entre susurros. Cuesta reflejar el silencio y la debilidad de su postura, su presencia física. Algunas de las niñas —recuerdo a dos en concreto— parecían solo sombras de sí mismas. Estaban abatidas. Habían perdido del todo la voz, y yo no veía la manera de que pudieran recuperarla.

Procuré disimular mis sentimientos mientras escuchaba. No quería transmitir a las niñas que yo pensaba que sus vidas eran una tragedia, pero eso era lo que estaba pensando, y estoy segura de que lo dejé entrever. Cada vez estaba más emocionada. Cuando lloraban, se me llenaban los ojos de lágrimas, aunque intentaba que no fuera así.

Luego hablé con las niñas que no estaban casadas y seguían en la escuela, y hablaban un poco más alto. Mostraban cierta seguridad, y al hablar del matrimonio infantil incluso notaba un deje de desafío en su tono. En ese momento era evidente que a las niñas casadas les habían robado algo esencial, como si su crecimiento terminara al empezar su matrimonio.

Cuando terminamos nuestra visita y salimos, la luz me cegó. Tuve que entornar los ojos unos instantes antes de abrirme camino en el patio para hablar con los mentores. Intentaban ayudar a las niñas a evitar el matrimonio y a las niñas casadas a seguir en la escuela.

Estaban llevando a cabo una labor importante y los resultados eran prometedores. Sin embargo, nunca se me ha dado bien asimilar los detalles de un programa justo después de ver el sufrimiento en persona. Una voz en mi cabeza me dice: «¿Cómo puede superar ningún programa lo que acabo de ver?». Mi razonamiento sobre un problema es de poca utilidad justo después de ver sus consecuencias. Los sentimientos son abrumadores.

De camino al aeropuerto, teníamos que parar a tomar un té y presentar informes con el equipo, pero no podía hacerlo. Guardé silencio durante el viaje de vuelta. Cuando llegamos al lugar donde nos alojábamos aquella noche, di un largo paseo en un intento de asimilarlo todo.

Ese mismo día, cuando escuchaba a las niñas, no sentí más que congoja. Tras tomarme un tiempo y cierta distancia, empecé a sentir cada vez más rabia por las niñas que iban a su boda engañadas. Ningún niño merece eso.

En la India, como en Etiopía, hay programas que trabajan para combatir el matrimonio infantil que rescatan a niñas antes de que se casen. El Fondo de Población de Naciones Unidas publicó la historia de una niña de trece años en el estado de Bihar que oyó a sus padres hablar sobre una boda al día siguiente. Su boda.

Ella se quedó atónita, pero era normal en su comunidad y en casi todos los demás ejemplos la historia habría acabado como la de Selam: la niña se habría resistido, pero nada habría cambiado. Esta historia tuvo un final distinto. La niña de la India tenía una aplicación en el teléfono llamada Bandhan Tod, que significa «rompe las cadenas». Cuando oyó a sus padres hablar de su boda, cogió el teléfono, abrió la aplicación y envió un mensaje SOS —un mensaje de situación de peligro por matrimonio infantil— que recibieron los dirigentes de las organizaciones que conforman la red Bandhan Tod. Un trabajador fue corriendo a casa de la niña y habló con los padres. El matrimonio infantil es ilegal en la India, lo que da a los trabajadores el empuje necesario para intervenir en una situación familiar. Los padres se negaron a dar marcha atrás, así que los trabajadores del grupo dieron el siguiente paso. Se pusieron en contacto con la policía local. Al día siguiente, el superintendente adjunto de la policía llevó a un equipo de agentes al lugar donde se estaba celebrando la boda. La policía detuvo la ceremonia antes de terminar, y la niña de trece años volvió a la casa familiar y siguió en la escuela.

Es fácil alegrarme por la chica que huyó de la boda y volvió con su familia y al colegio. Sin embargo, la historia en sí demuestra la complejidad del problema, y por qué necesitamos soluciones más profundas. Muchas niñas obligadas a casarse no tienen teléfono móvil. No cuentan con redes de apoyo. No existe una policía local que vaya a detener la boda. Y, lo más importante, cuando una niña evita el matrimonio y vuelve a casa, regresa con la madre y el padre que querían casarla. ¿Cómo va a salir bien? No tiene poder en ese hogar. Ha frustrado los planes de sus padres, tal vez los ha avergonzado. ¿Sus padres descargarán su rabia en ella?

Es importante poder salvar a las niñas del matrimonio, pero aún lo es más abordar los incentivos que mueven a los padres a casar a sus hijas menores.

Cuando una familia puede recibir dinero por casar a una hija, tiene una boca menos que alimentar y más recursos para ayudar a todos los demás miembros. Cuando una familia tiene que pagar por casar a una hija, cuanto más joven es la niña, menos paga la familia en dote. En ambos casos, los incentivos fomentan con fuerza el matrimonio temprano, y cada año que la niña no se casa hay más opciones de que sufra agresiones sexuales y luego sea considerada sucia e inadecuada para el matrimonio. Así que a menudo los padres también casan a sus hijas pequeñas pensando en el honor de la niña y de la familia, para evitar ese trauma.

Dejadme hacer una pausa y decir hasta qué punto es una realidad desgarradora que las niñas sean obligadas a verse en la situación de abuso que es un matrimonio infantil para protegerlas de otras situaciones de abuso. Según la Organización Mundial de la Salud, una de cada tres mujeres ha sufrido golpes, ha sido coaccionada a tener sexo o ha sufrido abusos.

La violencia basada en el género es una de las violaciones de los derechos humanos más comunes en el mundo. También es la manera más evidente y agresiva que los hombres tienen de controlar a las mujeres, ya sea con la violación como arma de guerra, o golpeando a la esposa, o usando la violencia sexual en el lugar de trabajo o el acoso para menospreciar a las mujeres que adquieren poder.

He oído historias repugnantes de mujeres que han renunciado a sus sueños porque temían por su seguridad, que van a escuelas peores que se encuentran más cerca de casa para evitar a los depredadores sexuales. Son historias de todo el mundo, incluido Estados Unidos. Hasta el día en que pongamos fin a la violencia de género, necesitamos más esfuerzos para proteger a las mujeres y a las niñas. No hay igualdad sin seguridad.

En el caso del matrimonio infantil, las opciones sociales de las niñas están tan limitadas por la cultura que los padres que casan a sus hijas a menudo creen que hacen lo mejor para sus hijas y familias. Eso significa que no basta con combatir el matrimonio infantil en sí. Tenemos que cambiar la cultura que hace que el matrimonio infantil sea una buena opción para las familias más pobres.

Una heroína silenciosa

Molly Melching lleva toda la vida demostrando ese punto. Molly es otra de mis maestras. Ya os he hablado de ella antes. Nos conocimos en el verano de 2012 y me enseñó uno de las mejores estrategias que he visto nunca para poner en duda prácticas culturales de larga tradición.

Me reuní con Molly en una ciudad de Senegal, y nos fuimos juntas a una zona rural para ver el programa de empoderamiento de la comunidad que dirige allí. Durante la hora más o menos que pasamos en el coche, Molly me contó que en la década de 1970 fue a Senegal como estudiante de intercambio para pulir su francés. Enseguida se enamoró del pueblo y la cultura senegalesas, tanto que decidió aprender la lengua local, el wolof.

Con todo, pese a amar el país, se percató de lo difícil que era ser niña allí. En Senegal mutilan genitalmente a muchas niñas entre los tres y los cinco años. Muchas se casan muy jóvenes y las animan a tener hijos pronto y con frecuencia. Grupos externos habían intentado cambiar esas prácticas, pero nadie lo lograba, y Molly creyó entender por qué.

Se convirtió en intérprete de los programas de desarrollo, ejercía de enlace entre los lugareños y los forasteros que querían ayudar. Al poco tiempo vio que lo que los separaba era algo más que una barrera lingüística. Existía una barrera de empatía. Los forasteros demostraban poca habilidad para proyectarse en la vida de la gente a la que pretendían ayudar, y mostraban poco interés en intentar comprender por qué algo se hacía de una determinada manera. Ni siquiera tenían la paciencia de explicar a los lugareños por qué creían que algo debía cambiar.

Durante el trayecto, Molly me contó que la barrera de la empatía obstaculiza todas las iniciativas de desarrollo. El equipo agrícola que habían donado se estaba oxidando, las clínicas estaban vacías, y costumbres como la ablación genital femenina y el matrimonio infantil continuaban practicándose. Molly me explicó que a menudo la gente se indigna con determinadas prácticas de los países en vías de desarrollo y quiere entrar corriendo y decir: «¡Esto es perjudicial! ¡Parad!». No es la estrategia adecuada. La indignación puede salvar a una o dos niñas, pero solo la empatía puede cambiar el sistema.

Esa idea motivó a Molly a crear una organización llamada Tostan y desarrollar un nuevo concepto de cambio social. Nadie en su organización diría a un lugareño que algo de lo que hacían estaba bien o mal. De hecho, Molly me contó que nunca usa la expresión «mutilación genital femenina» porque supone un juicio, y las personas no te escuchan si las juzgas. Utiliza «ablación genital femenina» porque no ofende a la gente a la que pretende convencer.

El sutil arte del cambio

La idea de Tostan es no juzgar desde fuera, sino debatir desde dentro. Mediadores con formación y fluidez en la lengua local viven en el pueblo durante tres años y orientan un debate en toda la comunidad. Organizan sesiones tres veces por semana, cada una de varias horas, y el proceso empieza por pedir a la gente que piense en su pueblo ideal, su llamada isla del Mañana. Todo lo que Tostan hace está dirigido a alcanzar el futuro que los lugareños dicen querer.

Para ayudar a los vecinos a alcanzar ese futuro, los mediadores los forman en salud e higiene. Enseñan a leer, matemáticas y a resolver problemas. Además, enseñan que todos los seres humanos tienen unos derechos fundamentales: aprender y trabajar, tener salud, expresar su opinión y estar libre de discriminación y violencia.

Esos derechos distaban mucho de la realidad en la que se estaban enseñando, en concreto en comunidades donde que una mujer hablara en público se consideraba un «buen motivo» para que su marido le pegara. La idea de que hombres y mujeres eran iguales parecía absurda. Sin embargo, con el tiempo las mujeres veían que determinados cambios —que los hombres hicieran «trabajo de mujeres», que las mujeres ganaran un sueldo— eran movimientos hacia la igualdad, y esos cambios ayudaban. La gente estaba más sana. Más personas sabían leer. Tal vez esa idea sirviera para algo.

Después de abordar los derechos fundamentales y la igualdad entre hombres y mujeres, la clase dialogaba sobre la salud femenina. Era un tabú incluso hablar sobre la ablación genital femenina, una práctica que consideraban tan antigua y sagrada que la llamaban «la tradición», sin más. Aun así, el mediador planteaba las consecuencias para la salud, incluido el riesgo de infección y hemorragia. La respuesta era un silencio sepulcral.

No obstante, en la clase siguiente la comadrona del pueblo levantó la mano y se puso en pie. Con el corazón desbocado, afirmó haber visto en persona que los partos de las mujeres que habían pasado por la ablación eran más difíciles. Luego otras mujeres empezaron a compartir sus historias. Recordaron el dolor que les causó el momento del corte, cómo sus hijas perdieron gran cantidad de sangre, la muerte de algunas niñas por hemorragia. Si todas las niñas tenían derecho a la salud, ¿la ablación no violaba ese derecho? ¿Era necesario hacerlo? Mantuvieron un debate intenso durante meses. Finalmente, decidieron que cuando ese año llegara el momento de realizar la ablación a sus hijas no lo harían.

Molly pensaba en momentos como ese cuando llamó a la organización Tostan, una palabra en wolof que hace referencia al instante en que un pollito atraviesa la cáscara del huevo por primera vez. La traducción es «avance».

Molly recuerda que «estábamos presenciando algo muy significativo: el acto de gente que se une para reflexionar colectivamente sobre sus valores más profundos, cuestionarse si las actitudes y las conductas vigentes transgreden esos valores».

Para mí, es un acto sagrado.

No obstante, Molly se enfrentaba a un desafío. Estaba viendo la cultura del cambio en el pueblo, pero le preocupaba que ese cambio no perdurara. La gente de ese lugar se casaba con personas de muchas poblaciones de los alrededores. El matrimonio fuera del pueblo era una fuente de fuerza para todos, una oportunidad de crear lazos y formar una comunidad más grande. Sin embargo, si los demás vecinos mantenían la práctica de la ablación genital femenina e insistían en ella para el matrimonio, el pueblo donde Molly trabajaba se quedaría aislado; tal vez los jóvenes no encontrarían pareja para el matrimonio, y probablemente recuperarían la práctica. De algún modo todos los pueblos tenían que estar de acuerdo, ninguno podía cambiar solo.

El imán del pueblo y Molly hablaron de esa preocupación, y él afirmó que el cambio era necesario. «Lo conseguiré», le dijo.

Salió durante muchos, muchos días en una ruta a pie, visitó todos los pueblos e invirtió tiempo en sentarse, escuchar y hablar con gente sobre las niñas, el matrimonio, la tradición y el cambio. Molly no supo nada de él durante un largo tiempo. Luego volvió y dijo: «Ya está». Había convencido a todos los pueblos de que abandonaran la ablación genital femenina, para siempre y todos a la vez. En esa región del Senegal, los padres ya no tenían que escoger entre mutilar a sus hijas o forzarlas a vivir como parias.

El movimiento se extendió enseguida por otros pueblos, incluso entre otras etnias, encabezado en gran parte por vecinos cuyas vidas habían cambiado gracias al programa. Al poco tiempo, la gente se estaba cuestionando otras prácticas perjudiciales.

En un pueblo senegalés donde Tostan había creado un programa, los padres habían forzado a sus hijas a casarse nada menos que a la edad de diez años. La gente comenzó a hablar en su clase de Tostan sobre cómo afectaban a las niñas los matrimonios tempranos. Poco después de empezar esas charlas, una mujer que estaba separada de su marido se enteró de que él había concertado un matrimonio para su hija. La niña se llamaba Khady y tenía trece años. El exmarido envió a un representante a la clase de séptimo de Khady para que la sacara de la escuela y explicarle que iba a casarse al día siguiente y no volvería.

Esa noche, su madre contraatacó y organizó una reunión especial con los dirigentes de su programa Tostan y el director de la escuela de primaria. Estuvieron hablando hasta altas horas de la noche. Al día siguiente por la mañana, docenas de miembros de la comunidad y alumnos del colegio iniciaron una marcha con pancartas hechas a mano: «Dejad a las niñas en el colegio. No aceptamos el matrimonio infantil».

Funcionó. Khady siguió en el colegio, y su madre envió un mensaje a su padre diciéndole que en su pueblo no estaba permitido el matrimonio infantil. El rescate de Khady fue más poderoso que el de la policía que he comentado antes. El rescate de la policía era una cuestión legal. Este rescate implicaba un cambio de la cultura.

En la actualidad, 8.500 comunidades en las que Tostan actúa han prometido que las niñas no se convertirán en novias. Según Tostan, más de 3 millones de personas de ocho naciones han dicho que ya no llevarán a cabo la ablación genital femenina.

Estas fueron algunas de las historias que Molly me contó mientras íbamos al pueblo a hablar con la gente que había provocado esos cambios. Cuando llegamos, Molly y yo tuvimos una ruidosa bienvenida y nos invitaron a unirnos a una danza senegalesa. El imán ofreció una oración y el grupo celebró una reunión del pueblo para explicar la idea de Tostan: los miembros del grupo tomaban todas las decisiones juntos según su visión del futuro y teniendo en cuenta los derechos de todos.

Tras ese encuentro tuve la oportunidad de reunirme con las personas una a una. Estaban ansiosas por hablar de cómo habían cambiado sus vidas. Las mujeres destacaban que los hombres habían empezado a asumir tareas antes consideradas trabajo femenino, como ir a buscar leña, cuidar de los niños y recoger agua. Así que quise hablar con los hombres sobre por qué estaban dispuestos a cambiar si las viejas costumbres los beneficiaban. «¿Por qué vais a sacar agua del pozo?», pregunté a un hombre después de charlar un rato. «Es un trabajo que te rompe la espalda. Los hombres son más fuertes, deberían hacerlo los hombres. Además, no quiero que mi mujer esté tan cansada. Nuestras mujeres estaban siempre cansadas, y cuando mi mujer no está tan cansada, está más contenta y nuestro lecho conyugal está más contento», respondió.

He contado esta historia por todo el mundo, y siempre se oyen risas.

Cuando hablé con las mujeres les pregunté cómo se llevaban con sus maridos. Una mujer me dijo: «Antes no hablábamos con nuestros maridos, y ahora somos amigos. Antes nos pegaban, ahora no». La mayoría de las mujeres dijeron que usaban anticonceptivos y que sus maridos las apoyaban. Además, el imán comentó: «Tener un hijo detrás de otro no es bueno para salud. Dios estaría más contento si los niños estuvieran más sanos».

Tanto los hombres como las mujeres explicaron que antes casaban a sus hijas hacia los diez años, pero ahora no lo harían hasta que cumplieran los dieciocho años, aunque les ofrecieran dinero. Pregunté a uno de los jóvenes solteros si se casaría con una niña menor de dieciocho años de otro pueblo, y me dijo que ya había rechazado una oferta para casarse con una niña menor de esa edad, pese a no saber si ella aún querría casarse con él cuando fuera mayor.

Tras reunirme con varios grupos numerosos me invitaron a entrar en una casa con un número reducido de mujeres. Me hablaron de la ablación; la habitación estaba a oscuras, y el aire impregnado de pena y arrepentimiento. Una de ellas me dijo: «Nuestros antepasados lo hicieron con nosotras, y nosotras lo hemos hecho con nuestras niñas. Era lo que se suponía que debíamos hacer, y nunca nos lo cuestionamos. Jamás aprendimos sobre eso. Pensábamos que era un honor».

Otra mujer estuvo llorando todo el rato mientras describía el papel que desempeñaba en la tradición. Cogió un retal de tela que llevaba en la cabeza, lo usó para limpiarse las lágrimas de la cara y no paró de secárselas mientras hablaba.

«Yo no era la que cortaba —dijo—. Yo estaba más implicada que la que cortaba, que no veía la cara de las niñas. Yo sujetaba a las niñas mientras las cortaban. Tenía que ser fuerte para sujetarlas, porque era horrible. Las niñas gritaban y chillaban. He sujetado a niñas incluso después de haber escapado. He visto cosas horribles. Ahora hemos parado. Mi familia me criticó mucho cuando dejé de hacerlo, pero yo les dije que la voluntad de Dios era parar porque las niñas morían y sufrían hemorragias. Nunca volveremos a hacerlo. Ahora hablo de dejar de hacerlo, y lo cuento a todo el mundo.»

Aquella noche, cuando regresé al hotel después de oír esas historias, no podía parar de llorar.

¿Qué me da ese derecho?

Salí de Senegal con dos preguntas: ¿qué hace que Tostan funcione? ¿Y qué derecho tengo a implicarme?

Esas preguntas, que abordaré enseguida, están relacionadas con el comentario que Hans Rosling hacía en el primer capítulo: «¡Esos multimillonarios norteamericanos dando dinero lo van a estropear todo!».

Hans tenía razón hasta cierto punto. Veo como mínimo tres maneras en que un donante rico e inexperto puede estropearlo todo. La primera, si un inversor importante entra en un terreno determinado y escoge un enfoque por encima de los demás, puede que las personas que trabajan en ese asunto abandonen sus propias ideas para seguir las del inversor porque ahí es donde está el dinero. Si ocurre, en vez de dar con buenas ideas, el inversor puede descartarlas sin saberlo. La segunda manera tiene que ver con que, en filantropía, a diferencia de en los negocios, a veces cuesta saber qué funciona. Tal vez los beneficiarios y cesionarios, por muchos motivos, te dicen que todo va bien cuando no es verdad. A menos que trabajes de forma objetiva para evaluar los resultados, es fácil seguir financiando ideas que no funcionan. El tercer peligro es que los ricos pueden pensar que su éxito en un campo los convierte en expertos en todo. Así que actúan por instinto en vez de hablar con la gente que se ha pasado la vida haciendo ese trabajo. Si crees que eres superinteligente y no escuchas a la gente, puedes entrar en terrenos que superan tu experiencia y tomar malas decisiones con graves consecuencias.

Hans tenía motivos para preocuparse por las conductas de los multimillonarios cuando donan dinero. Intento tenerlo en cuenta en la manera de trabajar y en las preguntas que me planteo, sobre todo la siguiente: como persona externa, ¿qué me da derecho a apoyar iniciativas que cambian la cultura de comunidades a las que no pertenezco?

Sin duda, puedo decir que estoy financiando el trabajo de los lugareños y que son los de dentro quienes toman la iniciativa. Sin embargo, el trabajo de los de dentro puede entrar en conflicto con otras personas que están dentro, y yo escojo apoyar a un grupo antes que al otro. ¿Cómo puede no ser la arrogancia del tipo «yo sé mejor cómo van las cosas» de un extranjero rico con educación occidental? ¿Cómo no voy a utilizar mi poder para imponer mis valores a una comunidad de la que apenas sé nada?

No se puede negar que espero potenciar mis creencias. Creo que todas las vidas tienen el mismo valor. Que todos los hombres y las mujeres son creados iguales. Que todo el mundo encaja. Que todo el mundo tiene derechos, y todos tenemos el derecho a prosperar. Creo que cuando la gente que está atada por las normas no puede intervenir en la definición de estas, los vacíos morales se convierten en ley y los indefensos soportan la carga.

Esas son mis creencias y valores. Creo que no son valores personales, sino universales, y me sumo a la lucha por cambiar las normas sociales cuando puedo apoyar un distanciamiento de una cultura que fomenta el predominio de un grupo sobre los demás. Creo que las normas sociales arraigadas que atribuyen los beneficios de la sociedad a los poderosos y las cargas a los indefensos no solo perjudican a la gente que es expulsada, sino también a todo el conjunto.

Así, cuando una comunidad niega a sus mujeres el derecho a decidir si quieren casarse, cuándo y con quién y asigna un hombre a una niña como parte de una transacción económica, le arrebata el derecho a desarrollar sus habilidades y la obliga a pasar el resto de su vida como una criada doméstica no remunerada de los demás; los valores universales que representan los derechos humanos no se respetan, y cuando existe un deseo por parte de los miembros de esa comunidad de defender a las niñas que no pueden defenderse, creo que es justo unirse a la lucha por las mujeres. Así explico mi apoyo al cambio cultural en comunidades que distan mucho de la mía.

Con todo, ¿cómo me ayuda la estrategia de Tostan a justificar mi implicación? Por suerte —para proteger a los demás de mis propios vacíos y prejuicios—, mi apoyo no basta para que esas ideas salgan adelante. El proceso del cambio de una cultura dominada por lo masculino a una cultura de igualdad de género necesita el respaldo de una mayoría de los miembros de la comunidad, incluido que los hombres poderosos comprendan que compartir el poder con las mujeres les permite lograr objetivos inalcanzables si dependieran solo de su poder. Eso en sí mismo es la mejor defensa contra el control autoritario por parte de personas externas.

El cambio no surge desde fuera sino desde dentro, y gracias a la acción más subversiva posible: que los miembros de la comunidad hablen sobre acciones comúnmente aceptadas, rara vez cuestionadas y a menudo consideradas tabú.

¿Por qué funciona? La conversación acelera el cambio cuando sus participantes mejoran, y no me refiero a seres humanos que mejoran en ciencias y tecnología, sino a seres humanos que mejoran en el hecho de ser humanos. Los avances en derechos de la mujer, de la gente de color, de la comunidad LGTBQ y de otros grupos que históricamente han sufrido discriminación son señales del progreso humano. Y el punto de partida para la mejora humana es la empatía. Todo fluye de ahí. La empatía permite escuchar, y escuchar lleva a comprender. Así logramos una base común de conocimiento. Cuando la gente no es capaz de ponerse de acuerdo suele ser porque no existe empatía ni sensación de compartir experiencias. Si puedes sentir lo que otras personas sienten, tienes más opciones de ver lo que ellas ven. Luego os podéis entender los unos a los otros, y después pasar a un intercambio de ideas sincero y respetuoso, que es la clave de una colaboración que da frutos. Esa es la fuente del progreso.

Cuando la gente mejora en la capacidad de verse en las existencias de los demás, sentir su sufrimiento y aliviar su dolor, la vida en esa comunidad mejora. En muchos sentidos, hoy en día sentimos más empatía que los que establecieron las prácticas y tradiciones con las que convivimos. Así, el objetivo de las conversaciones sobre esas prácticas aceptadas es eliminar los viejos prejuicios y añadir empatía. La empatía no es la única fuerza que necesitamos para aliviar el sufrimiento, también nos hace falta ciencia, pero la empatía ayuda a acabar con nuestros prejuicios sobre quién merece los beneficios de la ciencia.

A menudo, si se busca, sorprende lo fácil que resulta sacar a la luz los prejuicios. ¿Quién fue obviado, desempoderado o estaba desamparado cuando se instauró esa práctica cultural? ¿Quién no tenía voz? ¿A quién no pidieron opinión? ¿Quién tenía la menor cuota de poder y la mayor de dolor? ¿Cómo podemos mejorar los puntos flacos y revertir los prejuicios?

La tradición sin debate mata el progreso moral. Si te imponen una tradición y decides no hablar de ella, seguirla sin más, permites que gente del pasado te diga lo que tienes que hacer. Mata la opción de ver las lagunas en la tradición, y los vacíos morales siempre acaban por excluir a los demás y hacer caso omiso de su dolor.

Las personas externas pueden facilitar esa conversación dirigida a detectar y eliminar los vacíos morales, pero no manipularla porque la gente está debatiendo sobre sus propias prácticas y estudiando si les ayudan a alcanzar sus objetivos según sus valores.

En el momento en que las comunidades ponen en cuestión sus propias normas sociales, los que se vieron obligados a soportar el dolor de una práctica que beneficiaba a otras personas ven reconocidas sus necesidades y aliviadas sus cargas. En el caso del matrimonio infantil, un debate que incluya a toda la comunidad basado en la empatía y la igualdad desemboca en un mundo en el que el matrimonio de una mujer ya no es forzado, su boda ya no es trágica y sus estudios no terminan al cumplir diez años. Cuando se examinan las viejas prácticas para eliminar prejuicios y añadir empatía, todo cambia.

Cuando Molly y yo nos fuimos aquel día tuve una última conversación, esa vez con el jefe del pueblo, quien me dijo: «Antes aceptábamos dinero por nuestras niñas, era como comprar y vender. Éramos los hombres los que decíamos que era así, no entendíamos en qué consiste el matrimonio. Debería hacer feliz a una mujer. Si ella no quiere, no funcionará. Ya no forzamos, no hay matrimonio infantil. Estas prácticas no encajan con nuestras verdaderas creencias. Ahora tenemos una visión clara, mientras que antes éramos cortos de vista. La miopía de los ojos es mala, pero no tanto, ni mucho menos, como la miopía del corazón».

7

La diferenciación de género sale a la luz
Las mujeres en la agricultura

El día de Navidad en el pueblo de Dimi, una remota comunidad agrícola de Malaui, todos se habían reunido para celebrarlo salvo una mujer, Patricia, que se encontraba en un campo a medio kilómetro, arrodillada sobre la tierra mojada en su terreno de menos de una hectárea plantando cacahuetes.

Mientras el resto de su pueblo compartía la comida y conversaba relajadamente, Patricia trabajaba con un esmero riguroso, se aseguraba de que las semillas formaran unas perfectas filas dobles, con setenta y cinco centímetros entre cada fila y diez centímetros entre cada planta.

Seis meses después visité a Patricia en su terreno y le dije: «¡Ya me han contado cómo pasaste el día de Navidad!». Ella se rio y me dijo: «¡Es cuando llegan las lluvias!». Sabía que las cosechas saldrían mejor si las plantaba cuando la tierra aún estaba húmeda, así que lo hizo.

Cabe pensar que a alguien con la dedicación de Patricia le debe de ir muy bien, pero durante años ha pasado apuros. Pese a su trabajo meticuloso, hasta lo más básico quedaba fuera de su alcance y el de su familia. No tenía dinero para las tasas escolares de sus hijos, el tipo de inversión que puede ayudar a romper el círculo de pobreza, ni siquiera para comprar un juego de cazuelas, que puede hacer que la vida sea un poco más fácil.

Los campesinos necesitan cinco cosas para que les vaya bien: buena tierra, buenas semillas, herramientas agrícolas, tiempo y conocimientos. Por el mero hecho de ser mujer, había varias barreras entre Patricia y cada uno de esos elementos.

Para empezar, y es común en el África subsahariana, la tradición malauí en la mayoría de las comunidades dicta que las mujeres no pueden heredar tierras. (Las leyes aprobadas recientemente en Malaui otorgan a las mujeres los mismos derechos de propiedad, pero el cambio en las costumbres es más lento.) Así, Patricia no era la propietaria de su terreno, pagaba por alquilarlo. Ese gasto le impedía invertir en la tierra para que fuera más productiva.

Además, como Patricia es una mujer, su opinión no contaba en el presupuesto familiar. Durante años fue su marido quien decidió qué gastaba la familia, y si no incluía las herramientas agrícolas para Patricia, ella no podía hacer nada.

Su marido también decidía cómo repartía Patricia su tiempo. Ella lo imitaba dando órdenes en una versión divertida: «¡Ve a hacer esto, ve a hacer lo otro, todo el tiempo!». Patricia se pasaba el día cortando leña, yendo a buscar agua, cocinando, lavando platos y cuidando de los niños. Le quedaba menos tiempo para invertir en sus cosechas o llevar la producción al mercado para asegurarse de conseguir el mejor precio. Además, si quería contratar a un ayudante los trabajadores no se esforzaban tanto como lo harían para un hombre. A los hombres en Malaui no les gusta recibir órdenes de las mujeres.

Sorprende que el género afectara hasta a las semillas que Patricia plantaba. Hace mucho tiempo que las organizaciones de ayuda al desarrollo trabajan con los campesinos para crear semillas que den plantas más altas o atraigan menos plagas. Sin embargo, durante décadas, cuando esos grupos consultaban a los jefes de la comunidad agrícola, solo hablaban con los hombres, que se centraban en cultivar únicamente las cosechas que pudieran vender. Casi nadie creaba semillas para campesinas como Patricia, que también plantan para alimentar a sus familias y a menudo cultivan productos nutritivos como legumbres y hortalizas.

Los gobiernos y organizaciones de ayuda al desarrollo ofrecen con regularidad sesiones de formación para los campesinos. Sin embargo, las mujeres gozan de menos libertad para salir de casa y asistir a las clases, o incluso para hablar con los formadores, que suelen ser hombres. Cuando las organizaciones intentaron usar tecnología para difundir la información, enviando consejos por mensaje de texto o a través de la radio, vieron que los hombres eran los únicos que controlaban esa tecnología. Si las familias tenían un teléfono móvil, lo llevaban los hombres. Cuando escuchaban la radio, los hombres controlaban el dial.

Si se suma todo, empiezas a entender por qué una campesina lista y trabajadora como Patricia nunca era capaz de salir adelante. Topaba con una barrera tras otra que le bloqueaba el camino por ser mujer.

Entender a Patricia

Cuando conocí a Patricia en 2015, ya había entendido los roles de género y los prejuicios que limitaban su éxito como campesina. Tardé mucho en descubrirlo, y empezó en el momento en que Warren Buffett donó el grueso de su fortuna a nuestra fundación.

La donación de Warren nos abrió nuevas fronteras en la fundación. De pronto teníamos recursos para invertir en áreas que sabíamos eran importantes y donde depositábamos grandísimas esperanzas, pero en los que aún no habíamos entrado a lo grande. Somos una fundación de aprendizaje. Si vemos una oportunidad en una nueva área para nosotros, empezamos por dar pequeñas subvenciones. Observamos lo que ocurre, y procuramos entender la situación. Buscamos puntos de influencia. Luego estudiamos si tiene sentido una inversión mayor. Cuando Warren nos habló de su donación, habíamos investigado una serie de nuevos ámbitos, pero aún no habíamos tomado la decisión de dar el salto. Sus recursos nos proporcionaron un impulso y pronto nos llevaron a la igualdad de género como nueva estrategia importante de nuestras donaciones.

Bill y yo decidimos que usaríamos los nuevos recursos para salir de la salud global y empezar a llevar a cabo iniciativas directas orientadas a reducir la pobreza. «¿Cómo se ayuda a las personas que viven en la extrema pobreza a obtener más ingresos?» Empezamos por esa pregunta, y nuestro primer paso fue aprender más sobre cómo viven, cómo consiguen sus ingresos ahora. Resulta que más del 70 por ciento de la gente más pobre del mundo obtiene la mayor parte de sus ingresos y los alimentos gracias a pequeños terrenos agrícolas. Esta combinación supone una oportunidad enorme: si esos pequeños campesinos pueden hacer que sus granjas sean más productivas, podrán plantar más cultivos, cosechar más productos, disfrutar de una nutrición mejor y obtener más ingresos. De hecho, pensamos que ayudar a los campesinos más pobres a cultivar más alimentos y llevarlos al mercado sería el punto de partida más potente del mundo para reducir el hambre, la malnutrición y la pobreza.

Decidimos centrarnos en África y el sudeste asiático. El África subsahariana era la única región del mundo donde las cosechas por persona no habían aumentado en veinticinco años. Si el mundo podía ayudar a desarrollar cultivos que resistieran inundaciones, sequías, plagas y enfermedades y dar mayores rendimientos en la misma tierra, la vida de millones de personas mejoraría. Así, nuestra estrategia parecía clara: nos centraríamos en la ciencia, intentaríamos ayudar a los investigadores a desarrollar nuevas semillas y fertilizantes que ayudaran a los pequeños campesinos a cultivar más productos.

Ese fue nuestro enfoque al principio del todo, en 2006, cuando Rajiv Shah, el jefe de nuestro nuevo programa agrícola, asistió a un simposio del Premio Mundial de Alimentación en Iowa y dio un discurso a los máximos expertos en agricultura en el que explicaba nuestras aspiraciones y pedía consejo e ideas. En aquel acto Raj pudo hablar y luego oír las respuestas de cuatro eminencias. El doctor Norman Borlaug fue el primero en contestar. Había recibido el Premio Nobel de la Paz por poner en marcha la Revolución Verde, que generó un repentino aumento de la productividad agrícola y salvó a millones de personas de morir de hambre. El siguiente en hablar fue sir Gordon Conway, jefe de los asesores científicos del Ministerio de Desarrollo Internacional de Reino Unido. Luego habló el doctor Xiaoyang Chen, presidente de la Universidad Agrícola del Sur de China.

Al término de su intervención, el doctor Chen había superado con creces el tiempo que tenía asignado, y aún debía intervenir una persona, Catherine Bertini, que había sido directora ejecutiva del Programa Mundial de Alimentos de Naciones Unidas. Notó que el público estaba cansado de tanta charla, así que fue directa al grano.

«Doctor Shah, me gustaría recordarle la cita de una de nuestras madres fundadoras de Estados Unidos de América, Abigail Adams, que escribió a su marido, que estaba en Filadelfia trabajando en la Declaración de Independencia, y le dijo: "No os olvidéis de las señoras". Si usted y sus colegas de la fundación no prestan atención a las diferencias de género en la agricultura, harán lo que muchos otros hicieron antes, que es malgastar el dinero. La única diferencia será que ustedes malgastarán mucho más dinero y mucho más rápido.»

Catherine se sentó y la reunión se aplazó.

Unos meses después, Raj contrató a Catherine en la Fundación Gates para que nos enseñara los vínculos existentes entre la agricultura y el género.

«Son casi todas mujeres»

Cuando Catherine subió a bordo, no se hablaba en absoluto de género en la fundación. No figuraba en ningún sitio en nuestra estrategia. No sé qué pensaban los demás en esa época, pero me avergüenza decir que ni se me ocurría pensar en el género en relación con nuestra labor para fomentar el desarrollo. No digo que pasara por alto el hecho de que las mujeres eran las principales beneficiarias de muchos de nuestros programas. La planificación familiar era claramente un tema de mujeres, igual que la salud materna y neonatal. Para llegar a más niños con las vacunas, teníamos que transmitir nuestro mensaje a las madres. El elemento de género en esos temas era fácil de ver, pero la agricultura era distinta. No presentaba un aspecto de género evidente, por lo menos no a mis ojos, y no al principio.

Eso empezó a cambiar cuando Catherine acompañó a Raj en una reunión con Bill y conmigo para revisar nuestra estrategia agrícola. Raj nos presentó a Catherine y dijo: «Está aquí para trabajar en el género». Por lo visto, ese término fue como una provocación para Bill, que empezó a hablar de ser eficaces, obtener resultados y centrarse en eso. Bill apoyaba el empoderamiento de las mujeres y la igualdad de género, pero pensaba que nos distraería del objetivo de cultivar más alimentos y alimentar a más gente, y que cualquier cosa que desdibujara el objetivo perjudicaría nuestra eficacia.

Bill puede intimidar, pero Catherine estaba deseosa de tener esa conversación. «Se trata precisamente de la eficacia —dijo—. Queremos que los pequeños agricultores sean lo más eficaces posible, y ofrecerles todas las herramientas: semillas, fertilizantes, préstamos y mano de obra; necesitan lograrlo, así que es muy importante que sepamos quiénes son esos agricultores y qué quieren. La próxima vez que estéis en África y vayáis en coche por una zona rural, mirad por la ventana quién está trabajando en el campo. Son mujeres en la mayoría de las ocasiones. Si solo escucháis a los hombres, porque son los que disponen del tiempo y el permiso social para ir a las reuniones, no sabréis qué necesitan realmente las mujeres, y son ellas las que hacen la mayor parte del trabajo.»

Catherine salió de la reunión y dijo a Raj: «¿Por qué estoy aquí? Si no se lo cree, nunca funcionará». Raj se limitó a afirmar: «Te escuchará. Confía en mí».

Pasados unos meses, Catherine iba en el coche escuchando en la radio una entrevista que Bill estaba dando en NPR sobre el desarrollo económico. «La mayoría de los pobres en el mundo son campesinos. La mayoría de la gente no sabe que las mujeres hacen la mayor parte de ese trabajo, así que les damos semillas nuevas, técnicas nuevas. Y cuando das a las mujeres esas herramientas, las usan de una manera muy eficaz», dijo Bill.

Catherine estuvo a punto de salirse de la carretera.

Lo que Catherine experimentó en ese momento, y que Raj predijo, es que Bill aprende. Le encanta aprender. Sí, presiona mucho a la gente, a veces demasiado, pero escucha y aprende, y cuando aprende, está dispuesto a cambiar. Esa pasión por aprender no es solo propia de Bill, sino también de mí. Es el pilar de la cultura que hemos intentado crear en la fundación, y es la explicación a cómo todos —algunos más rápidamente que otros— llegamos al acuerdo de que la igualdad de género debía impulsar el trabajo que todos intentábamos hacer.

El hecho de que la mayoría de los campesinos en Malaui sean mujeres carecería de importancia si las diferencias y las desigualdades de género no existieran. Sin embargo, tal como demuestra la vida de Patricia, las diferencias y las desigualdades de género sí importan, de una manera que hace que sea mucho más difícil para las mujeres cultivar las cosechas que necesitan.

En una ocasión, Hans Rosling me contó una historia que ayuda a aclararlo. Trabajaba con varias mujeres en un pueblo del Congo para poner a prueba el valor nutritivo de las raíces de yuca. Cosechaban las raíces, las marcaban con un número y las metían en cestas para llevarlas al estanque a empaparlas. Llenaron tres cestas. Una mujer se llevó la primera cesta, otra la segunda y Hans la tercera. Caminaron en fila india por el sendero y, pasado un minuto, cuando todos dejaron sus cestas, una de las mujeres se volvió, vio la cesta de Hans y soltó un chillido como si hubiera visto un fantasma. «¿Cómo ha llegado esto aquí?» «La he traído yo», dijo Hans. «¡Tú no puedes traerla! —gritó—. ¡Eres un hombre!»

Los congoleses no llevan cestas.

Las estrictas reglas de género se extienden también a otros ámbitos: quién limpia el terreno, quién planta las semillas, quién quita la maleza del campo, quién hace el trasplante, quién lleva la casa, cuida de los niños y prepara las comidas. Cuando ves a una campesina, ves a una madre. Las tareas domésticas no solo quitan tiempo para el cultivo, sino que además impiden que las mujeres asistan a reuniones donde podrían recibir consejos de otras campesinas y aprender sobre semillas mejoradas, buenas prácticas y nuevos mercados.

En cuanto entiendes que la mayoría de las campesinas son mujeres y que las mujeres están por debajo de los hombres, todo cambia.

Un estudio fundamental de 2011 de la Organización de Naciones Unidas para la Alimentación y la Agricultura demostró que las campesinas de los países en vías de desarrollo obtienen una producción entre un 20 y un 30 por ciento menor que los hombres, pese a ser igual de buenas en la agricultura. La producción de las mujeres es menor porque no tienen acceso a los recursos y la información de los hombres. Si tuvieran los mismos recursos, obtendrían las mismas producciones.

El informe apuntaba que, si reconociéramos a las campesinas pobres como clientes con necesidades específicas y desarrolláramos tecnología, formación y servicios diseñados específicamente para ellas, las producciones de las mujeres serían iguales a las de los hombres. Eso haría que las mujeres manejaran más ingresos, tendrían más voz en el hogar, implicaría una mejor nutrición de los niños, añadiría ingresos para su escolarización y, debido al aumento en la producción de alimentos, reduciría la cantidad de personas desnutridas en el mundo entre 100 y 150 cincuenta millones.

Las recompensas son inmensas, pero también lo son los desafíos. Patricia no es solo una mujer: es 6 millones de mujeres. Y esos millones de mujeres tienen terrenos más pequeños que los hombres, y menos acceso a servicios de extensión agrícola, al mercado y al crédito. Les faltan semillas, fertilizantes y formación. En algunas zonas a las mujeres no les permiten tener cuentas bancarias ni firmar contratos sin el consentimiento de un hombre de la familia.

Si trabajas para ayudar a las mujeres a cambiar su vida y topas con estas barreras de género, podrías retroceder y decir: «Nuestra función no es provocar el cambio cultural». Sin embargo, cuando sabes que las mujeres constituyen más de la mitad de todos los campesinos y no consiguen lo que necesitan para que sus terrenos sean productivos, y en consecuencia sus niños pasan hambre y sus familias se mantienen en la pobreza, te ves obligado a elegir. Puedes seguir haciendo lo mismo y reforzar las diferenciaciones que hacen que la gente siga siendo pobre, o puedes ayudar a las mujeres a obtener el poder que necesitan para alimentar a sus niños y alcanzar su potencial. Es una elección clara: poner en cuestión esas diferenciaciones o perpetuarlas. Políticamente, es una pregunta peliaguda. Moralmente, es fácil: ¿te sometes a la vieja cultura que oprime a las mujeres, o ayudas a crear una nueva que las haga despegar?

La lucha por la igualdad de género en la agricultura nunca entró en nuestros planes. Tuvimos que invertir un tiempo en intentar asimilarlo todo. Ese es uno de los mayores desafíos para todo el que quiera ayudar a cambiar el mundo: ¿cómo seguir tu plan y al mismo tiempo continuar escuchando nuevas ideas? ¿Cómo te ciñes a tu estrategia con flexibilidad para ser capaz de oír esa nueva idea que la hace saltar por los aires?

Empezamos pensando que las campesinas pobres solo necesitaban una tecnología mejor, como semillas nuevas que les permitieran cultivar más alimentos en el mismo terreno y con unas condiciones meteorológicas más duras. No obstante, el potencial de una revolución agrícola no estaba solo en las semillas, sino en el poder de las mujeres que las plantan. Esa era la gran idea olvidada. Ese era el nuevo plan. Si queremos ayudar a los campesinos, tenemos que empoderar a las mujeres. Pero ¿cómo conseguimos que todo el equipo lo entienda así?

Susurros sobre «el empoderamiento de las mujeres»

Tal como yo lo veía al principio, el objetivo de empoderar a las mujeres no se sumaba a los de más alimentos, mejor nutrición y mayores ingresos para los más pobres del mundo, sino que los facilitaba.

La igualdad de género ya es un objetivo noble en sí mismo, pero no lo íbamos a vender así en nuestra fundación. No en aquella época. Era una idea nueva, y algunos se mostraban escépticos. Una persona con un cargo importante zanjó una conversación diciendo: «No nos dedicamos al "género"». Otra persona repuso: «¡No vamos a convertirnos en una organización en defensa de la justicia social!».

Cuando empezamos éramos conscientes de que encontraríamos resistencia. Ni los defensores de causas más apasionados hablaban de empoderamiento. Ese término desalentaba a la gente y eclipsaba el mensaje central, que era: «Hay que conocer las necesidades del campesino». Solo necesitábamos recordar a quienes trabajaban en agricultura que con frecuencia esos campesinos eran mujeres. Eso significaba que los investigadores tenían que empezar a recabar información de las mujeres, no solo de los hombres. Significaba que los científicos que trabajaban en semillas nuevas necesitaban hablar con las mujeres.

Os presento un ejemplo. Cuando los investigadores agrícolas quieren mejorar una nueva semilla de arroz, suelen salir de sus laboratorios para hablar con los campesinos sobre las cualidades que les gustaría ver en una semilla mejorada.

Es una idea fantástica, pero muchos de los investigadores son hombres y a menudo hablan solo con campesinos. La campesina no suele formar parte de la conversación porque está demasiado ocupada con otras tareas del hogar, porque resulta culturalmente inapropiado que un profesional hable con una mujer o porque el investigador no se da cuenta de lo imprescindible que es su aportación.

Luego, lo que suele ocurrir es que los investigadores explican a los hombres las cualidades de una semilla mejorada, y a ellos les gusta lo que oyen. Así que los investigadores vuelven a sus laboratorios a terminar la semilla y ayudar a que llegue al mercado. Los hombres la compran y las mujeres la plantan, luego las mujeres (que llevan a cabo la mayor parte de la cosecha) ven que los tallos del arroz se quedan cortos y tienen que encorvarse para cosecharlo. Pasado un tiempo, las mujeres dicen a sus maridos que quieren una planta más alta para no romperse la espalda durante la cosecha. Así que los campesinos dejan de comprar esas semillas, y se ha malgastado una gran cantidad de tiempo, dinero e investigación que podría haberse ahorrado si alguien hubiera hablado con las mujeres.

La buena noticia es que el Instituto Internacional de Investigación del Arroz (IRRI, por sus siglas en inglés) se ha percatado de que los hombres campesinos y las mujeres campesinas buscan cosas distintas en una buena variedad de arroz. Tanto ellos como ellas prefieren cualidades como una producción elevada; es obvio que quieren producir más cosechas a ser posible. Sin embargo, dado que las tareas de las mujeres en la granja incluyen cosechar y cocinar, también prefieren variedades de arroz que crezcan hasta una altura adecuada y no tarden tanto en cocinarse. Así, los investigadores del IRRI aprovechan para hablar con hombres y mujeres cuando consultan con los campesinos sobre las cualidades que quieren en las semillas mejoradas. Saben que si se incluye la aportación de ambos en el desarrollo de semillas es más probable que los campesinos introduzcan esa semilla a largo plazo.

Una vez que se han asimilado esas lecciones, empezamos a crear subvenciones que derribarán las barreras a las que las campesinas se enfrentaban para conseguir semillas mejoradas, fertilizantes y tecnología —además de préstamos— que necesitan para ser productivas en la granja.

Una de las primeras becas que creamos era de una sencillez muy bella: queríamos ofrecer asistencia técnica a las campesinas de la Ghana rural, así que nuestro socio decidió emitir un programa de radio en el que contaba a las campesinas cómo cultivar tomates, e investigaron mucho para asegurarse de que el programa tuviera el máximo alcance posible. Decidieron que la radio era el mejor medio porque mucha gente no sabía leer y la mayoría de las familias no tenían televisor. Una vez por semana era la frecuencia adecuada, pues se ajustaba al de las nuevas tareas de los productores. Los tomates eran el mejor cultivo porque eran relativamente fáciles de cultivar, y eran un cultivo rentable que además mejoraría la nutrición de la familia. Lo último que necesitaban averiguar era a qué hora escuchaban la radio las mujeres, porque si emitían el programa cuando el hombre controlaba la radio, la mujer no aprendería nada sobre cómo cultivar tomates.

Ese tipo de razonamiento fue el que empezó a arraigar en la fundación: la gente comenzó a prestar mucha atención a las diferencias de género y las normas sociales en aquellos programas en los que eran importantes. Iniciamos el cambio con discreción, con unos cuantos expertos en género en la fundación que hablaban con las personas que estaban dispuestas a escuchar que un enfoque de género las ayudaría a alcanzar sus objetivos. Además, hablaban con mucho tacto. Una de las primeras, Haven Ley, que ahora es mi principal asesora política, bromea diciendo que «trabajó en el sótano durante tres años». Casi nunca pronunció las palabras «igualdad de género» o «empoderamiento de las mujeres». En cambio, explicaba a la gente que si prestaba atención a las diferencias de género vería el efecto. «No se puede entrar sin más y hablar de tus inquietudes —dice Haven—. A nadie le importa. Tienes que averiguar cómo las personas se imaginan el éxito, en qué temen fracasar, y entonces podrás ayudarlas a conseguir lo que quieren.»

Los avances eran constantes, pero me parecían demasiado lentos. En la fundación aún se hablaba en voz baja de género, a veces en susurros, sin querer dar la cara del todo. Veía que incluso algunos de los defensores de causas más potentes pasaban de puntillas por el tema, que en las reuniones lo planteaban pero no presionaban, con cuidado de no decir demasiado alto lo que sabían que era cierto.

Durante mucho tiempo, una agonía, no pude ayudarles a despegar como quería. Observaba, pero no estaba preparada. No era el momento adecuado. La fundación no estaba del todo madura, yo no contaba con el dominio suficiente de los datos. No tenía tiempo de asumir un proyecto nuevo y descomunal, trabajaba mucho en planificación familiar. Tenía tres niños en casa. Estaba resolviendo la igualdad en mi propio matrimonio. Había muchos obstáculos en el camino. No obstante, luego llegó el momento y era el adecuado. Estaba preparada. Contaba con la convicción, la experiencia y los datos en la mano. La fundación tenía la plantilla. Así que decidí escribir un artículo para el número de septiembre de 2014 de la revista *Science* en el que presentaba el compromiso de nuestra fundación con la igualdad de género.

En el artículo reconocía que en la fundación llegábamos tarde en el uso de la igualdad de género como estrategia. «Por tanto, hemos perdido oportunidades de potenciar al máximo nuestro impacto», escribí. Sin embargo, nuestra fundación iba a «poner a las mujeres y las niñas en el centro del desarrollo global», porque «no podemos alcanzar nuestros objetivos a menos que abordemos de forma sistemática las desigualdades de género y atendamos las necesidades específicas de las mujeres y las niñas en los países donde trabajamos».

Escribí el artículo para nuestros socios, además de para patrocinadores y otros implicados en el trabajo. Sin embargo, sobre todo lo escribí como mensaje para todos los que trabajan en la Fundación Bill y Melinda Gates. Sentía la necesidad de afirmar en voz alta y en público nuestra estrategia en igualdad de género. Ha sido el movimiento más importante que he hecho nunca para definir el interés y las prioridades de nuestra fundación. Ya era hora de salir del sótano.

Ayudarnos a despegar

Seis meses después de la publicación del artículo en *Science* hice un viaje a Jharkhand, un estado del este de la India, para visitar a uno de nuestros beneficiarios, PRADAN. Fue una de las primeras organizaciones en las que invertimos después de ver el papel imprescindible de las campesinas.

Cuando PRADAN inició su labor a principios de la década de 1980, sus dirigentes no se centraban en empoderar a las mujeres, lo fueron viendo a medida que avanzaban. Siguiendo el espíritu de *pradan* —«devolver a la sociedad»—, el grupo empezó situando a profesionales jóvenes y comprometidos en pueblos pobres para ver si podían ayudar. Cuando los recién contratados llegaron a los pueblos, les impresionó ver el modo en que los hombres trataban a las mujeres. Los maridos pegaban a sus esposas si salían de casa sin permiso y todo el mundo, incluidas las mujeres, lo consideraban aceptable. Por supuesto, esas mujeres no tenían ningún tipo de apoyo en la comunidad: ni recursos, ni cuentas bancarias, ni manera de ahorrar ni acceso a préstamos.

Así, los dirigentes de PRADAN empezaron a hablar con los maridos con el fin de conseguir el permiso para que sus esposas se reunieran en grupos de diez o quince para hablar sobre agricultura. El trato con los maridos era: «Si dejas que tu mujer asista a esos grupos, ella incrementará los ingresos de tu familia». De modo que las mujeres comenzaron a reunirse con asiduidad y a ahorrar su dinero juntas de manera que, cuando una necesitaba hacer una inversión, podía pedir un préstamo al grupo. Cuando el grupo conseguía dinero suficiente, contactaba con un banco comercial. Fue de gran ayuda con los aspectos económicos de la agricultura, pero las mujeres no tardaron en exigir la misma formación agrícola que los hombres. Aprendieron a identificar las semillas y plantar los cultivos que les permitirían alimentar a sus familias, vender el excedente y pasar la temporada de hambre.

Ese era el contexto del grupo; de hecho, al asistir a una reunión esperaba quedar impresionada, pero aun así me sorprendió cuando la directora del grupo dijo: «Levantad la mano si, antes de uniros al grupo de ayuda, podíais cultivar comida suficiente para todo el año para vuestra familia».

No se levantó ni una sola mano.

Luego dijo: «Levantad la mano si el año pasado tuvisteis un excedente que vender».

Casi todas levantaron la mano.

El empoderamiento nunca se limita a categorías. En el momento en que la asesoría agrícola y el apoyo económico provocaron un cambio para las mujeres, empezaron a buscar nuevas batallas que librar. Cuando las visité estaban presionando para conseguir mejores carreteras y agua potable limpia. Acababan de presentar una solicitud al gobierno local para conseguir los primeros inodoros del pueblo. Empezaron a hacer campaña contra el problema del abuso del alcohol que había en la población, instaron a los hombres a dejar de beber, presionaron a los funcionarios del gobierno a cumplir las leyes e incluso trabajaron con las mujeres de la zona que venden alcohol para ayudarles a encontrar nuevas maneras de ganarse la vida.

Además, se veía otra señal de empoderamiento: la manera de comportarse de las mujeres. Cuando conozco a mujeres que han sufrido importantes discriminaciones de género, suelo notarlo en cómo me miran. O no me miran. Cuesta desaprender toda una vida de sumisión. La postura de esas mujeres era distinta. Se mantenían erguidas. Hablaban con firmeza. No les daba miedo hacer preguntas, contarme lo que sabían, lo que pensaban, lo que querían. Eran activistas. Tenían esa mirada. Habían despegado.

El enfoque del empoderamiento que PRADAN adopta es esencial para la estrategia de la fundación. Ayudamos a las mujeres a entrar en contacto con gente que pueda orientarlas en la agricultura y conectarlas con los mercados. También ayudamos a las mujeres a acceder a los servicios económicos para que puedan ahorrar dinero y conseguir préstamos. Cuando las mujeres depositan el dinero que obtienen de su trabajo en su propia cuenta bancaria, ganan y ahorran más. Además, sus maridos las respetan más, y así empieza a virar el poder en el hogar.

Es el tipo de trabajo que hemos potenciado desde que escribí el artículo de *Science*, y para lograrlo hemos ido cambiando la fundación. Hemos contratado a más expertos en género. Estamos recabando datos sobre las vidas de las mujeres y las niñas para medir los aspectos que importan. Además, apoyamos a más organizaciones como PRADAN que adoptan un enfoque intencionado y claro de empoderar a las mujeres. Cada vez más vemos los resultados derivados de que las mujeres y las niñas sean el centro de nuestra estrategia.

El gran logro de Patricia

Patricia, la campesina que plantaba sus semillas el día de Navidad, vivió un cambio en su vida gracias al empoderamiento provocado por el hecho de pertenecer a un grupo. Dejadme que os cuente el resto de la historia.

Patricia entró en un programa llamado CARE Pathways, una organización que ofrece consejos de agricultura convencional pero también da lecciones de igualdad a los campesinos. El grupo pidió a Patricia que dijera a su marido que asistiera a las sesiones, a ella le sorprendió un poco y se sintió agradecida cuando él accedió.

En una sesión les pidieron que interpretaran su vida en casa pero con los papeles intercambiados: Patricia interpretaría el papel del marido, y él el de la esposa, igual que en los ejercicios que he contado en el capítulo sobre el trabajo no remunerado. Patricia se puso a dar órdenes a su marido, como hacía él: «¡Haz esto, haz lo otro, y esto otro!». Y su marido tenía que obedecer sin rechistar.

Aquel ejercicio le abrió los ojos. Más tarde le dijo a su mujer que se había dado cuenta de que no la había tratado como a una compañera. En otro ejercicio dibujaron el presupuesto familiar en forma de árbol, donde las raíces representaban las fuentes de ingresos y las ramas los gastos. Comentaron juntos qué raíces podían fortalecerse y qué ramas se podían podar. Cuando abordaron el tema de los ingresos de Patricia en el campo, hablaron de sus herramientas agrícolas, y de que tal vez debían darles más prioridad.

Patricia me contó que esos ejercicios transformaron su matrimonio. Su marido empezó a escuchar sus ideas y a trabajar con ella para ayudarla a que su terreno fuera más productivo. Poco después de las sesiones, llegó una oportunidad que compensó todas sus decisiones.

En CARE Pathways, preocupados porque no había muchas semillas de calidad de los tipos de cultivo que las mujeres solían producir, empezaron a trabajar con un centro de investigación local para diseñar una semilla de cacahuete que produjera más frutos y resistiera mejor las plagas y enfermedades. Desarrollaron una buena semilla, pero no tenían ni mucho menos semillas suficientes para todas las campesinas de la zona. Primero necesitaban encontrar a campesinas que cultivaran esas semillas hasta obtener plantas que produjeran más semillas perfeccionadas. Solo cuando las semillas se han multiplicado lo suficiente se pueden vender a otras campesinas.

Este proceso se llama «multiplicación de semillas», y requiere aún más cuidado y atención que la agricultura tradicional. Solo se selecciona a los mejores campesinos para multiplicar semillas, y Patricia fue una de ellas. Cuando le pregunté cómo era capaz de producir al nivel necesario para ser multiplicadora de semillas, me dijo: «Ahora tengo un marido que me apoya».

Ese marido que la apoyaba accedió a que Patricia y él pidieran un préstamo para comprar las semillas mejoradas. Eso era lo que Patricia estaba plantando en Navidad. Cuando la conocí, ya había obtenido su primera cosecha. El terreno de menos de una hectárea produjo tanto que pudo suministrar semillas a otras campesinas y además plantar casi una hectárea para ella la temporada siguiente, mucho más de lo que había plantado el año anterior. Aparte de conseguir mucha comida para su familia de aquella cosecha, obtuvo ingresos suficientes para cubrir las tasas escolares de sus hijos y además pagar esas cazuelas.

Las mujeres son inferiores: aquí lo dice

La agricultura no es el único sector económico que sufre dificultades por culpa de los prejuicios de género. Informes recientes del Banco Mundial apuntan que la discriminación de género está codificada por ley en casi todo el mundo.

En Rusia existen 456 trabajos que las mujeres no pueden realizar por ser considerados demasiado arduos o peligrosos. Allí las mujeres no pueden ser carpinteras, buceadoras profesionales o capitanas de barco, por mencionar solo algunos oficios. En 104 países hay leyes que prohíben determinados trabajos a las mujeres.

En Yemen, una mujer no puede salir de casa sin el permiso de su marido. Hay 17 países que tienen leyes que limitan cuándo y cómo las mujeres pueden viajar fuera de casa.

En Sri Lanka, si una mujer trabaja en una tienda tiene que parar a las diez de la noche. Veintinueve países restringen las horas que una mujer puede trabajar.

En Guinea Ecuatorial, una mujer necesita el permiso de su marido para firmar un contrato. En Chad, Níger y Guinea Bissau, una mujer necesita el permiso de su marido para abrir una cuenta bancaria.

En Liberia, si el marido muere la mujer no tiene ningún derecho sobre los bienes familiares. Es considerada parte de las propiedades del hombre y, como explica la gente de algunas comunidades rurales, «las propiedades no pueden tener propiedades». En 26 países hay normas que limitan lo que las esposas pueden heredar de sus maridos.

En Túnez, si una familia tiene una niña y un niño, el hijo heredará el doble que la hija. Treinta y nueve países cuentan con leyes que impiden que las hijas hereden la misma proporción de bienes que los hijos.

En Hungría, los hombres cobran de media un tercio más que las mujeres en los puestos de dirección, y eso no es violar la ley. En 113 países no hay leyes que garanticen igual sueldo por el mismo trabajo entre hombres y mujeres.

En Camerún, si una esposa quiere obtener unos ingresos adicionales tiene que pedir permiso a su marido. Si él se niega, ella no tiene derecho por ley a trabajar fuera de casa. En 18 países, los hombres pueden legalmente prohibir a sus esposas trabajar.

Por último, la discriminación de las mujeres se perpetúa no solo en las leyes que excluyen a las mujeres, sino también en la ausencia de leyes que apoyen a las mujeres. En Estados Unidos no hay ninguna ley que garantice una baja maternal pagada a las madres. En todo el mundo hay siete países donde las mujeres no tienen garantizada una baja maternal pagada. Por supuesto, lo ideal sería una baja pagada para cualquier situación de salud familiar importante, incluida la baja parental para padres. Sin embargo, la falta de baja maternal pagada, y parental, es un vergonzoso indicativo de que una sociedad no valora a las familias y no escucha a las mujeres.

Los prejuicios de género causan daños en todo el mundo. Es una de las causas de la baja productividad en las granjas. Es una fuente de pobreza y enfermedades. Se encuentra en el núcleo de las costumbres sociales que ponen palos en las ruedas a las mujeres. Sabemos el daño que causa y el bien que genera derribarlos, así que ¿cómo deberíamos combatirlos?

¿Deberíamos luchar ley a ley, sector por sector, o persona por persona? Yo diría que «todo lo anterior». Además, en vez de trabajar solo para revertir la falta de respeto, deberíamos encontrar el origen de esa falta de respeto y procurar cortarla de raíz.

La discriminación contra las mujeres: en busca del origen

Un niño en el pecho de su madre no siente esa falta de respeto hacia las mujeres. ¿Cómo se apodera de él esa sensación?

La falta de respeto hacia las mujeres aumenta cuando las religiones están dominadas por hombres.

De hecho, algunas de las leyes que he mencionado con anterioridad se basan directamente en las escrituras, por eso es tan difícil enmendarlas. Cuando un argumento a favor de la igualdad es tildado de blasfemia, no se trata de un debate político al uso.

Con todo, una de las afirmaciones más contundentes que he visto sobre el peligro de la religión dominada por hombres es de un hombre muy religioso. En su libro *A Call to Action: Women, Religion, Violence and Power*, Jimmy Carter considera que las privaciones y los abusos que sufren las mujeres y las niñas constituyen «el desafío más serio y desatendido del mundo», y culpa principalmente a la interpretación errónea de las escrituras por parte de los hombres.

Al leer el mensaje de Carter, hay que recordar que es un apasionado y entregado bautista de toda la vida que da clases en la escuela dominical de su iglesia bautista Maranatha de Plains, Georgia, desde 1981. Su labor, vital y rompedora, durante cuatro décadas en el Carter Center es testigo de la fuerza de su fe para inspirar actos de amor. Así, sorprende que Carter escribiera:

> Este sistema [de discriminación] se basa en la presunción de que los hombres y los niños son superiores a las mujeres y las niñas, y cuenta con el apoyo de algunos líderes religiosos que distorsionan la Biblia, el Corán y otros textos sagrados para perpetuar su afirmación de que las mujeres son, en algunos aspectos básicos, inferiores a ellos y no están cualificadas para servir a Dios en los mismos términos. Muchos hombres discrepan, pero guardan silencio para disfrutar de los beneficios de su posición dominante. Esta falsa premisa proporciona una justificación para la discriminación sexual en casi todos los ámbitos de la vida secular y religiosa.

Resulta imposible cuantificar el perjuicio que se ha causado a la imagen que los creyentes tienen de las mujeres tras asistir a servicios religiosos durante siglos y recibir la enseñanza de que las mujeres «no están cualificadas para servir a Dios en los mismos términos».

Sin lugar a dudas, creo que la falta de respeto hacia las mujeres encarnada en una religión dominada por los hombres es un factor que influye en las leyes y costumbres que impiden que las mujeres prosperen. No debería sorprendernos, ya que el prejuicio contra las mujeres es tal vez el más antiguo de la humanidad, y, además de ser nuestras instituciones más antiguas, las religiones cambian más despacio y con mayor reticencia que todas las demás, lo que significa que se aferran a sus prejuicios y puntos flacos durante más tiempo.

La prohibición de mi propia iglesia de los anticonceptivos contemporáneos es solo un pequeño efecto en un problema mayor: la prohibición de que las mujeres se ordenen sacerdotes. Una iglesia con sacerdotisas —y mujeres obispo, cardenal y papa— jamás impondría la regla actual que prohíbe los anticonceptivos. La empatía lo impediría.

No se puede esperar que un clero únicamente masculino y soltero sienta empatía hacia las mujeres y las familias que tendrían si estuvieran casados, o si fueran mujeres, o si criaran hijos. El resultado es que los hombres establecen reglas que perjudican a las mujeres. Siempre resulta tentador cuando uno establece las normas dejar la carga para «el otro», por eso una sociedad tiene más opciones de apoyar la igualdad cuando «el otro» no solo está sentado a tu lado en la mesa mientras dictas las normas, sino que las escribe contigo.

La Iglesia católica intenta zanjar el debate de las mujeres ordenadas sacerdote diciendo que Jesús escogió a hombres como apóstoles en la Última Cena, y en consecuencia solo los hombres pueden ser sacerdotes. Sin embargo, por esa regla de tres podríamos decir que Cristo resucitado se apareció antes ante una mujer y le dijo que se lo contara a los hombres, y por lo tanto solo las mujeres pueden llevar la Buena Nueva a los hombres.

Existen múltiples interpretaciones posibles, pero la Iglesia ha manifestado que la prohibición de la ordenación de las mujeres ha sido «explicada de forma infalible». Dejando a un lado la ironía de excluir a las mujeres del liderazgo de una organización cuya misión suprema es el amor, resulta desalentador que nadie sospeche de las motivaciones de los hombres que establecen las normas que mantienen a los hombres en el poder.

Tal vez estas afirmaciones fueran más convincentes en siglos anteriores, pero el dominio masculino ya no queda oculto. Vemos lo que está ocurriendo. Algunas partes de la Iglesia proceden de Dios, y otras del hombre, y la parte de la Iglesia que excluye a las mujeres es del hombre.

Uno de los dilemas morales de mayor peso a los que se enfrentan las religiones dominadas por hombres es cuánto tiempo seguirán aferrándose al dominio masculino mientras aseguran que es la voluntad de Dios.

Potenciar las voces de las mujeres de fe no es una parte explícita de mi labor filantrópica. Sin embargo, la voz de la religión dominada por los hombres causa tanto daño, y la voz de los líderes religiosos progresistas es una fuerza tan beneficiosa que tengo que honrar a las mujeres que desafían al monopolio masculino y hacen oír las voces femeninas para ayudar a dar forma a la fe.

Aun así, las mujeres no pueden hacerlo solas. Todas las iniciativas que han logrado incluir a los marginados siempre han contado con la ayuda de activistas que hacen el trabajo de reformar desde dentro. Las mujeres necesitan hombres aliados. Lo saben, por eso en todas las religiones en las que los hombres ejercen una influencia desigual las mujeres están planteando preguntas que los incomodan. ¿Quiénes son los hombres que se pondrán de parte de las mujeres? ¿Y quiénes son aquellos que callarán por obediencia a unas normas que saben que están mal?

La cantidad de curas católicos con los que he hablado que apoyan la ordenación de mujeres, junto con la absoluta oposición de la Iglesia institucional a las sacerdotisas, me convence de que moralmente, en algunos casos, las instituciones son menos que la suma de sus partes.

Tal vez os resulte un tanto extraño que un capítulo que empieza con el género en la agricultura termine con una disertación sobre la religión, pero tenemos el deber de rastrear el desempoderamiento de las mujeres hasta su origen. Las mujeres de todo el mundo que intentan dar una nueva forma a su fe, que arrancan la interpretación de la escritura de las garras del monopolio masculino, están haciendo uno de los trabajos más heroicos en favor de la justicia social y las oportunidades económicas en el mundo hoy en día. Están en el límite de una nueva frontera. Esas mujeres y sus aliados hombres, sobre todo los que trabajan por reformar por dentro instituciones ancestrales, merecen nuestra gratitud y respeto.

8

Crear una nueva cultura
Las mujeres en el trabajo

Gran parte de mi trabajo se centra en ayudar a las mujeres y las familias a salir de la pobreza porque siento que es ahí donde más puedo incidir. También quiero que todas las mujeres podamos desarrollar nuestro talento, contribuir con nuestras habilidades y prosperar. La igualdad de género beneficia a todas las mujeres, sea cual sea su nivel de estudios, privilegios o logros, en casa o en el trabajo.

El tema de las mujeres en el trabajo es muy amplio. Se ha dicho y escrito tanto sobre él que es imposible saberlo todo, y aun así la mayoría de las mujeres conocemos los problemas personalmente porque los hemos vivido. Aquí comparto mis experiencias en un trabajo y una industria que conozco bien y extraigo algunas conclusiones que se aplican en términos generales, con la esperanza de hacer un bosquejo del lugar de trabajo del futuro donde las mujeres podamos prosperar siendo nosotras mismas sin tener que sacrificar nuestra personalidad o nuestros objetivos personales. Hago especial hincapié en el tiempo que pasé en Microsoft porque las historias que os contaré de aquella época definieron muchas de mis ideas sobre el lugar de trabajo, y también porque la industria tecnológica cuanta con un poder desproporcionado para definir el futuro.

Una de las figuras más influyentes de mi vida profesional fue una mujer a la que solo vi una vez. Durante las vacaciones de primavera de mi último año en Duke fui a casa, a Dallas, para hacer una visita a IBM, donde había tenido un empleo durante varios veranos mientras estaba en la universidad y luego cursaba el posgrado. Tenía una cita con la mujer para la que habría trabajado de haber aceptado la oferta de IBM de un puesto a jornada completa, que era lo que esperaba hacer.

La mujer me saludó con amabilidad, me ofreció un asiento en su despacho y, tras unos minutos de conversación de cortesía, me preguntó si estaba dispuesta a aceptar su oferta. Me puse un poco más nerviosa de lo que esperaba cuando le dije: «En realidad, tengo concertada una entrevista en otro sitio, una pequeña empresa de programación de Seattle». Me preguntó si me importaba decirle cuál era, y yo respondí: «Microsoft». Empecé a explicarle que, aun así, mi intención era aceptar la oferta de IBM, pero ella me cortó y me dijo: «Si te dan trabajo en Microsoft, tienes que aceptarlo».

Me quedé de piedra. Esa mujer había hecho toda su carrera en IBM, así que tuve que preguntarle: «¿Por qué lo dice?». «Ahí tendrás unas opciones de avanzar increíbles. IBM es una empresa fantástica, pero Microsoft va a crecer tanto que será una locura. Si posees el talento que creo que posees, las opciones que tendrás ahí de progresar como mujer serán meteóricas. Si fuera tú y me hicieran una oferta, la aceptaría», respondió.

Fue un momento decisivo para mí, y es uno de los motivos por los que soy una defensora apasionada de las mujeres en tecnología: quiero devolver la generosidad de mis mentores y modelos.

Cuando llegué a Seattle para las entrevistas aún estaba bastante segura de que regresaría y trabajaría en IBM. Entonces conocí a algunas personas de Microsoft. Uno de los tipos más memorables me saludó con unas baquetas en las manos y estuvo tamborileando durante toda la entrevista: en su escritorio, en las paredes, por todo su despacho. No era algo que hiciera solo con las mujeres, lo hacía y ya está. Tuve que levantar la voz para hacerme oír, pero él escuchaba. De hecho, me pareció más bien divertido, y excéntrico. Se puede ser excéntrico si eres genial en lo que haces, y por lo visto todos a los que conocía eran geniales.

Me encantó el ritmo, la energía de aquel lugar. A todo el mundo le apasionaba lo que estaban haciendo, y cuando hablaban de sus proyectos me daba la sensación de estar viendo el futuro. Había escrito mucho código en la universidad, y me encantaba, pero aquello era otro nivel para mí. Era como una niña que jugara a fútbol juvenil y conociese a la selección femenina de Estados Unidos. Me encantaba oírlos hablar sobre cómo usaba la gente sus productos, lo que esperaban hacer a continuación, cómo estaban cambiando el mundo.

Al final del día llamé a mis padres y les dije: «Dios mío, si esta empresa me ofrece un puesto, tendré que aceptarlo. Es imposible no aceptarlo».

Luego me fui de vacaciones de primavera con unos amigos a California, y mis padres se fueron a la biblioteca a indagar sobre esa empresa, Microsoft. Les encantaba la idea de que volviera a Dallas a trabajar, pero siempre me dijeron que querían que fuera a donde me llevaran la aventura y las oportunidades. Esa fue la vía que escogieron ellos. Me gustaría detenerme un momento a hablaros de mis padres, cómo se conocieron y cómo aprendí de ellos a perseguir mis sueños.

Mis padres se criaron en Nueva Orleans. Mi abuelo paterno era propietario de una tienda de máquinas que en la década de 1940 se centraba en fabricar piezas para el esfuerzo bélico. Los beneficios de la tienda eran el único ingreso de la familia, y mis abuelos no tenían ni un céntimo para enviar a mi padre a la universidad. Sin embargo, por suerte mi padre fue a una escuela católica dirigida por la Congregación de los Hermanos Cristianos, y un hermano se convirtió en su mentor y no paraba de decirle: «Tienes que ir a la universidad». La palabra de un hermano tenía su peso en casa de mi padre. Así, el otoño después de que papá terminara el instituto, mis abuelos lo metieron en un tren hacia el Georgia Tech, en Atlanta, con sus ganancias de repartir el periódico y un bote de mantequilla de cacahuete.

Una vez en la universidad, mi padre dividía su tiempo entre estudiar en Atlanta y trabajar en Dallas, donde consiguió un puesto en una empresa aeroespacial. Así ganó el dinero para seguir en la universidad, y así acabó finalmente trabajando en LTV Aerospace, en el programa Apollo.

Cuando mi padre llegó a casa por Navidad después del primer semestre en el Georgia Tech, dos monjas dominicas, la hermana Mary Magdalen Lopinto, que era mentora de mi padre y le había dado trabajos durante la época del instituto, y la hermana Mary Anne McSweeney, que era la tía de mi madre, decidieron que necesitaba una cita durante las vacaciones. (Fue muy importante en mi vida. La llamaba «tía» de pequeña. Me enseñó a leer, y recuerdo probarme su hábito un día cuando era una cría.) Las hermanas eran muy amigas, y les divertía que mi padre hubiera tenido poco antes dos novias y las dos lo hubiesen dejado por el convento. Mi tía abuela, la hermana Mary Anne, le habló a su amiga de mi madre, que durante un tiempo había asistido a un instituto de novicias como candidata para la congregación. Decidieron que era la persona adecuada para mi padre.

La hermana Mary Magdalen llamó a mi padre y le dijo: «Ya no tendrás más novias. Las enviaste a las dos al convento, de modo que vamos a mandarte a esta casa en South Genois Street, y conocerás a una chica, Elaine, que ya ha estado en el convento y ha salido, así que no la perderás de la misma manera que a las demás».

De modo que mi padre fue a South Genois Street y conoció a mi madre.

«Me llamaron y me preguntaron si estaría dispuesta a salir con ese chico al que no conocía, y pensé: "Bueno, no puede ser muy malo si las monjas me proponen que salga con él"», me contó ella.

Unos días después tuvieron una cita en *The President*, un gran barco de varias cubiertas con una rígida rueda de palas que recorría arriba y abajo el río Mississippi. Debió de ir bien. Estuvieron saliendo cinco años mientras mi padre estudiaba en la universidad. Luego consiguió una beca para hacer el posgrado en ingeniería mecánica en Stanford, así que se casaron y se fueron a California, donde mi madre, que nunca fue a la universidad, los mantuvo a los dos con sus ingresos como administrativa en una empresa en Menlo Park. Más tarde se mudaron de nuevo a Dallas; mi madre estaba embarazada de mi hermana, Susan, su primera hija, y al poco tiempo mi padre trabajaba en el programa Apollo y la NASA competía por llevar a un hombre a la luna. Mi madre decía que lo recordaba trabajando casi veinticuatro horas al día, siete días por semana. A veces se iba a trabajar y volvía a casa tres días después, tras dormir breves siestas en el sofá de su despacho.

Mi madre se encargaba de todo. Llevaba la casa. Crio a cuatro hijos. Cuando mis padres abrieron un negocio de inversión en inmuebles residenciales para poder pagar la universidad donde ingresáramos, mi madre dirigía el negocio durante el día. Mi padre hacía una aportación enorme por las noches y el fin de semana, sin duda, pero la lista de tareas diarias pendientes de mi madre en el negocio era simplemente irreal. No tengo ni idea de cómo se las arreglaba con todo. (No obstante, visto desde ahora, por mucho que mi madre criara a cuatro hijos y llevara la casa, lograron una mayor igualdad en su matrimonio cuando mis padres dirigieron juntos el negocio inmobiliario.)

Mi madre y mi padre habían vivido en carne propia el empuje de la oportunidad, habían hecho sus averiguaciones en la biblioteca y estaban dispuestos a apoyar mi traslado a Seattle cuando el empleado de recursos humanos de Microsoft llamó a casa y contestó mi madre. Mamá, que no mide más de metro y medio, con su dulce acento sureño, dijo, fuera de lugar: «Oh, ¿puede contarme si va a hacer una oferta de trabajo a Melinda?». «Bueno, en realidad se supone que no debo hacerlo», respondió el hombre. Así que ella recurrió al encanto y le preguntó de nuevo; él cedió y dijo: «En efecto, vamos a hacerle una oferta». Mi madre tomó nota de los detalles en una libretita (que ella salvó y aún guardo), y luego me llamó a California. En cuanto me transmitió el mensaje, llamé a Microsoft y acepté.

¡Estaba entusiasmada!

Al cabo de unos meses, volé a Seattle para asistir a un curso de introducción en mi nueva empresa. Yo estaba en la primera promoción de MBA de Microsoft, y la empresa decidió que los diez participantes hiciéramos una visita y decidiéramos en qué grupo debíamos integrarnos al principio. Nuestra primera sesión fue en la sala de juntas, la sala de reuniones más grande que tenían. Así de pequeña era la empresa por aquel entonces, un 1 por ciento de su tamaño actual. Eché un vistazo a la mesa y solo vi hombres. No me pareció extraño, pues como alumna de informática en la universidad me había acostumbrado a estar en salas llenas de hombres. Sin embargo, entonces el vicepresidente de marketing de aplicaciones tomó la palabra y, mientras se presentaba, el chico que tenía sentado a mi lado, de la misma edad que yo y recién salido de la Stanford Business School, se enzarzó en un acalorado debate con él. No fue solo un intercambio intenso: fue un enfrentamiento descarado, creciente, casi una pelea y pensé: «Vaya, ¿así hay que ser para que te vaya bien aquí?».

Tardé unos años en obtener la respuesta.

Cuando comencé a trabajar, me percaté de inmediato de que mi mentora en IBM tenía razón. En Microsoft tuve oportunidades imposibles de conseguir en otro sitio. Tres semanas después de empezar, con mis veintidós años, volé a Nueva York para una reunión que yo dirigía. Nunca había estado en Nueva York. ¡Ni siquiera había cogido nunca un taxi!

Todos estábamos igual en Microsoft. Más tarde nos reímos de ello, pero era aterrador. Un amigo me contó que su jefe entró y le dijo: «Quiero que soluciones la educación superior», y él preguntó: «¿A qué se refiere con que solucione la educación superior?», y el jefe le dijo: «¿A qué te refieres con a qué me refiero?». No era un sitio para gente que necesitara mucha orientación. Ascendíamos el pico sin mapa, estábamos creando la montaña sin instrucciones. Todos nos mostrábamos entusiasmados con lo que la gente podría hacer gracias a nuestros programas.

Nuestros clientes estaban tan entusiasmados como nosotros, así que no paraban de llegar oportunidades. Empecé como jefa de producto de Microsoft Word, luego pasé a ser jefa de producto de grupo de una serie de productos. Después fui jefa de marketing de un conjunto de productos más grande. (Por cierto, «productos» era el término interno para designar los programas informáticos.) Luego pasé a ser jefa de marketing de grupo. Más tarde quise centrarme en el producto, no solo en el marketing, así que me convertí en jefa de unidad de producto de Microsoft Publisher. Eso suponía gestionar los equipos que llevaban a cabo las pruebas, el desarrollo y todo lo que implicaba crear un producto. Y, mira qué bien, cuando eres tan joven y te ofrecen tantas oportunidades también tienes la ocasión de cometer errores, y eso lo aproveché al máximo. Era la jefa de unidad de producto de Microsoft Bob. (¿No os acordáis de Microsoft Bob?) Esperábamos que hiciera que Windows fuera más accesible para el usuario. Fue un fracaso. Los críticos tecnológicos acabaron con él. Ya habíamos anunciado el producto y sabíamos que nos enfrentaríamos a ciertos vientos en contra antes de nuestra primera demostración en público, así que subí al escenario en aquel acto con una camiseta que ponía MICROSOFT BOB en la parte delantera y una diana roja y brillante en la espalda. Dieron en el blanco. Me hicieron polvo. Con todo, el valor de lo que aprendes cuando eres la cara visible de un proyecto que fracasa es incalculable. (En la empresa se bromeaba con que no te promocionaban hasta que experimentabas tu primer gran fracaso. No era del todo cierto, pero era un consuelo útil en los momentos difíciles.)

Por suerte, la mayoría de mis otros fracasos no fueron tan públicos como ese, ni tan dolorosos. Sin embargo, todos fueron útiles. En una serie de torpezas, cometí el error de gastar algo que no me estaba permitido gastar. ¡Uf! No es lo que una buena chica católica que se sienta en primera fila y saca buenas notas quiere hacer, sobre todo cuando es la chica nueva en una empresa dominada por hombres. No solo mi jefe, sino también el jefe de mi jefe se abalanzó sobre mí. Intenté explicar que había preguntado a un administrativo sobre el procedimiento. A nadie le importó. No había tiempo para eso.

Poco después estaba en una reunión con el mismo jefe, que me acribillaba a preguntas sobre qué precio deberíamos poner a nuestro nuevo producto, y yo no sabía una cifra en particular: nuestro precio de coste, un dato clave que todo jefe de producto debería saber al detalle. No es solo que no supiera la cifra; ese no fue el mayor problema, sino que no conocía a mis clientes lo suficiente para saber cuánto estarían dispuestos a pagar. Lo aprendí a partir de entonces, necesitaba conocer las cifras clave, y más me valía saber de dónde salían y por qué eran importantes.

Después de aquella reunión, pensé: «Vaya, a lo mejor no sobrevivo. Es el jefe de mi área. Soy una de las pocas mujeres que hay, he metido la pata en mi informe de gastos y he dado un paso en falso en esto». Recuerdo que pregunté a algunas personas: «¿Podré recuperar la confianza de este tipo algún día?». Tardé un tiempo, pero reconstruí mi relación con él y acabé siendo mejor que si hubiera programado los gastos correctamente y hubiese sabido la cifra que me preguntaba. Nada me ayuda más a centrarme que un error.

Esas experiencias y oportunidades me hicieron ver por qué la jefa de IBM me animó a aceptar el trabajo. Era estimulante y todo un desafío, y estaba aprendiendo muchísimo, pero había algo que no estaba hecho para mí. Cuando llevaba un año y medio en el trabajo, empecé a pensar en dejarlo.

No era por el trabajo, ni por las oportunidades, que eran increíbles. Era la cultura. Era muy airada, muy de discutir, competitiva, la gente luchaba hasta el final cada punto que exponía y cada dato que debatía. Era como si todas las reuniones, por muy informales que parecieran, fueran un ensayo general de la revisión estratégica con Bill. Si no discutías hasta la extenuación, entonces era que no conocías tus números o no eras lista o apasionada. Tenías que demostrar que eras fuerte, así funcionaba. No nos dábamos las gracias. No hacíamos cumplidos. En cuanto se terminaba algo, se invertía poco tiempo en celebrarlo. Incluso cuando uno de los mejores jefes se fue de la empresa, se limitó a enviar un mensaje de correo electrónico diciendo que se iba. No hubo fiesta ni despedida en grupo. Fue raro. Solo un bache mientras corríamos sin parar durante todo el día. Esa era la norma de cómo había que ser para tener éxito allí, y era una sensación generalizada en la empresa. Yo podía hacerlo. Lo hice, pero era agotador, y me cansaba tanta brusquedad. «Tal vez debería trabajar para McKinsey», pensé. McKinsey es una consultoría de altos ejecutivos conocida por exprimir a su gente, pero nada comparado con lo que estaba viviendo en aquella época. Había hecho una entrevista con ellos antes de aceptar el trabajo en Microsoft, y me habían llamado unas cuantas veces para mantener el contacto y preguntarme si me gustaba estar donde estaba. Así que alimenté esa fantasía de escape durante meses, pero no me decidía a hacerlo porque en realidad me encantaba lo que estaba haciendo en Microsoft. Me encantaba crear productos, ir por delante de la curva, saber qué necesitaban los usuarios incluso antes que ellos, porque nosotros veíamos hacía dónde iba la tecnología y la llevábamos hasta ahí.

Lo cierto era que me encantaba la misión y la visión de Microsoft, así que me dije: «A lo mejor, antes de irme de este sitio increíble debería intentar encontrar la manera de hacer todo lo que forma parte de la cultura, como defenderme, conocer los datos, mantener debates encendidos, pero a mi estilo». Desde el principio, en vez de ser yo misma, había actuado al estilo de los hombres a los que yo percibía que les iba bien en la empresa. De modo que la pregunta me vino como una epifanía: ¿podía quedarme en la empresa siendo yo misma? ¿Podía seguir siendo dura y fuerte sin dejar de decir lo que pensaba y siendo sincera sobre quién soy, admitir mis errores y debilidades en vez de fingir no tener miedo ni defectos, y sobre todo encontrar a otras personas que quisieran trabajar como yo? Me dije: «No eres la única mujer de esta empresa, y no puedes ser la única persona que esté fingiendo tener una personalidad determinada para encajar». Así que busqué mujeres y hombres que tuvieran los mismos problemas con la cultura empresarial que yo.

Paradójicamente, mucho después me di cuenta de que, al intentar encajar, estaba reforzando la cultura que hacía que me sintiera fuera de lugar.

Crear nuestra propia cultura

Empecé contactando con más intención con otras compañeras de trabajo, en busca de apoyo para mi manera de ver la empresa. La amiga en la que más me apoyé fue Charlotte Guyman. Charlotte y yo nos conocimos cuando yo llevaba unas ocho semanas en Microsoft. Recuerdo el día a la perfección porque fue el mismo que conocí a mi futuro suegro. Estábamos todos en el congreso de la American Bar Association en San Francisco, donde Microsoft tenía un estand, y Charlotte y yo trabajábamos allí haciendo demostraciones de Microsoft Word.

Las dos estábamos en distintos grupos, pero nos pidieron que averiguáramos cómo podía entrar Microsoft Word en el mercado jurídico, donde la competencia, Word Perfect, tenía el 95 por ciento de la cuota de mercado. Charlotte estaba en un grupo nuevo llamado marketing de canal, donde intentaba vender nuestros productos a un conjunto de clientes determinado, en este caso la comunidad jurídica. Por mi parte, era la jefa de producto de Word e intentaba vender Microsoft Word a cualquier mercado. Así que Charlotte y yo teníamos el mismo objetivo partiendo de dos direcciones distintas. Con determinadas personas podría haberse convertido en una competición, pero con Charlotte no lo fue en absoluto. En cuanto nos dimos cuenta de que teníamos esa misión común, nos abrimos la una a la otra: yo haré esto, tú harás eso, y las dos haremos esto otro juntas. Funcionó a la perfección porque ambas queríamos que diera resultado y no nos importaba quién se llevara el mérito, ya que solo deseábamos que ganara Microsoft.

Yo fui la primera en llegar a nuestro estand, exultante porque me encantaba hacer la demostración de Word. Luego apareció Charlotte, y las dos rebosábamos energía y emoción. Había oído que nunca se conoce a una buena amiga, se la reconoce. Así fue con Charlotte. Congeniamos enseguida. Nos lo pasamos en grande haciendo las demostraciones, observando una el estilo de la otra, aprendiendo mucho. Más tarde ese día vimos al padre de Bill en el vestíbulo. No costaba mucho identificarlo: mide dos metros. Fue directo hacia mí y le hice una demostración del producto. Me encantó su actitud desenfadada y que fuera tan fácil hablar con él, cómo hacía que quienes lo rodeaban se sintieran cómodos. (Bill y yo aún no salíamos juntos, así que no desconocía la trascendencia de ese encuentro.)

En general, el día fue fantástico. Siempre era así con Charlotte. Con el tiempo comprendí que la base de mi nuevo esfuerzo por sentirme a gusto en la empresa era intentar trabajar con los demás de la misma manera que con Charlotte. Con los brazos y el corazón bien abiertos.

(Charlotte no solo quería trabajar igual que yo; su manera de criticar la cultura empresarial era impactante. En una ocasión dijo: «No está bien que las mujeres lloren en el trabajo, pero sí que los hombres griten. ¿Cuál es la reacción emocional más madura?».)

Cuando empecé a ver cómo podía ser yo misma en la cultura de Microsoft, encontré a un grupo de mujeres que querían trabajar igual que yo, y a algunos hombres con una mentalidad parecida. Mi amigo más importante con diferencia era John Neilson. Ya lo he mencionado antes. Fue uno de mis mejores amigos en la vida, y murió antes de cumplir los cuarenta. Él y Emmy nos acompañaron a Bill y a mí en ese primer viaje a África en 1993, y John y yo reaccionamos a ese viaje de la misma manera, como ocurría con tantas cosas. Los dos éramos personas muy sociables, probablemente nuestros colegas nos tildarían de «sensibles», y estrechamos lazos gracias a nuestros esfuerzos por formar parte de la cultura de Microsoft y al mismo tiempo aportar cierta empatía al trabajo. John era un apoyo esencial para mí, y espero haberlo sido para él. Años después, la primera vez que oí la expresión «aliado masculino» para designar a los hombres que defendían con pasión a las mujeres, pensé: «Ese era John».

El hecho de conectar con otras mujeres y crear nuestra propia cultura empresarial tuvo más compensaciones de las que había soñado. Charlotte es aún una de mis mejores amigas. John y Emmy Neilson eran nuestros mejores amigos para Bill y para mí. Luego Charlotte me presentó a Killian, que acababa de mudarse a Seattle desde Washington, D.C y fundó Recovery Café en 2003. Killian siente una profunda pasión por la comunidad y la vida espiritual. Su fe la empuja a incluir a los excluidos, y aplica esa fe a la vida más que nadie que haya conocido jamás. Cuando llegó, provocó la conversación que las cuatro estábamos deseando tener. «De acuerdo, cuando tienes más de lo que necesitas en el plano material, ¿qué viene a continuación? ¿Hacia dónde vamos a partir de aquí? ¿Dónde conectan nuestras habilidades con alguna necesidad en el mundo? ¿Qué uso damos a nuestra vida para ayudar a nuestra familia humana más grande?»

Charlotte, Emmy, Killian y yo empezamos a correr juntas todos los lunes por la mañana en cuanto nuestros hijos se iban al colegio. Luego decidimos añadir a algunas amigas, y formar un grupo de mujeres un poco más grande con una perspectiva espiritual. Éramos nueve, y hace casi veinte años que nos reunimos el segundo miércoles del mes, leemos libros, hacemos viajes, vamos de retiro, exploramos maneras de pasar a la acción desde nuestra fe. El cuarteto de salir a correr los lunes también sigue intacto, aunque caminamos más que corremos, y procuramos no mortificarnos con lo que eso pueda significar.

Todas las amigas que he hecho me ayudaron a cambiar la cultura del lugar de trabajo, pero si hubo un momento decisivo en el proceso de ser yo misma en Microsoft fue cuando Patty Stonesifer pasó a ser mi jefa, mentora y modelo. (Como he dicho antes, Bill y yo confiábamos y respetábamos tanto a Patty que, cuando se fue de Microsoft, le preguntamos si quería ser la primera directora general de nuestra fundación, y lo fue durante diez espectaculares años.) Patty era considerada una estrella desde el principio en Microsoft. Tenía su propio estilo, y la gente acudía en masa a trabajar con ella. Su grupo era un lugar donde la gente llegaba y quería quedarse porque se sentía muy respaldada. Podíamos decir con sinceridad cuáles eran nuestros puntos fuertes y débiles, los desafíos de crear algo nuevo y las categorías difíciles del negocio. Nadie conocía las respuestas, y si pretendíamos saberlas, no íbamos a progresar. Teníamos que estar dispuestos a probar, eliminar lo que no funcionara y luego probar con algo nuevo. Empezamos a crear una corriente de la cultura Microsoft que siempre estuvo ahí pero nosotros ensalzamos: la capacidad de decir «Me equivoqué». Era increíble ser capaz de admitir las debilidades y los errores sin preocuparse de que se usaran en contra de nosotros.

Cuando trabajaba para Patty empecé a desarrollar un estilo propio de verdad, y dejé de reprimirme para encajar. Entonces comprendí realmente que podía ser yo misma y ser eficaz. Cuanto más lo intentaba, más funcionaba. Y me impresionó. A medida que ascendía, hasta llegar a dirigir a 1.700 personas (la compañía entera estaba formada por 1.400 personas cuando empecé y unas 2.000 cuando me fui en 1996), conseguía a desarrolladores informáticos de toda la empresa que llevaban años allí, y la gente me decía: «¿Cómo logras que esas estrellas vayan a trabajar contigo?». Porque querían trabajar de la misma manera que yo.

Encontré el valor para hacerlo porque vi que a Patty le funcionaba, y esa es la fuerza de un modelo. Me animó a ser fiel a mi propio estilo, aunque ella no supiera que estaba teniendo ese efecto en mí. Sin Patty nunca habría sido capaz de alcanzar los objetivos que me puse a mí misma, ni entonces ni después.

En plena reinvención, tal vez porque la vida tiene sentido del humor, me hice amiga de aquel joven empleado de Stanford que inició un intercambio agresivo con el vicepresidente durante nuestra visita de orientación. Una noche que habíamos salido con un grupo de amigos a cenar, le pregunté: «¿Te acuerdas de aquella vez en la reunión de orientación del MBA, cuando tuviste aquella discusión con el vicepresidente? No podía creer que lo hicieras. Ahora que te conozco, no me parece propio de ti».

Se puso completamente rojo, avergonzado, y dijo: «No puedo creer que te acuerdes. Lo cierto es que en la escuela de negocios tenía un profesor de conducta organizativa que la semana anterior me había dicho que no era lo bastante asertivo, que tenía que procurar ser más atrevido. Así que lo estaba intentando».

Fue toda una lección para mí. Los hombres también se topan con obstáculos culturales en el trabajo que les impide ser ellos mismos. Cuando las mujeres podemos ser nosotras mismas en el trabajo, mejoramos la cultura empresarial tanto de hombres como de mujeres.

En mi caso, así le di la vuelta a la tortilla en Microsoft: siendo yo misma y encontrando mi voz con la ayuda de compañeros, mentores y modelos. Ser tú misma suena a receta simplona para cómo salir airoso en una cultura agresiva, pero no es tan fácil como suena. Significa no comportarse de una manera falsa solo para encajar. Es expresar tus habilidades, valores y opiniones con tu estilo, defender tus derechos y nunca sacrificar el respeto hacia ti misma. Eso es poder.

Cuidado, es más dura de lo que crees

Si tuviera que resumir las lecciones aprendidas en Microsoft, donde empecé a trabajar hace más de treinta años, diría que rendía cuentas ante una mujer que apoyaba mi esfuerzo por trabajar con mi propio estilo en una cultura empresarial que recompensaba los resultados, por lo que pude promocionarme y progresar. Si hubiera intentado hacerlo sola sin colegas que me animaran y una jefa que me apoyara, habría fracasado. Hoy en día todas las mujeres deberían contar con el respaldo que conseguí en Microsoft hace una generación. Sin embargo, incluso ahora algunas mujeres reciben lo contrario. Permitidme que os cuente la historia de una de ellas.

Antes de hacerlo, quiero ser sincera sobre algo que me preocupa. Una de las dificultades de escribir sobre mis vivencias y contar la historia de otras personas es el riesgo de que alguien piense que estoy equiparando mis historias y las suyas. Creo que la mejor manera de afrontarlo es dejar claro que las dificultades de la gente que destaco en este libro superan con creces las mías. Por eso aparecen en él. Son mis héroes. No estoy equiparando en absoluto mis esfuerzos por prosperar en la cultura de Microsoft con los de otras mujeres por sobrevivir y aguantar juicios en sus lugares de trabajo. Para muchas mujeres, «ser tú misma» en el trabajo supone un desafío mucho más duro que el que yo encontré en Microsoft.

A continuación, os cuento una historia del mundo tecnológico muy distinta a la mía.

Cuando Susan Fowler empezó en su nuevo trabajo en Uber en 2016, su jefe le envió una serie de mensajes para convencerla de tener relaciones sexuales con él. En cuanto vio los mensajes, pensó que ese tipo acababa de meterse en un lío. Hizo capturas de pantalla de la conversación, informó al departamento de recursos humanos… y se enteró de que era ella la que se había metido en un lío.

El departamento de recursos humanos y los altos cargos le dijeron que ese tipo tenía «un alto rendimiento», que era su primera infracción (mentira), y le dieron a Susan a elegir: podía irse a otro equipo o quedarse hasta que el tipo al que había denunciado le hiciera una mala evaluación de rendimiento.

Susan se había criado en una comunidad rural de Arizona, era una de los siete hijos de una ama de casa y un predicador que vendía teléfonos de pago durante la semana. Se educó en casa, así que a los dieciséis años empezó a llamar a las universidades y a preguntar qué había que hacer para entrar. Mientras trabajaba de niñera y moza de cuadra, averiguó cómo hacer las pruebas de admisión y envió una lista de los libros que había leído a la Universidad Estatal de Arizona. Le dieron una beca completa.

Al final, Susan se cambió a la Universidad de Pennsylvania para estudiar filosofía y asistir a más clases de ciencia, pero los administradores intentaron impedir que hiciera física porque solo tenía nivel de matemáticas de primaria. Escribió una carta al rector de la universidad en la que le preguntaba: «¿No dio un discurso en el que decía que la Universidad de Pennsylvania está para ayudarnos a cumplir nuestros sueños?». Susan consiguió el apoyo del rector y empezó a aprender sola todas las matemáticas que se había perdido y luego asistió a cursos universitarios de física.

Esa es la mujer que Uber contrató. Algunos de sus jefes esperaban poder abusar de ella, mentirle y reprimir sus intentos de defenderse, pero no fue así. La actitud de Susan, tal como contó a Maureen Dowd, de *The New York Times*, fue: «No. No vas a conseguirlo».

Susan se cambió a otro departamento, encontró una nueva función en Uber que le encantaba, y empezó a recibir evaluaciones de rendimiento perfectas. Luego, como su nuevo jefe necesitaba conservar algunas mujeres emblemáticas en su equipo, empezó a añadir valoraciones de rendimiento negativas a escondidas para que no promocionaran a Susan y se fuera de su grupo. Ella preguntó por sus evaluaciones negativas, y nadie se las explicaba. Además de impedirle luchar por el trabajo que quería, esas evaluaciones afectaban al pago del bono y del sueldo neto y le impedían ser elegida para un patrocinio de Uber en un programa universitario en Stanford que le encantaba.

Susan empezó a presentar un informe en el departamento de recursos humanos cada vez que experimentaba algo sexista. Al final, su jefe amenazó con despedirla por presentar informes al departamento de recursos humanos. Susan y otras mujeres soportaron desaires gratuitos, como que la empresa pidiera chaquetas de piel para todos los empleados pero no para las mujeres porque, según ellos, había tan pocas mujeres en Uber que no podían conseguir un descuento por volumen.

Entretanto, las mujeres se fueron yendo, y el porcentaje de mujeres en la empresa de Susan bajó del 25 por ciento al 6 por ciento. Cuando preguntó qué estaban haciendo ante ese descenso, le dijeron que las mujeres en Uber tenían que «progresar y ser mejores ingenieras».

En una de sus últimas reuniones con el departamento de recursos humanos, el representante preguntó a Susan si en alguna ocasión se había planteado que tal vez ella era el problema.

Cuando Susan decidió irse de Uber, le ofrecieron otro trabajo en una semana. Sin embargo, después de irse, aún se enfrentaba a un dilema: ¿debería olvidarlo o contarlo todo? Sabía que saltar a la palestra con acusaciones de acoso sexual podían marcarla durante el resto de su vida, y le preocupaba. No obstante, también sabía que muchas mujeres en Uber habían tenido experiencias parecidas, y si ella lo contaba, también hablaría por ellas.

Susan se decantó por el lado del «No. No vas a conseguirlo». Escribió un artículo de tres mil palabras en un blog sobre su año de abusos. El día que lo colgó, se hizo viral. Al día siguiente, Uber contrató al exfiscal general Eric Holder para investigarlo. Cuando Holder envió su informe, obligaron al director general de Uber a dimitir y veinte personas más fueron despedidas. Otras mujeres del sector tecnológico empezaron a hablar, y hubo despidos y nuevas políticas. Un titular rezaba: «El post de Susan Fowler sobre Uber fue el primer disparo de una nueva guerra contra el sexismo en Silicon Valley».

Pasados unos meses, la guerra se extendió más allá de la industria tecnológica y otros sectores al estallar el escándalo de Harvey Weinstein. Mujeres de todo el país compartieron historias de acoso sexual y abuso con el hashtag #MeToo. Adoptamos la frase «Yo también» que la activista Tarana Burke usó en 2006 para crear una comunidad de supervivientes a agresiones sexuales, y se hizo viral. En solo veinticuatro horas hubo 12 millones de entradas solo en Facebook.

A finales de 2017, Susan apareció en la portada de la revista *Time* sobre el personaje del año junto con otras mujeres destacadas del movimiento #MeToo. La revista las llamó «las que rompieron el silencio».

Las mujeres que dieron un paso adelante y hablaron claro deberían ser elogiadas y aumentar en número. Aun así, también debemos apoyar a las que trabajan en puestos no cualificados y del sector de servicios, mujeres que no tienen acceso a las redes sociales, cuyos agresores no son famosos y cuyas historias no interesan a los periodistas, y que viven de una nómina. ¿Qué opciones tienen de resistirse? ¿Cómo podemos ayudarlas? Cada mujer que rompe el silencio es una victoria, pero necesitamos encontrar la manera de que cada victoria repercuta en las mujeres que aún no tienen voz.

¿Qué ha pasado?

El movimiento #MeToo, y todas las mujeres y organizaciones que lo refuerzan y derivan de él, está logrando victorias importantes para las mujeres y los hombres. Solo es el principio. Si queremos ampliar y mantener esos progresos, debemos comprender cómo se produjeron.

¿Qué ha pasado? ¿Por qué el cambió tardó tanto, y por qué fue tan repentino? Cuando las mujeres oímos nuestra propia voz en la historia de otra mujer, nuestro coraje aumenta, y una voz puede convertirse en un coro. Cuando es «él dijo/ella dijo», la mujer no puede ganar. Pero cuando es «él dijo/ella dijo/ella dijo/ella dijo/ella dijo», hay una oportunidad para la transparencia, y puede entrar la luz en aquellos lugares donde la conducta de abuso prospera.

En 2017 los agresores seguían mintiendo, pero sus defensores se rindieron. No podían ocultar la verdad, y el dique se rompió. Cuando las mujeres vieron que cada vez más gente se ponía de parte de los acusadores en vez de los agresores, las historias que se habían quedado dentro salieron en tromba, y los agresores tuvieron que irse.

Cuando por fin llega el cambio tan esperado, es rápido. Pero ¿por qué dominaron los agresores durante tanto tiempo? Parte de la respuesta es que cuando las mujeres intentamos decidir si deberíamos alzar la voz, no sabemos si otras personas se pondrán de nuestra parte. A menudo se necesitan muchas mujeres agarradas del brazo para animar a otras mujeres a hablar.

Antes de conocer a Bill tuve una relación insana. El chico me animaba en algunos aspectos, pero me retenía en otros a propósito. Nunca quiso que yo lo eclipsara. No me veía como una mujer con mis propios sueños, esperanzas y habilidades, sino como alguien que podía desempeñar un papel útil en su vida, así que quería que fuera de una manera determinada en algunos aspectos y cuando no lo era podía ser extremadamente agresivo. Estoy convencida de que esa es una de las razones por las que me enfado tanto hoy en día cuando veo a mujeres despreciadas o limitadas a determinadas funciones. Me veo reflejada en ellas.

Cuando empecé mi relación con él era joven. No había opción de ser yo misma o de encontrar mi voz en ese momento de mi vida. Estaba confusa. Me sentía fatal, pero no entendía por qué. Hubo suficientes momentos de apoyo para querer pasar por alto el maltrato y descartar la sensación de que tenía que salir de esa relación. Con el tiempo vi con claridad que había perdido mi voz y confianza en gran parte, y tardé años en ver lo que había perdido y recuperarlo.

Incluso cuando ya había terminado, seguía sin comprender qué había ocurrido hasta que tuve algunas relaciones sanas. Con todo, no comprendí del todo el poder enfermizo de esa relación de abuso hasta años después de terminarla, tras ir a una colecta de la Asociación Cristiana de Jóvenes con el fin de crear un refugio para mujeres y familias. Una mujer con un elegante traje formal azul subió al estrado y contó su historia, y fue la primera vez que me dije a mí misma, con plena conciencia: «Dios mío, eso era lo que me pasaba a mí».

Creo que las mujeres que hemos sufrido abusos tal vez callemos durante un tiempo, pero nunca dejamos de buscar un momento en que nuestras palabras tengan un efecto. En 2017 encontramos nuestro momento. Aun así, necesitamos hacer más que señalar a los agresores: tenemos que sanar la cultura insana que los apoya.

Para mí, una cultura del abuso es cualquiera que necesite señalar y excluir a un grupo. Siempre es una cultura menos productiva porque la energía de la organización se canaliza para denigrar a las personas en vez de para ayudarlas a despegar. Es como una enfermedad autoinmune en la que el cuerpo considera que sus propios órganos son una amenaza y empieza a atacarlos. Una de las señales más comunes de una cultura del abuso es la falsa jerarquía que coloca a las mujeres por debajo de los hombres. De hecho, a veces es peor: las mujeres no solo están por debajo de los hombres en la jerarquía, sino que además son tratadas como objetos.

A las mujeres nos hacen sentir que no somos lo bastante buenas o listas en lugares de trabajo de todo el mundo. Se nos paga menos que a los hombres. A las mujeres de color se les paga aún menos. Conseguimos aumentos y promociones más despacio que ellos. No se nos ofrece tanta formación, programas con mentores y patrocinios para trabajos como a los hombres. Además, estamos más aisladas las unas de las otras que los hombres, así que podemos tardar mucho en darnos cuenta de que la mala sensación de no encajar no es culpa nuestra, sino que forma parte de la cultura empresarial.

Una señal de una cultura del abuso es la visión de que los miembros del grupo excluido «no tienen lo que hace falta». En otras palabras, «si aquí no hay muchas ingenieras es porque las mujeres no son buenas ingenieras». Me cuesta entender que una lógica tan equivocada esté tan extendida. Las oportunidades tienen que ser iguales antes de poder saber si las habilidades son iguales. Y las oportunidades nunca han sido las mismas para las mujeres.

Cuando la gente ve los efectos de la escasez de estímulos y lo llama «naturaleza», dificulta la formación de mujeres para ocupar puestos clave, y eso refuerza la idea de que la disparidad se debe a la biología. Lo que hace que esa aseveración biológica sea tan insidiosa es que sabotea el desarrollo de las mujeres, y libera a los hombres de toda responsabilidad de analizar sus motivaciones y prácticas. Así es como la diferenciación de género «siembra las pruebas» que hacen que mucha gente vea los efectos de sus propios prejuicios y lo llame «biología». De este modo se perpetúa una cultura a la que las mujeres no se quieren sumar.

Cuando los hombres escriben las normas

Me resulta frustrante que hoy en día las mujeres aún se enfrenten a culturas hostiles en muchos ámbitos, y me enfada sobre todo que esas dificultades les impidan entrar en la industria tecnológica. Son trabajos muy emocionantes. Son divertidos. Son innovadores. Se pagan bien. Tienen consecuencias cada vez mayores en nuestro futuro, y cada año que pasa hay más. Pero es más que eso. La tecnológica es la industria más potente del mundo. Está creando la manera en que viviremos nuestras vidas. Si las mujeres no están presentes en la tecnología, no tendrán poder.

El porcentaje de licenciadas en informática se ha desplomado desde que yo fui a la universidad. Cuando me licencié en Duke en 1987, el 35 por ciento de cuantos se licenciaban en informática en Estados Unidos eran mujeres. Hoy en día suponen el 19 por ciento. Probablemente hay muchas razones que explican la caída. Una idea es que cuando los ordenadores personales entraron en los hogares estadounidenses, a menudo se vendían como aparatos de juego para los niños, así que los niños pasaban más tiempo con ellos y por tanto tuvieron una exposición a los ordenadores que las niñas no vivieron. Tras surgir la industria de los juegos de ordenador, muchos desarrolladores se pusieron a crear juegos de guerra violentos con armas automáticas y explosivos a los que muchas mujeres no querían jugar, y se creó un círculo cerrado de hombres que creaban juegos para hombres.

Otra causa probable es la opinión inicial de que el codificador informático ideal era alguien sin habilidades ni intereses sociales. Esta idea estaba tan extendida que algunas empresas usaban el proceso de contratación para detectar a los candidatos que mostraban «desinterés por las personas» y a los que no les gustaban «las actividades que implicaban una interacción personal cercana». Eso descartaba a muchas mujeres.

Por último —y esto demuestra los prejuicios de género de nuestra cultura cuando se trata de quién se considera apto para una tarea—, cuando la ingeniería informática se veía como más administrativa y mucho más fácil que la parte de los equipos, los jefes contrataban y formaban a mujeres para hacer ese trabajo. Sin embargo, en el momento en que la programación informática pasó a ser entendida como menos administrativa y más compleja, los jefes empezaron a buscar a hombres para formarlos como programadores informáticos, en vez de seguir contratando y formando a mujeres.

A medida que la cantidad de hombres en el sector fue creciendo, cada vez entraban menos mujeres en la tecnología. Eso dificultaba aún más ser mujer en el sector, así que cada vez se sumaban menos y los hombres empezaron a dominar el campo.

Por suerte, se han producido algunos cambios esperanzadores. Las fuerzas que convirtieron la informática en un club masculino se están suavizando, y la gente de la industria se esfuerza más para contrarrestar los prejuicios de género. Tal vez esos cambios hayan empezado a desviar la tendencia en la dirección adecuada.

Otro desafío es el bajo porcentaje de mujeres en el sector del capital de riesgo, que es aún menor que el porcentaje de mujeres en la industria informática. El capital de riesgo es una fuente de financiación crucial para los emprendedores que están iniciando un negocio y no pueden permitirse un préstamo bancario. Los inversores les dan el capital que necesitan para crecer a cambio de una participación en el negocio. Puede ser decisivo para que sea un fracaso o un éxito enorme.

Solo el 2 por ciento de los socios de capital de riesgo son mujeres, y solo el 2 por ciento del dinero de riesgo va a empresas fundadas por mujeres. (La cantidad de capital de riesgo que va a parar a empresas fundadas por mujeres afroamericanas es del 0,2 por ciento.) Nadie puede pensar que eso tiene sentido económico. Las mujeres tendrán mil ideas geniales de negocio que nunca se les ocurrirán a los hombres. Por desgracia, la pregunta de quién tendrá las ideas de negocio más emocionantes no es la que motiva las decisiones.

Cuando uno financia empresas emergentes, hay tan pocos datos sobre lo que funciona en la inversión inicial que los inversores dan dinero a sus conocidos, tipos que fueron a los mismos colegios y congresos. Es un club de chicos mayores con chicos más jóvenes. En 2018, Richard Kerby, un inversor de riesgo afroamericano, llevó a cabo una encuesta entre 1.500 capitalistas de riesgo y descubrió que el 40 por ciento había ido a Stanford o a Harvard. Cuando existe semejante concentración de personas de un grupo, un sector, o un grupo de escuelas, el impulso de financiar a gente que pertenezca a tus propias redes te lleva hacia un conjunto homogéneo de empresas. Cuando intentas financiar algo fuera de esa red, puede que tanto la empresa como el inversor piensen que no es un buen «encaje».

Por eso ahora invierto en fondos de capital de riesgo, incluido Aspect Ventures, que invierte en empresas dirigidas por mujeres y empresas formadas por gente de color. No es caridad. Espero buenos beneficios, y confío en obtenerlos porque las mujeres verán mercados que no verán los hombres, y las negras, latinas y asiáticas verán mercados que las emprendedoras blancas no verán. Creo que en diez años miraremos atrás y pensaremos que era una locura que no fluyera más dinero hacia mercados que las mujeres y la gente de color comprendían.

La diversidad de género y racial es imprescindible para una sociedad sana. Cuando un grupo margina a otros y decide por su cuenta qué objetivos y prioridades se fijan, sus decisiones son un reflejo de sus valores, mentalidades y puntos flacos.

Es un problema muy antiguo. Hace unos años leí *Sapiens*, de Yuval Noah Harari. El libro describe la historia de los seres humanos, incluidas las revoluciones cognitivas, agrícolas y científicas. Una de las cosas que se me quedó grabada fue la descripción que hacía Harari del Código de Hammurabi, un conjunto de leyes grabadas en unas estelas aproximadamente en el año 1776 a.C. que han ejercido una gran influencia en el pensamiento jurídico durante siglos, si no milenios.

«Según el código —escribe Harari—, las personas se dividen en dos géneros y tres clases: personas superiores, gente común y esclavos. Los miembros de cada género y clase tienen distintos valores. La vida de una mujer común vale 30 siclos de plata y la de una esclava 20 siclos de plata, mientras que el ojo de un hombre común vale 60 siclos de plata.»

Un ojo de hombre común valía el doble que la vida de una mujer común. El código preestablecía penas leves para una persona superior que cometiera un delito contra un esclavo, y penas duras para un esclavo que cometiera un delito contra una persona superior. Un hombre podía tener relaciones sexuales fuera del matrimonio, pero una mujer no.

¿Cabe alguna duda sobre quién escribió el código? Los hombres «superiores». Promovían sus ideas, reflejaban sus intereses y sacrificaban el bienestar de las personas que consideraban inferiores a ellos. Si las sociedades pretenden elevar a las mujeres hasta la igualdad con los hombres —y declaran que las personas de cualquier raza o religión tienen los mismos derechos que cualquier otra persona—, necesitamos hombres y mujeres, además de todos los grupos raciales y religiosos, unidos para escribir el código.

Para mí, ese es el argumento determinante a favor de la diversidad: es la mejor manera de defender la igualdad. Si esas decisiones no las toman personas de distintos grupos, las cargas y los beneficios de la sociedad estarán repartidos de forma desigual e injusta, pues los que dictan las normas se asegurarán una mayor proporción de los beneficios y menor de las cargas de cualquier sociedad. Si no te incluyen, estás vendido. Tu vida valdrá veinte siclos. Ningún grupo debería tener que confiar en otro para proteger sus intereses, todos deberían poder hablar en nombre propio.

Por eso tenemos que incluir a todo el mundo en las decisiones que conforman nuestras culturas, porque hasta los mejores están cegados por sus propios intereses. Si te importa la igualdad, tienes que aceptar la diversidad, sobre todo ahora que el sector tecnológico está programando nuestros ordenadores y diseñando inteligencia artificial. Nos encontramos en una fase embrionaria de la inteligencia artificial. No conocemos todos los usos que ofrecerá —sanitarios, bélicos, de aplicación de la ley, corporativos—, pero el impacto será profundo, y debemos asegurarnos de que sea justo. Si queremos una sociedad que refleje los valores de empatía, unidad y diversidad, importa quién escriba el código.

Joy Buolamwini es una informática afroamericana que se autodenomina «poetisa del código». Supe de Joy cuando su investigación, que sacaba a la luz los prejuicios raciales y de género en la tecnología, empezó a tener cobertura en los medios de comunicación. Hace unos años trabajaba con un robot social como estudiante universitaria en el Georgia Tech cuando, mientras jugaba a esconder la cabeza para luego sorprenderlo, se dio cuenta de que el robot no reconocía su cara con una iluminación determinada. Usó la cara de su compañera de habitación para terminar el proyecto y no volvió a pensar en ello hasta que fue a Hong Kong y visitó una empresa emergente que trabajaba con robots sociales. Su robot reconocía la cara de todo el mundo menos la suya, que era la única negra. Entonces dedujo que el robot usaba el mismo programa de reconocimiento facial que el suyo en el Georgia Tech.

«Un prejuicio en el algoritmo —dijo Joy— puede extender el prejuicio en una escala enorme.»

Tras incorporarse como investigadora en el MIT Media Lab, probó el programa de reconocimiento facial de IBM, Microsoft y la empresa china Megvii y descubrió que la tasa de error en el reconocimiento de hombres de piel clara estaba por debajo del 1 por ciento, mientras que la tasa de error en el reconocimiento de mujeres de piel oscura era nada más y nada menos que del 35 por ciento. Joy presentó sus resultados a las empresas. Microsoft e IBM dijeron que ya estaban trabajando para mejorar su programa de análisis facial. Megvii no contestó.

Lo único que hay que hacer es pararse a reflexionar sobre los distintos significados de la palabra «reconocer» para estremecerse al pensar que el programa tarda en reconocer a las personas que no tienen el aspecto de los programadores. ¿Acaso un día el programa le dirá a un agente «No "reconocemos" a esta persona, no puede subir al avión, pagar con tarjeta de crédito, sacar dinero o entrar en el país»? ¿Habrá otros programas que, reproduciendo los prejuicios de los programadores, nieguen a la gente la oportunidad de conseguir un préstamo o comprar una casa? ¿Los programas desarrollados por blancos dirán a la policía que detengan a negros de una forma desproporcionada? La perspectiva de esta diferenciación es horrible, pero este es solo el sesgo que podemos predecir. ¿Y los sesgos en los programas que no podemos predecir?

«No se puede tener una inteligencia artificial ética que no sea inclusiva», dijo Joy.

Las mujeres afroamericanas constituyen solo el 3 por ciento del sector tecnológico. Las mujeres hispanas, el 1 por ciento. Las mujeres abarcan un cuarto de los trabajadores tecnológicos y ocupan solo un 15 por ciento de los puestos técnicos. Esas cifras son peligrosa y vergonzosamente bajas. Por eso defiendo con tanta pasión la presencia de mujeres y de mujeres de color en la tecnología. No es solo porque sea la mayor industria del mundo, ni que la economía vaya a añadir medio millón de trabajos informáticos en la década siguiente, ni que los equipos diversos en tecnología generen más creatividad y productividad, sino que la gente que desempeña esos trabajos definirá nuestra manera de vivir, y debemos decidirlo todos juntos.

No me refiero a que haya que dar puestos en tecnología a las mujeres que no se lo hayan ganado, sino que las mujeres se los han ganado y deberían ser contratadas para esos puestos.

Casi todo lo que necesitaba saber sobre el valor de las mujeres en la tecnología lo aprendí de un hombre de tecnología: mi padre. Era un gran defensor de las mujeres en las matemáticas y las ciencias, no solo en lo personal respecto a sus hijas, también en el ámbito profesional, en su carrera. Ya os he hablado de la emoción de ver los lanzamientos espaciales con él y mi familia, pero de niña para mí fue igual de memorable conocer a algunas de las mujeres que estaban en los equipos de mi padre. Después de trabajar en el programa espacial Apollo, lo hizo en Skylab, el Apollo-Soyuz, el Space Shuttle y la Estación Espacial Internacional, y contrató a mujeres para cada uno de esos programas con toda la intención. Siempre que podía contratar a una matemática o ingeniera compartía su ilusión con nosotros en casa. No había muchas mujeres disponibles, nos decía, y su grupo siempre funcionaba mejor cuando podía incluir a una mujer.

Mi padre empezó a ver el valor añadido de las mujeres en los años sesenta y setenta. Por aquel entonces no había muchos datos que lo respaldaran, pero ahora sí, muchísimos, y es impresionante. A modo de ejemplo: un estudio académico de 2010 sobre inteligencia grupal descubrió que la inteligencia colectiva de un grupo de trabajo tiene relación con tres factores: la sensibilidad social media de los miembros del grupo, la capacidad del grupo de hacer sus aportaciones por turnos y la proporción de mujeres en el grupo. Los grupos que incluían como mínimo a una mujer superaban a los grupos exclusivamente masculinos en las pruebas de inteligencia colectiva, y la inteligencia de grupo guardaba más relación con la diversidad de género que con los coeficientes intelectuales de los miembros individuales del equipo.

La diversidad de género no solo beneficia a las mujeres, sino a todo el que quiera obtener resultados.

Pide lo que necesites

Entonces ¿cómo creamos una cultura empresarial que amplíe las oportunidades para las mujeres, promueva la diversidad y no tolere el acoso sexual? No hay una sola respuesta, pero creo que es esencial reunir a amigos y colegas y crear una comunidad con una nueva cultura que respete los objetivos mayores de la cultura existente pero recurra a distintas maneras de llegar hasta ahí.

Por desgracia, el esfuerzo de crear una cultura que promueva los intereses de las mujeres topa con una barrera difícil: la investigación apunta a que las mujeres tienen más baja autoestima que los hombres, que con frecuencia subestiman sus capacidades, mientras que muchos hombres sobreestiman las suyas.

Las periodistas Katty Kay y Claire Shipman escribieron un libro sobre el tema titulado *The Confidence Code*. Kay comentó en una entrevista: «A menudo a las mujeres nos cuesta más actuar que a los hombres porque somos más reacias al riesgo, porque sentimos un miedo al fracaso enorme. Parece mayor que en el caso de los hombres». En un ejemplo, aluden a una revisión de los registros de personal en Hewlett Packard, donde se demostraba que las mujeres solo solicitaban promociones cuando pensaban que cumplían al ciento por ciento los requisitos del puesto. Los hombres las solicitaban cuando creían cumplir el 60 por ciento.

La tendencia a subestimar nuestras capacidades, las que podamos tenerla, influye en el proceso de mantenernos a distancia, y es difícil no pensar que es consecuencia de una cultura de dominación masculina que busca marginar a las mujeres. A menudo esos esfuerzos son indirectos: pueden ser sutiles y pérfidos, no un ataque directo a las mujeres sino a las cualidades y características de las mujeres que tienen más probabilidades de hacer frente a los hombres.

Esta visión parece ir respaldada por otra línea de investigación que sugiere que la reticencia de las mujeres no se debe solo a la falta de confianza, sino a un cálculo. Un artículo de 2018 en *Atlantic* cita un estudio según el cual las mujeres que confían en sí mismas lograron influir «solo cuando también mostraron […] la motivación de beneficiar a los demás». Si las mujeres mostraban seguridad sin empatía o altruismo, recibían un «efecto negativo», sanciones sociales y profesionales por no adaptarse a las normas de género. Según otro estudio, el miedo a esos efectos negativos es lo que impide reafirmarse a las mujeres.

Tal vez las mujeres sean menos asertivas por falta de confianza o por cálculo, pero las culturas de dominación masculina siguen siendo una causa subyacente en ambos casos. Existe una aprobación social para las mujeres que no piden mucho, que muestran baja autoestima, que no buscan poder, que no se defienden, que buscan complacer.

Estas expectativas de género han sido importantes para mí y para muchas mujeres que conozco porque potencian cualidades que conducen al perfeccionismo, el esfuerzo de compensar sentimientos de inferioridad siendo impecables. Debería saberlo, el perfeccionismo siempre ha sido una de mis debilidades. Brené Brown, que es genial expresando grandes verdades en pocas palabras, capta la motivación y mentalidad del perfeccionista en su libro

Daring Greatly: «Si parezco perfecta y lo hago todo a la perfección, puedo evitar o minimizar los sentimientos dolorosos de vergüenza, juicio y culpa».

Ese es el juego, y yo participo.

Para mí el perfeccionismo procede de la sensación de que no sé suficiente. No soy lo bastante lista ni lo bastante trabajadora. En mi caso el perfeccionismo llega a su punto álgido si voy a una reunión con gente que discrepa conmigo, o si doy una charla a expertos que saben más del tema que yo, algo que últimamente me ocurre bastante. Cuando empiezo a sentirme incompetente y mi perfeccionismo aflora, una de las cosas que hago es empezar a recabar datos. No hablo de una preparación básica: hablo de una búsqueda de datos obsesiva impulsada por la idea de que no puede quedar nada que no sepa. Y si me digo que no debería exagerar con la preparación, otra voz me dice que soy una vaga. Bum.

En última instancia, para mí el perfeccionismo significa ocultar quién soy. Es disfrazarme de manera que las personas a las que quiero impresionar no se vayan con la idea de que no soy tan lista o interesante como pensaban. Surge de una necesidad desesperada de no decepcionar a los demás. Así que me preparo demasiado. Una de las curiosidades que he descubierto es que cuando voy excesivamente preparada no escucho tanto, me avanzo y digo lo que he preparado, sea el momento o no. Pierdo la oportunidad de improvisar o reaccionar bien a una sorpresa. No estoy del todo ahí. No soy mi auténtico yo.

Recuerdo un acto en la fundación hace unos años en el que me retaron por mi perfeccionismo.

Sue Desmond-Hellmann, nuestra directora general de la fundación, superingeniosa, científica, médico y una jefa creativa a la que le encanta presionarnos a Bill y a mí (y a sí misma), nos puso en un aprieto cuando organizó un ejercicio incómodo para directivos de la fundación con el fin de reforzar el vínculo entre la dirección y la plantilla. Accedí a ser la primera.

Me senté en una silla delante de una cámara de vídeo (colocada para que luego toda la fundación pudiera verlo) y me dieron un montón de tarjetas boca abajo, que yo debía girar una a una. En cada tarjeta había algo que un empleado de la fundación había dicho sobre mí pero no quería decirme en persona. Mi misión era leer la tarjeta y contestar ante la cámara, para que todo el mundo viera mi reacción. Las frases eran atrevidas, sobre todo la última. Giré la tarjeta y decía: «Eres como Mary *F@$*ing* Poppins: ¡prácticamente perfecta en todo!».

Como me dijeron mis hijos esa noche mientras cenábamos: «¡Ay!».

En ese momento, consciente de que estaba ante una cámara, solté una carcajada, probablemente en parte debido a los nervios, en parte porque era una frase muy atrevida, y en parte porque me encantaba que alguien pensara que yo lo tenía todo. Entre risas, dije: «Si supierais hasta qué punto no soy perfecta... Soy muy desordenada y descuidada en muchos aspectos de mi vida. Pero intento pulirme y traer mi mejor versión al trabajo para poder ayudar a los demás a sacar lo mejor de sí mismos en el trabajo. Supongo que lo que necesito para ser un poco más un modelo es la capacidad de ser sincera sobre los errores. Puede que deba enseñárselo a la gente».

Eso fue lo que dije en ese momento. Cuando reflexioné más tarde, me di cuenta de que tal vez mi mejor versión no sea la pulida. Quizá mi mejor versión es cuando soy lo bastante abierta para hablar más de mis dudas o ansiedades, admitir mis errores, confesar cuando me siento abatida. Así la gente se puede sentir más cómoda con su propio desastre, y se crea una cultura más fácil donde vivir. Sin duda, esa era la intención del empleado. Tengo que seguir trabajando con Sue y otras personas para crear una cultura en la fundación en la que podamos ser nosotros mismos y encontrar nuestra voz. Cuando hablo en plural, no es retórico. Me incluyo. Si no he ayudado a crear una cultura en mi propia organización donde todas las mujeres y todos los hombres encuentren su voz, es que aún no he encontrado la mía. Necesito hacer más para convertirme en un modelo para otras personas, igual que Patty lo fue para mí, y Sue lo es hoy en día. Quiero crear un lugar de trabajo donde todo el mundo pueda sacar su yo más humano, más auténtico, donde esperemos y respetemos nuestras peculiaridades y nuestros defectos, y toda la energía malgastada en perseguir la «perfección» se ahorre y se canalice en la creatividad que necesitamos para el trabajo. Es una cultura donde abandonamos las cargas imposibles y elevamos a todo el mundo.

Un lugar de trabajo compatible con la vida familiar

Un lugar de trabajo que sea acogedor para las mujeres no solo perdonará nuestras imperfecciones, sino que también dará cabida a nuestras necesidades, sobre todo la necesidad humana más profunda, que es la de cuidar unos de otros.

Tenemos que crear un lugar de trabajo que sea compatible con la vida familiar. Para ello es necesario contar con el apoyo de arriba, tal vez con un empujón desde abajo. Las normas que definen las vidas de los empleados en el lugar de trabajo hoy en día no se corresponden con las vidas de los empleados fuera de él. Eso puede convertir el centro de trabajo en un lugar hostil, porque contrapone trabajo y familia en un concurso que alguien va a perder.

Hoy en día, en Estados Unidos estamos enviando a nuestras hijas a un lugar de trabajo que fue diseñado para nuestros padres, basado en la premisa de que los empleados tenían parejas que estaban en casa y hacían el trabajo no remunerado de cuidar de la familia y atender la casa. Ni siquiera entonces era así en todos los casos. Hoy en día no es cierto casi en ningún caso, salvo un grupo importante. A menudo las posiciones más poderosas de la sociedad las ocupan hombres que sí tienen esposas que no trabajan fuera de casa. Tal vez esos hombres no entiendan del todo la vida de la gente que trabaja para ellos.

En 2017, el 47 por ciento de los empleados de Estados Unidos eran mujeres, y siete de cada diez mujeres estadounidenses con hijos menores de dieciocho años estaban en el mercado laboral. Alrededor de un tercio de esas mujeres con hijos en casa son madres solteras.

La anticuada suposición de que hay un ama de casa que se encarga de todo es especialmente dura para los padres solteros. No es solo un problema personal, es un desafío nacional y global; las poblaciones están envejeciendo —en Estados Unidos y en todo el mundo— y la función de cuidar de los padres que se hacen mayores recae de forma desproporcionada en las mujeres, lo que agrava el desequilibrio de género en el trabajo no remunerado que ya existe.

Cuando la gente se divide entre las exigencias del trabajo y las del hogar, se le puede arrebatar la alegría a la vida familiar. Necesitamos que nuestras empresas entiendan nuestros deberes con la familia, y queremos recibir compasión en el trabajo cuando se produce una crisis en casa.

Al reflexionar sobre mi época de ejecutiva en Microsoft, se me ocurren muchos momentos en que podría haber hecho más para que la cultura empresarial fuera más amable con las familias. Mi liderazgo en ese tema no fue muy bueno, así que espero que me perdonéis por contaros una historia de una época en que sí lo hice bien.

Un día de hace casi treinta años, un hombre de gran talento que llevaba uno o dos años trabajando en mi grupo asomó la cabeza en mi despacho y me dijo:

—¿Tienes un minuto?

—Claro —dije—. ¿Qué pasa?

—Quería que supieras que mi hermano está muy enfermo.

—Lo siento mucho. ¿Puedo preguntar de qué?

—Tiene el sida.

Hacía falta mucho valor para decírmelo. Era principios de los años noventa, y la ignorancia y el estigma del sida eran mucho mayores. Reaccioné con toda la empatía que pude, y me incomodaba no poder hacer nada más. Me habló un poco de su hermano y, cuando terminó de contarme lo que quería decirme, se levantó y me dijo: «Gracias por dejarme contártelo», y se fue del despacho.

Reflexioné sobre nuestra conversación durante unos días y comprendí por qué quería contármelo. Como he dicho, en aquella época la cultura empresarial era especialmente dura. Era intensa y competitiva. Mucha gente no hacía vacaciones, buena parte de nosotros éramos solteros y pocos tenían hijos. Nos encontrábamos en ese breve período inicial de la edad adulta en que casi nadie nos necesitaba, de modo que nada se interponía en el camino del trabajo. Además, ese joven era un trabajador especialmente eficiente, así que creo que estaba preocupado. Estaba atrapado entre su familia y su trabajo, y amaba las dos cosas. Creo que esperaba que, si me contaba lo que estaba ocurriendo, no se lo recriminaría cuando llegara la crisis y su rendimiento cayera por ser leal a su hermano y querer pasar tiempo con él.

Al cabo de una semana lo vi en el pasillo y me lo llevé a mi despacho.

—¿Qué? ¿He hecho algo? —me preguntó.

—He estado pensando, y para ti será muy importante centrarte este año en nuestros diez mayores distribuidores —dije.

En aquella época los programas se vendían en negocios minoristas.

—Ah, claro, lo haré. Te enseñaré mi lista —me dijo. Me enseñó la lista: tenía a todos los distribuidores clasificados.

—En concreto, creo que deberías centrarte en Fry's Electronics —comenté.

—Ah, sí, está entre los diez primeros. Ya lo estoy haciendo —dijo.

No me estaba entendiendo, así que le dije:

—No, creo que Fry's es importante de verdad. Debemos potenciar esa relación. Siempre que necesites ir, ve. No hace falta que me lo digas. Tú ve.

Fry's podría haber figurado hacia la mitad de la lista. Ni crecían ni iban a la baja, así que creo que mi insistencia lo desconcertó. Luego lo comprendió y se le llenaron los ojos de lágrimas. Asintió y dijo:

—Lo haré, gracias. —Y se fue de mi despacho.

Jamás volvimos a hablar de tema. No era necesario. Ambos sabíamos lo que estaba ocurriendo. Estábamos creando nuestra propia y reducida cultura empresarial. Fry's Electronics en el Área de la Bahía, donde vivía su hermano. Quería que supiera que podía ir cuando quisiera con permiso de la empresa. Mucho antes de tener un nombre para eso, estábamos improvisando una baja familiar y médica remunerada.

La baja familiar y médica remunerada permite que la gente cuide de su familia y de sí mismo cuando es necesario. Estábamos improvisando porque la empresa no tenía una política de baja familiar y médica remunerada, ni el país. Ahora la empresa la tiene, pero el país aún no. Dejadme que repita un argumento que desarrollé en el capítulo 7, y que espero que otros repitan. Estados Unidos es uno de los únicos siete países del mundo que no proporcionan una baja de maternidad remunerada, además de Papúa Nueva Guinea, Surinam y unas cuantas naciones isleñas más. Es una prueba alarmante de que Estados Unidos va muy por detrás del resto del mundo en la cobertura de las necesidades de las familias.

Soy una defensora de la baja familiar y médica remunerada porque los beneficios son enormes y para siempre. Por desgracia, no disponemos de los datos sobre todo lo bueno que la baja remunerada aporta a las familias, pero podemos cuantificar algunos de los beneficios. La baja parental remunerada se asocia a menos mortalidad neonatal e infantil, mayores tasas de lactancia, menos depresión posparto y un papel más activo y práctico de los nuevos padres. Las madres tienen muchas más opciones de permanecer en el mercado laboral y ganar mayores sueldos si pueden coger la baja remunerada cuando tienen un hijo. Asimismo, cuando los hombres se cogen la baja, la redistribución de las tareas domística y del cuidado perdura al volver al trabajo.

La falta de una baja remunerada en Estados Unidos es sintomática de una cultura empresarial que también se enfrenta al acoso sexual, los prejuicios de género y una indiferencia generalizada hacia la vida familiar. Todos esos problemas se ven agravados por una realidad: hay menos mujeres en puestos de poder. Es más probable que una cultura dominada por hombres haga hincapié en los costes a corto plazo de la baja remunerada y minimice sus beneficios a largo plazo. Los beneficios personales son enormes en los trabajos que respetan las obligaciones de la vida familiar, y esos beneficios personales se convierten a su vez en beneficios sociales y económicos. Por desgracia, esos beneficios no se calculan cuando el reducido número de mujeres que ocupan posiciones de poder delega la definición de la cultura empresarial en los hombres, que no ven ni sienten tanto las necesidades familiares como las mujeres.

Es un desafío inmenso. Resulta especialmente duro para las mujeres pedir dinero, poder o promociones, o incluso más tiempo con nuestras familias. Es más fácil fingir que no necesitamos nada de eso. Sin embargo, cuando nuestras necesidades nos avergüenzan las culturas empresariales que no las atienden se perpetúan. Eso tiene que cambiar. Si algún día queremos ser quienes somos, tenemos que levantarnos colectivamente y pedir lo que necesitamos en una cultura que no desea que lo tengamos. Es la única manera de crear una cultura que atienda las necesidades de todo el que tenga un trabajo.

Somos muy rápidas al criticar la injusticia de género cuando la vemos en el resto del mundo. Necesitamos verla también donde la mayoría de nosotras la sentimos y podemos hacer algo: en los lugares donde trabajamos.

9

Deja que se te rompa el corazón
Juntas despegamos

En capítulos anteriores os he contado que hice un viaje especial a Suecia para una última charla con Hans Rosling. En este capítulo final, quiero explicaros qué me dijo.

Corría 2016, y Hans estaba enfermo de cáncer. No le quedaba mucho por vivir, y estaba trabajando en un libro que terminarían su hijo y su nuera una vez muerto. Viajé a su casa en el sur de Suecia, y Hans y su esposa, Agneta, me invitaron a sentarme y desayunar con ellos en la cocina. Hans y yo sabíamos que era la última vez que nos veíamos.

Tenía una lección preparada para mí, como siempre. Ya me la había enseñado, pero si no te repites al final de tu existencia, es que aún no has averiguado cuáles son tus verdades. Hans sabía lo que era cierto, y quería darme la lección de su vida por última vez.

Sacó una hoja de papel, la dejó en la mesa entre nuestros platos y dijo: «Melinda, si recuerdas una sola cosa que te haya dicho, que sea que tienes que ir a buscar a la gente que está en los márgenes». Sacó un bolígrafo y esbozó dos carreteras en perpendicular que se cruzaban en medio del papel. Luego dibujó un río que pasaba por el punto donde se encontraban las dos carreteras, y dijo: «Si vives cerca de la intersección o cerca de un río, estarás bien. Pero si vives en los márgenes —prosiguió, y entonces usó el bolígrafo para marcar las cuatro esquinas de la hoja—, el mundo se olvidará de ti». «Melinda —añadió—, no puedes permitir que el mundo se olvide de ellos.»

Estaba lloroso cuando me lo dijo. Era la pasión y la obsesión de su vida, y me estaba pidiendo que la siguiera.

El mapa que Hans dibujó aquel día mostraba la geografía de la pobreza. Los extremadamente pobres viven lejos del flujo de viaje y comercio que conecta a la gente. Sin embargo, Hans coincidiría conmigo en que también existe una geografía social de la pobreza. La gente puede vivir en medio de una gran ciudad y aun así estar aislada del flujo de la vida. Esa gente también vive en los márgenes. Quiero hablaros de algunas mujeres que viven en los márgenes más remotos: grupos de trabajadoras sexuales de la India que demostraron que, cuando las mujeres se organizan, pueden superar todas las barreras descritas en este libro. Pueden mover el río y hacer que pase por ellas.

En 2001, cuando Jenn tenía cuatro años y Rory uno, hice mi primer viaje con la fundación a Asia. Rory era demasiado pequeño para hacer preguntas, pero Jenn lo quería saber todo. «Mamá estará fuera una semana», les decía. Luego dejé de hablar porque no sabía qué explicar a una niña de cuatro años sobre la pobreza y la enfermedad. Tras pensarlo un momento, le hablé de una parte del viaje: iba a visitar a niños que no tenían casa y no podían conseguir medicamentos cuando estaban enfermos. «¿Qué significa que no tienen casa?», me preguntó. Hice lo que pude para darle una respuesta que no fuera estremecedora, y luego me fui a mi habitación a hacer las maletas.

Pasados unos minutos, vino corriendo con un montón de mantas. «¿Para qué es todo esto?», pregunté. «Son mis mantas especiales —dijo Jenn—. He pensado que podías llevártelas por si los niños no tienen mantas.» Le di las gracias encarecidamente, y entre las dos metimos sus mantas en mi maleta. Siempre que llamaba a casa durante el viaje, Jenn me preguntaba: «¿Has visto ya a los niños? ¿Les gustan mis mantas? ¿Vas a dejarlas allí?».

Las dejé allí, pero volví de ese viaje con más de lo que me había llevado, sobre todo más humildad. Conocí a una mujer en Tailandia que hizo que mi mundo se tambaleara. Tenía un doctorado en salud global por la Johns Hopkins y era especialista en epidemias de VIH. Pasó varios días recorriendo pueblos conmigo, hablando de lo que se podría hacer para ralentizar la propagación del VIH. En aquella época era la emergencia en salud global número uno, y los funcionarios sanitarios preveían avances terribles, incluidos decenas de millones de nuevos casos de infección de VIH solo en la India. Por aquel entonces yo era una inexperta en salud global, solo estaba aprendiendo de los problemas. Bill y yo sabíamos que teníamos que hacer algo con el sida, pero ignorábamos qué. Yo hacía ese viaje para que nos ayudara a averiguarlo.

En mi último día allí, iba en barco cruzando un río cerca de las fronteras con Laos y Myanmar, y mi nueva amiga me dijo: «Entonces, ahora que ya llevas aquí unos días, si fueras mujer y hubieras nacido aquí, ¿qué harías para mantener a tus hijos con vida? ¿Hasta dónde llegarías?».

La pregunta me desconcertó, así que me detuve un momento y procuré ponerme en situación. «Bueno, buscaría un trabajo. Sin embargo, no tengo estudios. Ni siquiera sé leer. Pues aprendería a leer sola. Pero ¿con qué libros? Y no conseguiré un trabajo porque no hay trabajos. Estoy en una región remota.» Intentaba hallar una respuesta cuando ella interrumpió mi razonamiento y me dijo: «¿Sabes qué haría yo?». «No, ¿qué harías?», le pregunté. «Bueno, ya llevo dos años viviendo aquí. Conozco las opciones. Sería trabajadora sexual. Sería la única manera de poner comida en la mesa», respondió.

Era impactante decir algo así. Sin embargo, después de hacer el viaje y reflexionar durante un tiempo, comprendí que decir lo contrario habría sido aún más atrevido. Si dices «Ah, yo nunca lo haría» estás diciendo que dejarías morir a tus hijos, que no harías todo lo que estuviese en tu mano para ayudarles a sobrevivir. Además, estás diciendo otra cosa: «Estoy por encima de esta gente». Ella había trabajado con trabajadoras sexuales en otras crisis sanitarias, así que su pregunta era perspicaz, tácita y aun así potente: «¿Cómo puedes asociarte con ellas si crees que estás por encima?».

Dos años después de regresar de aquel viaje, nuestra fundación lanzó un programa de prevención del VIH para la India basado en el liderazgo de las trabajadoras sexuales. Lo llamamos Avahan, una palabra en sánscrito que significa «llamada a la acción». Era una apuesta de alto riesgo, no solo porque hubiera en juego tantas vidas, sino porque no sabíamos bien lo que estábamos haciendo. Nadie lo sabía. El mundo nunca había visto nada parecido: un país con más de 1.000 millones de personas que se enfrentaban a una epidemia mortal cuya derrota implicaba una colaboración amplia con el grupo más despreciado en una sociedad con una conciencia profunda de las castas. Normalmente iniciábamos un programa más pequeño y lo íbamos ampliando, pero no había tiempo: teníamos que extenderlo desde el principio. Se convirtió en uno de los proyectos de prevención del VIH de mayor envergadura del mundo, con el fin de revertir la epidemia en toda la India.

Las trabajadoras sexuales tenían que desempeñar un papel esencial en el proyecto porque el trabajo sexual era una de las vías de contagio de la enfermedad. Si una persona con VIH transmitía la infección a una trabajadora sexual, ella podía contagiarla a cientos de clientes, a menudo camioneros, que a su vez infectarían a sus esposas, que luego podían transmitir la infección a sus hijos durante el embarazo, el alumbramiento o el amamantamiento. Sin embargo, si las trabajadoras sexuales eran capaces de negociar el uso del preservativo con sus clientes, el riesgo de contagiarse caía en picado, así como el de contagiar a otros. Esa era la estrategia: reducir los casos de sexo sin protección entre las trabajadoras sexuales y sus clientes. No obstante, topaba con el desafío que puede acabar hasta con la mejor estrategia: ¿cómo se convence a la gente de dejar un comportamiento y adoptar otro? Ahí es donde Avahan se convirtió en una de las historias más sorprendentes e inspiradoras que he oído nunca, y una de las lecciones más importantes de mi vida.

En enero de 2004, cuando Avahan tenía menos de un año, hice mi segundo viaje a la India. Fue un viaje con mis amigas más íntimas, miembros de mi grupo espiritual. Queríamos visitar lugares de oración y meditación y ver lugares de culto, además de saber más sobre el servicio que se ofrecía a los pobres y desempeñar un breve papel en eso si podíamos.

Cuando estábamos en Calcuta, nos levantábamos por la mañana antes del amanecer y cruzábamos a pie la ciudad hasta el convento de las Misioneras de la Caridad, donde la Madre Teresa empezó su trabajo. En el convento hay una capilla donde se reúnen a rezar las monjas todas las mañanas, así que decidimos, aunque no todas éramos católicas, que iríamos a misa a la capilla. De camino tuvimos que sortear a personas sin hogar que dormían en la acera. Era moralmente desgarrador. Esa era la gente por la que la Madre Teresa se habría detenido para ayudarla.

En la capilla conocimos a personas de todo el mundo que iban de voluntarias durante el día a una de las casas de la Madre Teresa. Después de la misa fuimos andando al orfanato, donde nos hicieron una ruta. Mis amigas se quedaron a ayudar a las empleadas y yo fui a reunirme con un grupo de trabajadoras sexuales para hablar sobre la prevención del VIH.

Por lo menos yo pensaba que íbamos a hablar de eso. Las mujeres con las que me reuní querían hablarme del estigma, de lo difíciles que eran sus vidas. Y de sus hijos. Tuve una conversación con una mujer llamada Gita que me dijo que su hijo, entonces en segundo de bachillerato, estudiaría en la universidad. Cerró los puños para hacer énfasis cuando me contó que su hija iba bien en el colegio y no sería trabajadora sexual. Gita y muchas otras mujeres del grupo dejaron claro que se dedicaban al trabajo sexual para mantener a sus familias. No encontraban otra manera, pero estaban resueltas a que sus hijas no se vieran obligadas a escoger la misma opción.

Más allá de nuestras conversaciones, lo que más me impresionó de Gita y las demás mujeres que conocí fue lo mucho que querían tocar y ser tocadas. Nadie en la comunidad tocaba a una trabajadora sexual salvo para mantener relaciones con ella. Sea cual sea su casta, las trabajadoras sexuales son intocables. Para ellas, el roce es aceptación, así que cuando nos abrazamos, ellas alargaron el momento. Lo he visto una y otra vez en mis reuniones con trabajadores sexuales de todos los géneros. Hablamos, nos hacemos una foto, nos damos un abrazo… y no te sueltan. Si me vuelvo a saludar a otra persona, me agarran de la camisa o me posan una mano en el hombro. Al principio me incomodaba. Al cabo de un rato, en cambio, me entregué a ello. Si quieren alargar un poco el abrazo, estoy dispuesta.

Así que di muchos abrazos, y escuché historias: relatos duros de violación y abuso, además de otros esperanzadores sobre niños. Cuando nuestro tiempo juntas llegaba a su fin, las mujeres me dijeron que querían hacerse una fotografía de grupo, de manera que nos agarramos del brazo y nos hicimos un retrato, que apareció en el periódico del día siguiente. Aquel momento me pareció muy emotivo, ya estaba al borde de las lágrimas. Entonces unas cuantas mujeres empezaron a cantar el himno de los derechos civiles «We Shall Overcome» en inglés con acento bengalí, y rompí a llorar.

Procuré disimular porque no sabía cómo interpretarían mis lágrimas. Para mí, el contraste entre su determinación y sus duras circunstancias era a la vez inspirador y desgarrador.

Esas mujeres eran nuestras socias. Conformaban la línea de frente de los que luchaban contra el sida en la India, y aún no entendíamos del todo lo brutales que eran sus vidas. Se enfrentaban a la violencia constante de sus amantes, sus clientes, que también eran pobres y marginales, y de la policía que las acosaba, las detenía, les robaba y las violaba.

La brutalidad de sus vidas fue una revelación incluso para nuestro personal en la India. En un caso, los miembros de nuestro equipo se reunieron con cuatro o cinco trabajadoras sexuales a tomar el té y conversar en un restaurante. Más tarde ese mismo día, las trabajadoras sexuales fueron detenidas por haberse reunido en un lugar público.

Poco después, un empleado de Avahan fue a una carretera costera cerca de la bahía de Bengala donde paraban los camioneros para saber más de las vidas de las trabajadoras sexuales allí. Se reunió con un grupo de mujeres durante unas horas, sentado en una colchoneta, tomando té y preguntando sobre el programa, qué era útil, qué más necesitaban. Cuando terminó la reunión y la gente se estaba despidiendo, una de las trabajadoras sexuales rompió a llorar. Nuestro miembro del equipo temía haber dicho alguna grosería, así que le preguntó a una de las otras mujeres: «¿He hecho algo mal?». Ella le contestó: «No, no es nada». Cuando suplicó que le dieran una respuesta, la mujer dijo: «Lloraba porque usted, un hombre respetable, ha venido a conocerla y a hablar con ella con educación en vez de a pagarle a cambio de relaciones sexuales, y cree que es todo un honor que alguien venga solo a tomar el té con ella».

Otra historia es la de una de nuestras colaboradoras, una mujer muy dedicada a mejorar las vidas de las trabajadoras sexuales en su zona. Nos contó que un día estaba a los pies de la cama de una trabajadora sexual que se estaba muriendo de sida cuando la mujer le preguntó: «¿Me haría el favor de cumplir mi último deseo?». «Haré todo lo posible», contestó la mujer. Así que la trabajadora sexual preguntó: «¿Puedo llamarla *Aai*?». *Aai* en marathi significa «madre». Ese era su único deseo, llamar «madre» a esa mujer cariñosa que estaba en su lecho de muerte. Así de duras son sus vidas.

Cómo empieza el empoderamiento

Cuando diseñamos el programa Avahan no tuvimos en cuenta las realidades de las vidas de las trabajadoras sexuales. No lo consideramos necesario. Queríamos que las trabajadoras sexuales insistieran en el uso del preservativo con sus clientes, recibieran tratamiento para las enfermedades de transmisión sexual y se hicieran la prueba del VIH, y pensamos que bastaba con contarles los beneficios y pedirles que lo hicieran. No obstante, no estaba funcionando, y no entendíamos por qué. Nunca imaginamos que podría haber algo más importante para ellas que la prevención del VIH.

«No necesitamos vuestra ayuda con preservativos —dijeron, casi entre risas—. Os podemos dar clases sobre preservativos. Necesitamos ayuda para prevenir la violencia.»

«Pero nosotros no nos dedicamos a eso», dijo nuestra gente. Y las trabajadoras sexuales contestaron: «Bueno, entonces no tenéis nada interesante que contarnos, porque eso es lo que necesitamos».

Así que nuestro equipo se puso a debatir sobre qué hacer. Algunos dijeron: «O nos replanteamos nuestra estrategia, o cerramos esto». Otros comentaron: «No, eso es ampliar nuestras actividades... No tenemos experiencia en este ámbito, y no deberíamos implicarnos».

Al final, nuestro equipo se reunió de nuevo con las trabajadoras sexuales y escuchó con atención mientras ellas hablaban de sus vidas. Hicieron hincapié en dos aspectos: uno, que la prevención de la violencia era su primera preocupación y la más urgente; y dos, que el miedo a la violencia les impedía usar preservativos.

Los clientes pegaban a las mujeres si insistían en los preservativos. La policía les pegaba si llevaban encima preservativos, porque era una prueba de que eran trabajadoras sexuales. Así que, para evitar palizas, no llevaban preservativos encima. Por fin veíamos la relación entre prevenir la violencia y prevenir el VIH. Las trabajadoras sexuales no podían abordar la amenaza a largo plazo de morir de sida sin enfrentarse a la amenaza a corto plazo de sufrir palizas, robos y violaciones.

Por tanto, en vez de decir: «Excede nuestro mandato», dijimos: «Queremos ayudaros a protegeros de la violencia. ¿Cómo podemos hacerlo?».

Nos dijeron: «Hoy o mañana, una de nosotras sufrirá una violación o una paliza por parte de la policía. Ocurre continuamente. Si conseguimos que una docena de mujeres acuda corriendo cada vez que pase, la policía dejará de hacerlo». De modo que nuestro equipo y las trabajadoras sexuales crearon un sistema. Si una mujer es atacada por la policía, marca un código de tres dígitos, conecta con una centralita y entre doce y quince mujeres acuden a la comisaría entre gritos y chillidos. Además, van con un abogado pro bono y una persona de un medio de comunicación. Si una docena de mujeres se presenta gritando: «¡Queremos que salga ahora mismo o mañana se leerá en un artículo!», la policía recula. Dirán: «No lo sabíamos, lo siento».

Ese era el plan, y eso fue lo que hicieron las trabajadoras sexuales. Crearon una red de marcado rápido y cuando saltaba acudían corriendo. Funcionó a la perfección. Una trabajadora sexual denunció que había sido víctima de una paliza y una violación un año antes en una comisaría. Una vez instaurado el nuevo sistema, regresó a aquella comisaría y el agente le ofreció una silla y una taza de té. Cuando corrió la voz del programa, las trabajadoras sexuales de la ciudad de al lado les dijeron: «Queremos unirnos a ese programa de prevención de la violencia, no a lo del VIH», y pronto se extendió por toda la India.

¿Por qué fue una estrategia tan eficaz? Ashok Alexander, entonces jefe de nuestra sede en la India, lo expresaba sin rodeos: «Todo hombre acosador tiene miedo de un grupo de mujeres».

Pensábamos que estábamos dirigiendo un programa de prevención del VIH, pero nos topamos con algo más eficaz y generalizado: el poder de las mujeres cuando se unen, encuentran su voz y defienden sus derechos. Habíamos empezado a financiar el empoderamiento de las mujeres.

El empoderamiento empieza con la unión, por muy modesto que sea el lugar de reunión. El escenario del empoderamiento en el caso de Avahan fueron los centros comunitarios, a menudo estructuras pequeñas de una sola sala construidas con bloques de ceniza donde las mujeres podían reunirse y hablar. Recordad que esas mujeres no tenían un lugar donde reunirse. Si se juntaban en público, la policía las rodeaba y las metía en la cárcel. Así que cuando nuestro equipo rediseñó el programa en torno a la prevención de la violencia, empezaron a alquilar espacios y a animar a las mujeres a reunirse para hablar. Los centros comunitarios se convirtieron en el lugar donde podían obtener servicios, conseguir preservativos, conocerse. Podían echarse un sueño. No pasaban la noche, pero durante el día muchas se tumbaban en el suelo y dormían mientras sus niños corrían alrededor. En algunos sitios el equipo instaló un salón de belleza o un espacio para distraerse con juegos de mesa. Los centros se convirtieron en el lugar donde ocurrían las cosas. Y la idea surgió de las propias mujeres.

La inauguración del primer centro social fue «lo más bonito que he visto nunca», según uno de los primeros miembros del equipo Avahan. Entraron cinco mujeres, temerosas de que las fueran a drogar para secuestrar a sus hijos. Corría ese rumor. En cambio, les dieron la bienvenida y les dijeron: «Solo hablamos entre nosotras. Tómate tres tazas de chai y luego vete». Así empezó el empoderamiento en Avahan, con las personas ubicadas en los márgenes más remotos de la sociedad, excluidas por todo el mundo, unidas para hablar, tomar el té y ayudarse a despegar.

Bill y yo estábamos al corriente del cambio del programa hacia la prevención de la violencia, pero no de los centros comunitarios, y eso aún me arranca una carcajada. Ashok se reunía con nosotros en Seattle y nos presentaba informes, pero no supimos toda la historia hasta que Bill y yo fuimos a la India juntos en 2005. Ashok nos estaba dando instrucciones, explicándonos lo que estábamos a punto de ver, y se puso a hablar de esos centros comunitarios, espacios minúsculos donde las trabajadoras sexuales podían reunirse y hablar. Recuerdo decir a Bill después de la explicación: «¿Tú sabías que estábamos financiando centros comunitarios?». «No, ¿tú sabías que estábamos financiando centros comunitarios?», me dijo.

Habíamos dado a Ashok el dinero, es un hombre de negocios listo, así que elaboró una estrategia y se ciñó a ella. Hizo todo lo que dijo que iba a hacer, y otras cosas que nunca mencionó. Y le doy las gracias por ello, porque la verdad más sincera y vergonzosa es que si hubiera venido a presentarnos la idea de los centros comunitarios a la fundación, creo que le habríamos dicho que no. Lo habríamos considerado demasiado alejado de nuestra misión, que era trabajar en innovaciones y depender de otras personas para sacarlas a la luz. Ayudar a distribuir preservativos ya era un gran paso que se alejaba de nuestra imagen de innovadores que recurrían a otros para aplicar esos avances, pero trabajar en la prevención de la violencia mediante el empoderamiento generado en centros comunitarios habría sido demasiado radical para nosotros, por lo menos hasta que vimos el valor que tenía durante ese viaje a la India.

En aquella visita, Bill y yo conocimos a un grupo de trabajadoras sexuales. Una fotografía de ese acto tiene un lugar destacado en el despacho de la fundación: aparecemos Bill y yo con las piernas cruzadas en el suelo, ocupando nuestro lugar en el círculo. Al inicio de nuestra reunión pedí a una de las mujeres: «Por favor, cuéntanos tu historia». Nos habló de su vida. Luego otra mujer nos explicó cómo acabó en el trabajo sexual. Después una tercera mujer compartió una historia que impuso el silencio en la sala, interrumpido solo por los sollozos. Nos contó que era madre, tenía una hija, el padre no formaba parte de la historia, y ella había recurrido al trabajo sexual porque no tenía otras opciones de generar ingresos. Estaba haciendo todos los sacrificios posibles para crear una vida mejor para su hija, que tenía muchos amigos y le iba bien en el colegio. Sin embargo, una preocupación constante de la madre era que, a medida que su hija se hiciera mayor, descubriera cómo conseguía el dinero. Un día, justo como esa mujer temía, una compañera de clase de su hija anunció a todo el mundo que la madre de la niña era una trabajadora sexual, y sus amigos empezaron a burlarse de ella constantemente y con agresividad, de la manera más cruel. Al cabo de unos días, la madre llegó a casa y se encontró a su hija muerta, colgada de una cuerda.

Lancé una mirada a Bill. Estaba llorando. Igual que yo, que todo el mundo en la sala, sobre todo las mujeres cuyas heridas se volvieron a abrir con esa historia. Esas mujeres sufrían lo indecible, pero también rebosaban empatía, y eso aliviaba su aislamiento. Cuando se reunían y compartían sus historias, tenían sensación de pertenencia, lo que les proporcionaba autoestima, y la sensación de autoestima les daba el valor para unirse y exigir sus derechos. Ya no eran marginadas, pertenecían a un grupo: tenían una familia y una casa. Poco a poco empezaron a descomponer la impresión que la sociedad impone a los desempoderados de que, como se les niegan sus derechos, no tienen derechos; como nadie les escucha, no dicen la verdad.

Brené Brown dice que la definición original de coraje es dejarnos ver. Creo que una de las maneras más puras de dejarnos ver es pedir lo que queremos, sobre todo cuando nadie quiere que lo tengamos. Ese tipo de coraje me deja sin palabras. Esas mujeres encontraron el valor con la ayuda de las demás.

El impacto de Avahan creció más allá de los logros de ese primer grupo de mujeres, y la historia no era solo cómo la inclusión y la comunidad empoderaron a un grupo de parias. Se trataba de lo que esas parias hacían por su país. Os daré dos ejemplos.

Hace muchos años, aproximadamente en la misma época en que Bill y yo hicimos ese viaje a la India, estábamos estudiando diferentes estrategias para combatir el sida, y nos entusiasmamos sobremanera con una nueva posibilidad: que los medicamentos eficaces en el tratamiento del sida también pudieran funcionar para prevenirlo. Ayudamos a financiar estudios de medicamentos para poner a prueba esa idea, y los descubrimientos fueron espectaculares: los medicamentos de prevención orales pueden reducir el riesgo de contraer el VIH a través del sexo en más del 90 por ciento. Se cumplían las máximas esperanzas de la comunidad del sida. Luego quedaron frustradas.

Este enfoque requería que personas sanas tomaran pastillas todos los días, y los grupos de riesgo simplemente no lo hacían. Es tan difícil conseguir que la gente adopte un nuevo comportamiento de salud, por muy eficaz que sea, que resulta frustrante. La gente debe sentirse implicada, informada y muy motivada. Es una tragedia, pero los activistas del sida, los inversores, los gobiernos y los trabajadores sanitarios no pudieron hacer que la gente tomara los medicamentos. Solo dos grupos en todo el mundo fueron la excepción: los hombres blancos homosexuales de Estados Unidos… y las trabajadoras sexuales de la India.

Un estudio demostró que el 94 por ciento de las trabajadoras sexuales indias se tomaban los medicamentos fielmente y con continuidad. El nivel de cumplimiento no tiene precedentes en la salud global, y el estudio lo atribuye a las sólidas redes creadas por las mujeres en Avahan.

Ese es el primer ejemplo. Ahora el segundo. En 2011, la revista médica británica *The Lancet* publicó un artículo que demostraba que la intensidad del trabajo de Avahan tenía relación directa con la menor prevalencia del VIH en algunos de los estados más poblados de la India. Desde entonces se ha documentado que la insistencia de las trabajadoras sexuales en el uso del preservativo con sus clientes impidió que la epidemia se extendiera más entre la población. Esas mujeres empoderadas se volvieron socias indispensables de un plan nacional que salvó millones de vidas.

En un país donde nadie las tocaba, esas mujeres se tocaban entre sí y, en aquella pequeña sociedad de aceptación, empezaron a descubrir y recuperar su dignidad, y de su dignidad surgió la voluntad de exigir sus derechos y, al reafirmar sus derechos, lograron proteger sus vidas y salvar a su país de la catástrofe.

Encontrar nuestra voz

Más de diez años después de que Avahan me pusiera en el camino del empoderamiento de las mujeres estuve en Nueva York moderando un comité sobre los movimientos sociales de las mujeres. Una de mis invitadas era la increíble Leymah Gbowee, que compartía el Premio Nobel de la Paz de 2011 con Ellen Johnson Sirleaf y Tawakkol Karman. Leymah fue reconocida, junto con Ellen, por iniciar un movimiento pacífico de mujeres que ayudó a poner fin a la guerra civil en Liberia.

A veces, cuando estoy en medio del trabajo, incluso cuando creo saber lo que estoy haciendo, veo que en realidad no tengo un conocimiento profundo de las fuerzas que hay en juego hasta finalizada la acción. Así, en ocasiones, años después, miro atrás y digo: «¡Ah! Ahora lo entiendo». Eso es lo que Leymah me ofreció ese día, no solo una idea de su movimiento pacífico, sino de cómo sus principios ayudaban a explicar el éxito de Avahan y tantas otras cosas.

Leymah nos contó que vivía en su país cuando tenía diecisiete años; entonces estalló la primera de dos guerras civiles. Tras el fin de la primera y antes del inicio de la segunda, estudió el activismo pacífico y el tratamiento de traumas, y acabó creyendo que «si había que hacer algún cambio en la sociedad, tenían que hacerlo las madres».

La invitaron a Ghana para asistir a la primera reunión de la red Women in Peacebuilding Network, que incluía a mujeres de casi todas las naciones de África Occidental. Leymah fue nombrada coordinadora de la iniciativa de mujeres de Liberia y, cuando estalló la segunda guerra civil, empezó a trabajar veinticuatro horas al día por la paz. Una noche, después de quedarse dormida una vez más en su despacho, despertó de un sueño en que le decían: «Reúne a las mujeres y rezad por la paz».

Iba a las mezquitas los viernes, a los mercados el sábado y a las iglesias el domingo para reclutar a mujeres por la paz. Reunió a miles de musulmanas y cristianas, encabezó manifestaciones y sentadas, desafió órdenes de dispersión y al final fue invitada a plantear el caso por la paz al presidente de Liberia Charles Taylor, con miles de mujeres manifestándose en las puertas de la mansión presidencial.

Arrancó a Taylor una promesa a regañadientes de mantener negociaciones de paz con los rebeldes en Acra, Ghana.

Para aumentar la presión, Leymah y miles de mujeres más fueron
a Acra y se manifestaron a las puertas del hotel donde se producían
las negociaciones. Cuando se estancaron, Leymah llevó a docenas
de mujeres al interior del hotel, y siguieron acudiendo mujeres hasta llegar a doscientas. Todas se sentaron delante de la entrada de la
sala de reuniones y enviaron un mensaje al mediador diciendo que
aquellos hombres no podrían irse hasta lograr un acuerdo de paz.

El mediador, el antiguo presidente de Nigeria Abdulsalami Abu-
bakar, ofreció su apoyo a las mujeres y les permitió mantener su
presencia y presión a las puertas de la sala. Las activistas recibieron
el reconocimiento por cambiar la atmósfera de las negociaciones de
paz de «circense a seria», y en unas semanas las partes tenían un
acuerdo y la guerra había terminado oficialmente.

Dos años después, Ellen Johnson Sirleaf fue elegida presidenta de Liberia y se convirtió en la primera jefa de Estado electa de
África.

Pasados muchos años, cuando Leymah estaba conmigo en Nueva York, le pregunté por qué fue tan eficaz su movimiento. «Las
mujeres de esas comunidades somos las cuidadoras de la sociedad.
Dependía de nosotras cambiarla», me dijo.

En 2003, Liberia «había pasado por más de catorce facciones en
guerra y había firmado más de trece acuerdos de paz. Pensamos:
"Los hombres no paran de hacer lo mismo una y otra vez. Tenemos
que dar algún sentido al proceso. En lugar de iniciar una facción de
mujeres, iniciemos un movimiento pacífico de mujeres"», comentó.

Luego nos contó una historia increíble sobre lo que eso significaba.

«Había una mujer musulmana que había perdido a su hija en la
guerra —dijo Leymah—. Formaba parte de nuestro movimiento.

Estaba alimentando a un combatiente con múltiples heridas de bala cuando él la reconoció y le pidió: "Siéntame". Ella lo sentó y el chico le preguntó: "¿Dónde está tu hija?". Ella contestó: "Murió". El combatiente dijo: "Lo sé". Ella inquirió: "¿Cómo lo sabías?" Y él contestó: "Porque yo la maté".»

«Cuando volvió al despacho llorando, le preguntamos: "¿Dejaste de darle la comida?". Y ella dijo: "No. ¿No es eso lo que significa la paz? Además, en ese momento sabía que podía recurrir a mis hermanas para poder llorar juntas".»

¿Cómo consiguió el movimiento de mujeres sellar la paz mientras las facciones enfrentadas de los hombres no lo lograban? La historia de Leymah lo dice todo. Cuando las mujeres estaban heridas, eran capaces de asimilar su dolor sin contagiarlo. En cambio, cuando los hombres eran heridos necesitaban hacérselo pagar a alguien. Eso alimentaba el ciclo de la guerra.

No me refiero a que las mujeres solas tengan el poder de imponer la paz ni que los hombres solos sean la causa de la guerra. En absoluto. Me refiero a que, en este caso, las mujeres consiguieron asimilar su dolor sin transmitirlo y los hombres no, ¡hasta que las mujeres les convencieron! Cuando las mujeres encontraron su voz, los hombres hallaron su poder para lograr la paz. Cada uno halló en su interior las cualidades tradicionalmente atribuidas al otro. Los hombres pudieron hacer algo que habían hecho las mujeres —renunciar a las represalias— y las mujeres pudieron hacer algo que habían hecho los hombres, que es reafirmar sus opiniones sobre cómo debería funcionar la sociedad. La unión de esas dos cualidades es lo que desembocó en la paz.

Muchos movimientos sociales están impulsados por la misma combinación: un activismo fuerte y la capacidad de asumir el dolor sin transmitirlo. Todo el que pueda combinar esos dos aspectos encuentra una voz con fuerza moral.

La amiga de Leymah que volvió para llorar con sus hermanas, y todas las mujeres que alguna vez han asumido su dolor sin contagiarlo, no solo compartía su pena, sino que también buscaba su propia voz, enterrada bajo la pena. Si podemos enfrentarnos a nuestro dolor, podemos encontrar nuestra voz. Y es mucho más fácil afrontar nuestro dolor y encontrar nuestra voz juntas.

Cuando las mujeres estamos atrapadas en el abuso y aisladas de otras mujeres, no podemos ser una fuerza contra la violencia porque no tenemos voz. Sin embargo, cuando nos unimos, nos incluimos, nos contamos nuestras historias, compartimos nuestra pena, encontramos nuestra voz juntas. Creamos una nueva cultura, no la que nos impusieron, sino la que construimos con nuestras propias voces y nuestros propios valores.

La primera vez que sospeché que existía un vínculo entre sentir nuestra pena y encontrar nuestra voz, pensé: «No puede ser. Si necesitas sentir la pena para encontrar tu voz, ¿por qué la gente que no es capaz de asumir el dolor sin contagiarlo tiene una voz tan potente?». Entonces lo entendí: hay una gran diferencia entre una voz ruidosa y una voz fuerte. La voz ruidosa de un hombre que no tiene vida interior y desconoce su propia pena nunca es una voz en favor de la justicia, sino por el propio interés, la dominación o la venganza. Las voces masculinas fuertes que defienden la libertad y la dignidad proceden de hombres como Gandhi, King y Mandela, que dominaban su dolor, renunciaron a la venganza y predicaban el perdón.

En una ocasión, tras salir de la cárcel, preguntaron a Nelson Mandela si aún estaba enfadado con sus captores; él contestó que sí, que durante un tiempo lo había estado, pero se dio cuenta de que, si seguía así, continuaría siendo prisionero, y quería ser libre.

Cuando pienso en los hombres que agreden a mujeres y niñas, no quiero perdonarlos. Me da la sensación de que eso sería dejarlos salir indemnes. Y no quiero que salgan indemnes. Doy mi apoyo a todos los pasos posibles para proteger a los inocentes, incluidos el de apresar a los autores y hacer justicia. Pero justicia no significa venganza.

Desmond Tutu, que como presidente de la Comisión para la Verdad y la Reconciliación impidió que Sudáfrica estallara de venganza en la época posterior al *apartheid*, ofrece su vía para evitar la venganza: «Cuando estoy herido, cuando siento dolor, cuando estoy enfadado con alguien por lo que me han hecho, sé que la única manera de acabar con esos sentimientos es aceptarlos».

Dorothy Day, la activista social católica que usaba acciones no violentas para beneficiar a los pobres y a las personas sin hogar, decía que el mayor reto es «cómo iniciar una revolución del corazón». La lección que he aprendido de las mujeres de movimientos sociales de todo el mundo es que, para iniciar una revolución del corazón, debes dejar que se te rompa. Dejar que se te rompa el corazón significa sumergirse en el dolor que subyace bajo la rabia. Ese es el sentido que doy a la enseñanza bíblica de «no os resistáis al mal». No creo que signifique: «Abrid paso al mal en el mundo». Creo que significa: «No os resistáis al sentimiento; aceptad el sufrimiento». Si una no acepta el sufrimiento, el dolor se puede convertir en odio. Eso es lo que significa la vida de Cristo para mí. Los sumos sacerdotes quisieron acabar con él. Hicieron todo lo posible para hacerle daño y humillarle. Y fracasaron. Su capacidad para asimilar dolor superaba su capacidad de infligirlo, así que podía reaccionar al odio con amor.

Para mí, ese es el modelo de todos los movimientos sociales no violentos, tengan base religiosa o no. El enfoque más radical de la resistencia es la aceptación, y aceptación no significa aceptar el mundo tal como es, sino aceptar nuestro dolor como es. Si nos negamos a aceptar nuestro dolor, solo intentaremos sentirnos mejor, y cuando nuestra motivación oculta es sentirnos mejor, el daño que podemos hacer en nombre de la justicia no tiene límite. Los buenos líderes nunca combinan una reclamación de justicia con un grito de venganza. Los líderes que saben dominar su dolor han eliminado el interés propio de su agenda, de modo que su voz resuena con fuerza moral. Ya no dicen su verdad. Están diciendo la verdad.

El poder de dejar que se te rompa el corazón no es solo algo que admirar en los demás. Todos debemos dejar que se nos rompa el corazón, es el precio de presenciar cómo alguien sufre. Hace más de una década, estaba en Sudáfrica con un médico de gran reputación de Estados Unidos. Fuimos a un gueto cerca de Johannesburgo a visitar a un hombre que se estaba muriendo de sida. Era evidente que nuestro anfitrión estaba cansado y sufría dolores, pero nos contó su historia con amabilidad cuando el médico se levantó y se fue. Se excusó, pero yo sabía por qué se iba, y me temo que el moribundo también. El médico, que se había centrado básicamente en la investigación, no soportaba ver la trágica realidad de la vida de ese hombre. Si no puedes aguantar el dolor del sufrimiento de tu vecino, de un modo u otro empujarás a esa persona hacia los márgenes.

Todas las sociedades dicen que el problema son los de fuera. Pero ellos no son el problema, sino el deseo de crear marginados. Nuestro mayor reto y nuestra mayor promesa es superar ese deseo. Hará falta valor y conocimientos, porque las personas que empujamos hacia los márgenes son las que provocan en nosotros los sentimientos que nos dan miedo.

Aislar a los demás para aliviar nuestros miedos es un deseo profundo que todos albergamos en nuestro interior. ¿Cómo le damos la vuelta?

Somos uno

Si existe un punto de unión en toda la humanidad es que todos hemos sido marginados en algún momento de nuestras vidas, aunque solo fuera de niños en el parque. Y a ninguno nos gustó. Lo probamos lo suficiente para que nos aterrorizara. No obstante, pese a esa experiencia, muchos no tenemos ni idea de lo que se siente al ser totalmente excluido.

Por eso me afectó tanto un fragmento del libro favorito de mi madre, *Tú eres mi amado*, de Henri Nouwen, un cura católico con mente de genio y corazón de santo. Dio clases en Notre Dame, Harvard y Yale, pero pasó los últimos años de su vida en un hogar para personas con discapacidades, donde su misión incluía ayudar a un miembro con una discapacidad grave en sus rutinas matutinas.

En *Tú eres mi amado*, Nouwen escribe:

> En mi propia comunidad, con muchos hombres y mujeres con discapacidades graves, la mayor fuente de sufrimiento no es la discapacidad en sí, sino los sentimientos asociados de ser inútiles, sin valor, poco apreciados y nada queridos. Es mucho más fácil aceptar la incapacidad de hablar, caminar o comer solo que aceptar la incapacidad de tener un valor especial para otra persona. Los seres humanos somos capaces de soportar inmensas carencias con una gran entereza, pero cuando sentimos que ya no tenemos nada que ofrecer a nadie, enseguida perdemos el control de la vida.

Todos deseamos tener algo que ofrecer. Así nos sentimos miembros de algo, incluidos. De modo que, si queremos incluir a todo el mundo, tenemos que ayudar a todo el mundo a desarrollar su talento y usar sus habilidades por el bien de la comunidad. Eso es lo que implica la inclusión, todo el mundo es un colaborador. Y si alguien necesita ayuda para ser colaborador, debemos ayudarle, porque es un miembro de pleno derecho de una comunidad que apoya a todo el mundo.

Cuando las mujeres se unen

Cada tema de este libro es una puerta que las mujeres tienen que atravesar, o un muro que debemos derribar, para convertirnos en miembros de pleno derecho: el derecho a decidir si queremos tener niños y cuándo, casarnos o no, buscar oportunidades, asistir a la universidad, controlar nuestros ingresos, gestionar nuestro tiempo, perseguir nuestros objetivos y progresar en el trabajo, en cualquier lugar de trabajo. Por las mujeres atrapadas en la pobreza y por las de todas las capas sociales que son excluidas o intimidadas por hombres poderosos, las mujeres tienen que reunirse, hablar, organizarse y liderar para poder derribar los muros y abrir las puertas a todo el mundo.

Toda mi vida he participado en grupos de mujeres, aunque a veces no me di cuenta hasta más tarde. Mi escuela de secundaria femenina era un gran grupo de mujeres. En la universidad y la escuela de posgrado busqué a las mujeres que admiraba, sobre todo cuando éramos pocas. De adulta fomenté las relaciones con mujeres en todos los ámbitos de mi vida: el profesional, el personal y el espiritual. Siempre he tenido muchos amigos hombres importantes, y han sido indispensables para mi felicidad. Pero siempre vuelvo a mis amigas, sobre todo en grupos, cuando me enfrento a mis miedos y necesito amigas que me ayuden a superarlos; han caminado a mi lado en todos los caminos de crecimiento que he emprendido. Creo que los grupos de mujeres son imprescindibles para cada una individualmente, pero también para la sociedad en general, porque el progreso depende de la inclusión, y la inclusión empieza por las mujeres.

No me refiero a que deberíamos incluir a las mujeres y las niñas en contraposición a los hombres y los niños, sino junto con ellos y por ellos. No se trata de incluir a las mujeres y dejar a los demás fuera, sino de incluir a las mujeres como una manera de incluir a todo el mundo.

Las mujeres debemos salir de los márgenes y ocupar nuestro lugar, no por encima ni por debajo de los hombres, sino a su lado, en el centro de la sociedad, sumando nuestras voces y tomando las decisiones que estamos cualificadas y tenemos derecho a tomar.

Encontraremos mucha resistencia, pero el progreso duradero no surgirá de una lucha de poderes, sino de un llamamiento moral. Cuando despojemos a los prejuicios de género de sus disfraces, cada vez más hombres y mujeres verán prejuicios donde no lo sospechaban y reaccionarán en contra. Así cambiamos las normas que ocultan los prejuicios que no veíamos. Los vemos, y acabamos con ellos.

No es fácil transformar una cultura basada en la exclusión. Cuesta colaborar con gente que quiere dominar. No obstante, no nos queda otra opción. No podemos hacer que los integrados se conviertan en los nuevos marginados y llamarlo «cambio». Debemos incluir a todo el mundo, incluso a los que quieren excluirnos. Es la única manera de crear el mundo en el que deseamos vivir. Otros han usado el poder para expulsar a gente. Nosotras debemos usar el nuestro para incluir a la gente. No podemos limitarnos a añadir una facción en lucha. Debemos acabar con las facciones. Es la única manera de ser un todo.

Epílogo

Llevo diciendo desde el principio del libro que la igualdad puede empoderar a las mujeres, y las mujeres empoderadas cambiarán el mundo. No obstante, al final (y estamos al final) debo confesar que, para mí, la igualdad es un paso, no la cumbre.

El máximo objetivo de la humanidad no es la igualdad, sino la relación. Las personas pueden ser iguales pero seguir aisladas, no sentir los vínculos que las une. La igualdad sin relación pierde todo el sentido. Cuando la gente se relaciona, se siente entrelazada. Tú formas parte de ti y yo soy parte de ti. No puedo ser feliz si estás triste. No puedo ganar si tú pierdes. Si alguno de nosotros sufre, sufrimos juntos. Así se difuminan las fronteras entre los seres humanos, y lo que fluye a través de esos límites porosos es el amor.

El amor es lo que nos une.

Acaba con el deseo de expulsar al otro. Ese es el objetivo, no que todos seamos iguales. El objetivo es que todo el mundo se relacione, que todos estén incluidos. El objetivo es que todos seamos amados.

El amor es lo que nos hace despegar.

Cuando nos unimos, alzamos el vuelo. En el mundo que estamos construyendo, todo el mundo alza el vuelo. Nadie es explotado por ser pobre ni es excluido por ser débil. No existe el estigma, ni la vergüenza ni ningún signo de inferioridad por estar enfermo, o ser viejo, o porque no eres de la raza «correcta», o por ser de la religión «equivocada», o por ser niña o mujer. No existe ninguna raza, religión o género equivocados. Hemos eliminado nuestras falsas fronteras. Podemos amar sin límites. Nos reconocemos en los demás. Nos vemos como los demás.

Ese es el momento del despegue.

Si en algún momento me veo distinta o superior, si intento despegar empujando a otras personas hacia abajo, si creo que la gente está enfrascada en un viaje que yo ya he terminado, haciendo un trabajo personal que yo domino, intentando realizar tareas que yo ya he logrado, si tengo alguna sensación de estar por encima de ellos en vez de intentar alzar el vuelo con ellos, es que me he aislado. Y me he apartado del momento de despegue.

Ya os he hablado de Anna, la mujer con cuya familia vivimos Jenn y yo en Tanzania. Me dejó tal huella emocional que tengo una fotografía de ella colgada en la pared de mi casa en un sitio que veo todos los días. Os he explicado gran parte de lo que me unía a Anna, pero me he reservado algo para poder contároslo ahora.

Mientras la seguía a lo largo de su día repleto de tareas, procurando ser de ayuda o por lo menos no ser un estorbo, Anna y yo hablábamos de nuestras vidas, entonces se abrió, como hacemos con frecuencia las mujeres, y me contó una crisis en su matrimonio.

Cuando Anna y Sanare se casaron, ella se mudó de su zona del país a la región de Sanare, que era más seca y exigía más trabajo para cultivar y encontrar agua. El camino de Anna hasta el pozo era de casi veinte kilómetros… de ida. Se adaptó al trabajo adicional, pero tras dar a luz su primer hijo ya no aguantaba más. Hizo las maletas, cogió al niño y se sentó a esperar en la puerta. Cuando Sanare regresó del campo, se encontró a Anna lista para irse. Le dijo que volvía a casa de su padre porque en la tierra de Sanare la vida era demasiado dura. Sanare estaba desolado y le preguntó qué podía hacer para que se quedara. «Ve a buscar tú el agua para que yo pueda dar de mamar a nuestro hijo», contestó Anna. Así que Sanare rompió la tradición masái y fue a buscar agua a pie hasta el pozo. Más adelante se compró una bicicleta para recorrer la distancia que lo separaba del pozo. Los demás hombres se burlaban de él por hacer un trabajo femenino. Decían que su mujer lo había hechizado. Sin embargo, Sanare era fuerte. No cedió. Sabía que su nueva función haría que su hijo estuviera más sano y su esposa fuera más feliz, y con eso le bastaba.

Pasado un tiempo, algunos hombres más decidieron unirse a Sanare, y cuando al poco tiempo se cansaron de recorrer en bicicleta casi veinte kilómetros para buscar agua, reunieron a la comunidad para construir zonas de captación que recogieran el agua de la lluvia cerca del pueblo. Mientras escuchaba la historia de Anna se me llenó el corazón de amor por el coraje que necesitó para enfrentarse a las tradiciones de su sociedad, y porque Sanare hizo lo mismo. Dio un paso sabiendo que o destruía su matrimonio, o lo hacía más profundo, y sentí un vínculo inexplicable con ella. Estábamos en comunión, con nuestro improvisado grupo de dos mujeres. En un momento de vergüenza íntima se me ocurrió que la señora rica americana que había ido a ayudar tenía ciertos problemas de igualdad de género que debía resolver, y su propia cultura que cambiar. No era yo la que estaba ayudando a Anna, era yo la que la escuchaba y ella me inspiraba. Éramos dos mujeres de mundos distintos que se encontraban en los márgenes evocando un momento de despegue.

Agradecimientos

Cuando empecé a trabajar en este libro, sabía que quería compartir las historias de las mujeres que había conocido y lo que había aprendido de ellas. No era consciente de lo mucho que aprendería y crecería gracias al proceso de escribir el libro. Mi deuda y gratitud son infinitas.

Charlotte Guyman, Mary Lehman, Emmy Neilson y Killian Noe, para mí sois la definición de la amistad. Gracias por animarme a escribir este libro, por leer y comentar los borradores y por enseñarme el poder del apoyo y la amistad de las mujeres.

Gracias a las mujeres de mi grupo espiritual por nutrir mi espiritualidad y ayudarme a profundizar en mi fe. Mi deuda con vosotras es incalculable.

A la multitud de maestros que he tenido en todo el mundo, sobre todo las mujeres (y hombres) que me abrieron sus casas y comunidades, me hablaron de sus sueños y me mostraron sus vidas, gracias de todo corazón. Me siento especialmente agradecida a Anna y Sanare, Chrissy y Gawanani y sus hijos que, además de invitarme a mí y a mis hijos a sus casas, nos dejaron quedarnos varias noches. Ninguna visita me ha enseñado más.

Algunas mujeres y algunos hombres que he tenido la suerte de conocer en mi vida me han enseñado verdades que duran toda una vida: mis profesores de la Ursuline Academy, sobre todo Susan Bauer y Monica Cochran; mis profesores de fe y acción, sobre todo el padre Richard Rohr y la hermana Sudha Varghese; y mis mentores y modelos para provocar el cambio en el mundo, sobre todo Hans Rosling, Bill Foege, Jimmy y Rosalynn Carter, Paul Farmer, Molly Melching, Patty Stonesifer y Tom Tierney. Lo que les debo no tiene fin.

No habría podido hacer este trabajo sin el increíble apoyo de los cuidadores que durante años hicieron más por mi familia de lo que puedo explicar, ayudando a cuidar de mis hijos y aliviar mis preocupaciones cuando estaba en la fundación, de viaje y fuera de casa. No hay manera de expresar del todo mi gratitud.

Sue Desmond-Hellmann, Mark Suzman, Josh Lozman, Gary Darmstadt y Larry Cohen han sido colegas destacados en muchos sentidos. Agradezco todo lo que han hecho y que hayan leído los borradores del libro y me hayan dado su opinión.

Me gustaría agradecer a Leslie Koch que haya guiado este proyecto desde sus inicios. A George Gavrilis y Ellie Schaack por su investigación y ayuda, y a Julie Tate por verificar los datos que aparecen en el texto.

Mi insustituible amigo y colega John Sage me convenció de que era buena idea escribir este libro, que podía encontrar tiempo, y que tal vez a otras personas les interesaba oír las lecciones que he aprendido de las mujeres y los hombres que he conocido en mi trabajo. Mi gratitud por la visión y los consejos de John es infinita.

Warren Buffett ha sido un amigo generoso en todos los sentidos imaginables, cree en las mujeres y me ha dado ánimos constantes cuando tomaba la decisión de convertirme en defensora pública de una causa. Es el mentor de toda una vida, y jamás podré agradecérselo lo suficiente.

Estoy en deuda con todo mi equipo de Pivotal Ventures, sobre todo Haven Ley, Ray Maas, Catherine St. Laurent, Amy Rainey, Courtney Wade y Windy Wilkins por leer el libro y ayudarme a mejorarlo, y con Clare Krupin, que viajó conmigo a tantos lugares y me ayudó a reflejar las historias de las mujeres que conocíamos.

Paola Quinones, Megan Marx, Michele Boyer, Abby Page, Amy Johnston y Melissa Castro me ofrecieron una ayuda impecable en logística, igual que Carol Stults, Joseph Janowiak, Kelly Gilbert y Sheila Allen.

Todo el equipo de Flatiron ha demostrado un entusiasmo y ha ofrecido un apoyo increíble durante todo el proceso, en especial Bob Miller, Amy Einhorn, Nancy Trypuc, Marlena Bittner, Amelia Possanza, Cristina Gilbert, Keith Hayes, Alan Bradshaw y también Whitney Frick.

Mi editor en Flatiron, el incomparable Will Schwalbe, ha sido muy importante para mí en toda esta experiencia. Además de orientación me ofreció sabiduría, compartió los conocimientos de toda una vida en breves certezas que me ayudaron a pasar los momentos duros. Sus opiniones y correcciones hicieron que el trabajo fuera un disfrute.

Estoy más que agradecida a Tom Rosshirt. No podría haber escrito este libro sin él. Tom me retó todo el tiempo a centrarme en lo que quería lograr y me ayudó de mil maneras. Es un excelente compañero de escritura y un amigo con una profunda intuición.

Por último, quiero dar las gracias a mi familia que, además de animarme a escribir el libro, ha sido la inspiración del amor y los valores que me llevaron a este trabajo. A mis padres, que me dieron una infancia impregnada de los valores profundos de la fe y el amor; a mi hermana, Susan, y mis hermanos, Raymond y Steven, que lo comparten todo conmigo, en particular el amor y las risas; a mis hijos, Jenn, Rory y Phoebe, que constantemente me inspiran para crecer; a mi esposo y compañero, Bill, las lecciones más importantes son las que aprendí junto a ti. Tu fe en mi crecimiento, tu afán de aprender, tu optimismo por el mundo y nuestro trabajo juntos son algunas de las grandes fuerzas que sustentan mi existencia. Mi gratitud por tu colaboración en las aventuras de nuestra vida es inexpresable.

Guía de recursos de organizaciones a las que los lectores pueden apoyar

A continuación os ofrezco una lista de las organizaciones sobre las que habéis leído en este libro.

Si sus programas os inspiran, tenéis la oportunidad de visitar sus sitios web e informaros de cómo podéis usar vuestra voz para hacer progresar su trabajo.

Comité para el Progreso Rural de Bangladesh
www.brac.net
La misión de BRAC es empoderar a las personas y las comunidades que se encuentran en situaciones de pobreza, analfabetismo, enfermedad e injusticia social.

CARE
www.care.org/our-work
Las mujeres son una parte esencial de los esfuerzos basados en las comunidades que CARE realiza para mejorar la educación básica, incrementar el acceso a una asistencia sanitaria de calidad y ampliar las oportunidades económicas para todos.

Planificación familiar 2020

www.familyplanning2020.org

FP2020 está trabajando con gobiernos, la sociedad civil, organismos multilaterales, donantes, el sector privado y la comunidad de investigación y desarrollo para permitir que ciento veinte millones de mujeres y niñas más usen anticonceptivos en 2020.

Girls Not Brides

www.girlsnotbrides.org

Girls Not Brides es una asociación global de más de mil organismos de la sociedad civil de más de 95 países comprometidos con poner fin al matrimonio infantil y permitir que las niñas aprovechen su potencial.

Kakenya's Dream

www.kakenyasdream-org

Kakenya's Dream fomenta la educación de las niñas para empoderarlas y transformar las comunidades rurales.

Fundación Malala

www.malala.org

La Fundación Malala trabaja por lograr un mundo en que todas las niñas puedan aprender y liderar.

Movimiento #MeToo

www.metoomvmt.org

El movimiento «me too» respalda a las supervivientes de agresiones sexuales y sus aliados.

Consejo de Población

www.popcouncil.org

El Consejo de Población lleva a cabo investigación y programas para abordar problemas críticos de salud y desarrollo en más de 50 países.

PRADAN

www.pradan.net

PRADAN trabaja en las regiones más pobres de la India para ayudar a comunidades vulnerables a organizar colectivos que favorezcan a la gente, sobre todo a las mujeres, a ganarse la vida de forma decente y a sustentar a sus familias.

Saksham

www.community.org.in/story

El Community Empowerment Lab es un organismo de investigación y desarrollo en salud global arraigado en las comunidades con sede en Uttar Pradesh, la India. Surgió del proyecto Saksham descrito en el capítulo 2.

Save the Children

www.savethechildren.org

Save the Children trabaja en todo el mundo para inspirar avances en el trato que el mundo da a los niños y para lograr un cambio inmediato y duradero en sus vidas.

Tostan

www.tostan.org

Tostan es una organización con sede en África que trabaja directamente con las comunidades rurales que encabezan su propio desarrollo.

Si deseas más información sobre la Fundación Bill y Melinda Gates, consulta www.gatesfoundation.org

Para saber más sobre cómo podemos colaborar todos con el fin de que las mujeres de todo el mundo despeguen, consulta www.momentoflift.com

Melinda donará todos los beneficios que reciba por la venta de este libro a las organizaciones que aparecen en la anterior guía de recursos.

Melinda Gates es una filántropa, empresaria y defensora global de mujeres y niñas. Como copresidenta de la Fundación Bill & Melinda Gates, controla la orientación y las prioridades de la organización filantrópica más importante del mundo. También es la fundadora de Pivotal Ventures, una compañía de inversión e incubadora de otras empresas que trabaja para impulsar el progreso social de las mujeres y las familias en los Estados Unidos.

Se crio en Dallas, Texas; se licenció en informática en la Universidad de Duke y cursó un MBA en la Duke's Fuqua School. Pasó la primera década de su carrera desarrollando productos multimedia en Microsoft antes de centrarse en su familia y la labor filantrópica. Actualmente vive en Seattle, Washington, con su marido, Bill, y sus tres hijos, Jenn, Rory y Phoebe.

www.momentoflift.com